Liberty2.0

自由論のバージョン・アップはありうるのか?

駒村圭吾 編著

井上明人
宇佐美誠
河島茂生
小久保智淳
瑞慶山広大
成原慧
西村友海
水谷瑛嗣郎
吉田徹 著

弘文堂

イントロダクション――「Liberty 2.0」というタイトルに寄せて

「自由」は、明確な定義も用法上の制限もないまま、私たちが政治・経済・社会を論じ、技術や人間のあり方を語るうえでの指導的理念であり続けてきたし、今なおそのような理念として存在している。その〝威光〟を根本的に否定するような挑戦も多く受けてはいるものの、少なくとも〝問いを発する〟ための参照点として、あるいは〝問いを受け止める〟ための準拠枠として、依然、抜群の威力を保っているといえよう。

そのような「問い」を立て、また受け止めることによって、「自由」をともかくにも大切なキーワードとして扱ってきた研究領域（法学、政治学、社会学、倫理学、哲学）に属する方々と、この「自由」という包容力のある（ありすぎる）概念に揺さぶりをかけてみたい、というのが本書の最初の企図であった。だが、もちろん、ことはそんなに簡単ではない。

人間誰しも、自分の生きている時代を分岐点と思いたがるものである。この企画に集まってくださった方々の年齢はバラバラであるが、今を生きている点では同時代人であり、実際執筆が進められた期間にも、時代の変動を象徴するような出来事や技術開発を次々と目のあたりにし、新型コロナウイルス感染症の世界的拡大、ロシアによるウクライナ侵攻を目撃した。今まさに人類は新しい次元に突入するその分岐点に立っており、したがって、「自由」も1・0から2・0にバージョン・アップされるかもしれない、されるはずだ、されなければならない……、なんとなくそのようなメッセージが本書のタイトル『Liberty 2.0』のまわりを漂っていたかもしれないし、そのような力《りき》みのある思いが編者にあったのも偽らざるところである。

では、「自由」のバージョンを1・0とか2・0という標識で明確に区別することは可能なのか。「自由」の長きにわたる更新履歴において、プログラムの部分的なアップデートにとどまらない、プログラムそのものの変更といいうるようなバージョンの更新をどのように認識すればいいのか？　この点は本書執筆陣との研究会でも議論され、その時に得られた示唆（とりわけ宇佐美誠からの示唆）は次のようなものであった。

「自由」の概念史や実践歴は長い。古代ギリシャにおいて「自由」とは〝奴隷でないこと〟であった。奴隷の状態を脱して、公共を語り、公民的徳を共同体構成員たちの前で堂々と発揮することこそ、まさに奴隷と区別される「自由人（freeman）」の証であるとされた。これに対して、近代における「自由」とは、他者からの強制を排する個人の自由ないし権利である。このような対比を「古代人の自由」と「近代人の自由」という構図で明らかにしたのが、一九世紀フランスの自由主義的思想家バンジャマン・コンスタンであった(1)。そして、この構図と同型の議論を現代に復活・再構成したのが、本書序章でも言及するアイザイア・バーリンによる「消極的自由」と「積極的自由」の対比である(2)。荒っぽい対比になるが、「古代人の自由」が「積極的自由」に、「近代人の自由」が「消極的自由」にあたる。また、こうした自由の実体論を、それらが論じられた状況的文脈

（1）コンスタン（堤林剣＝堤林恵訳）『近代人の自由と古代人の自由・征服の精神と簒奪他一篇』（岩波書店、二〇二〇年）。

（2）アイザィア・バーリン（小川晃一ほか訳）『自由論〔新装版〕』（みすず書房、二〇一八年）。

との関係で区別することもできよう。古代人の自由／積極的自由は、〝人間は如何にあるべきか〟という問いかけに対するひとつの回答であって、善や徳を直接主題化する観念であった。対して、近代人の自由／消極的自由は、奴隷制の残滓はまだ色濃く残っていたものの、善き生を求める古代の文脈とは異なり、政治権力による権威主義的介入や経済システムによる搾取的介入から個人を護ることを主題とするものであり、共同体やシステムといった権力に対抗するための〝普遍的正義論に基づく個人の防御線の設定〟として議論されている。

そうなると、古代人の自由／積極的自由をLiberty 1.0、近代人の自由／消極的自由をLiberty 2.0とおき、また、〝人間のあり方〟としての自由論を1・0、〝個人の防御線〟としての自由論を2・0とおいて、Liberty 1.0からLiberty 2.0へのバージョン・アップを自由論の歴史的なダイナミズムとして描き出すことをこの企画の趣旨とすることが考えられる。本書執筆陣との研究会でも、そういう歴史的ダイナミズムを少なくとも指摘しておくことは重要だとの意見が提示された。キレイに整理されてめでたしめでたしになるかとみられた瞬間、同時に、「うーん、でもなぁ」というムードにもなった。

コンスタンもバーリンも二つの自由が1・0から2・0に書き換えられたというふうには論じていない。歴史的な文脈での二つのバージョンの勃興を描いている部分もあるが、主として論じているのは両バージョンの並立・競合に関してである。コンスタンは、古代人の自由を近代人の自由が否定的に更新したと述べるのではなく、むしろ時代状況を無視した適用を問題視して警鐘を鳴らしている。バーリンも、消極的自由によって積極的自由を一方的に裁断するのではなく、両者を共に自由についての本質的な問いと位置づけたうえで、積極的自由に忍び寄る誘惑や陥穽を消極的なそれで掣肘し、そのことによって積極的自由をむしろ擁護しようとしたとも読める（バーリンの議論は序章参照）。

要するに、自由のバージョンは、先行するバージョンを後続のバージョンが書き換えるのではなく、複数のバージョンの並列・競合を包摂して存在する系として捉えられてきた。そして、自由をめぐる代表的なバージョンについての理解は、わが国における近代啓蒙の祖である福澤諭吉の自由論についても見て取れる（序章参照）。

自由についての諸バージョン――そしてそれは同時に自由についての諸論点を提示する準拠枠でもある――は、歴史的な起伏を伴いつつも、共時的に併存・競合するものとして存在している。しかも、相互に対立・矛盾する要素をはらんでいるにもかかわらず「自由論」というパッケージのもとに蠢動する系として存在しており、そのことはバーリンや福澤をはじめとする近現代の論客たちも気づいていたと思われる。(3) **したがって、本書では、自由の諸バージョンが対立・矛盾をはらみつつ併存・競合している現状を Liberty 1.0 ととりあえず指定してみたい。**そして、分岐点に立つ（立っていると思いたがっている）私たちを取り囲む技術的・政治的・社会的現状を象徴するいくつかのキーワードを検討することを通じ、果たして、対立・競合が平定されていずれかのバージョンに収斂していくのか、諸バージョンの競合を根底から転換させるまったく異次元のバー

(3) 政治思想家のマイケル・フリーデンは、リベラリズムを「重なり合う歴史」とおく。彼は、リベラリズムを「五つの異なる歴史的地層の結合体」とみつつも、それぞれが互いに相いれない方向に動く地層なので一つにまとまることはないとする。「他の層をきれいに継承する層がある一方で、他の層と並列的に存在する層があったり、消滅したと思ったらまた現れたりする層もある。新しく生まれた層が、リベラリズムという言葉が含み伝えてきた意味のまとまりをさらに広げたりすることもあるが、それを曖昧にしたり、隠したりすることもしばしばあるのだ」と。マイケル・フリーデン（山岡龍一監訳）『リベラリズムとは何か』（ちくま学芸文庫、二〇二一年）七〇〜七一頁。本書も自由論のそのような動態を動態のまま Liberty 1.0 とおいている。地層の比喩でいえば、それらが塁重している基盤的プレートが変動を来す事態を Liberty 2.0 と位置づけている。もちろん、基盤的プレートの変動を見定めるには、プレートが存在し、それが何かが同定されなければならない。

ジョンが現れ、それによってプログラムが全面更新されるのか、はたまた「自由」という論題自体が雲散霧消するのか……。ともかく、**単なるアップデートではなく、1・0的状況を根本的に更新するようなバージョンの出現を Liberty 2.0 と位置づけることにする。果たして、2・0は来るのか、その予兆はあるのか？ 1・0は出発点なのか到達点なのか？**

冒頭にも述べたように、執筆陣は自由論そのものの専門家ではないが、とにもかくにも「自由」を大切なキーワードとし、「自由」とともに、あるいは「自由」を使って仕事をしてきた学問領域に属する方々である。また、取り上げたトピックはいずれも自由にとって両義的な意味をもつもの――自由を促進しもするし縮減しもするようなもの――を選んだつもりである。さらに、各執筆者には自由そのものを論ずるのではなく、その問題状況を明らかにすることに徹底していただくことにした。本書のタイトルは以上のような趣旨に出たものであることをご理解いただきたい。

二〇二二年一二月

駒村 圭吾

※二本の駒村論文および成原論文、西村論文、小久保論文にかかる研究は、JST、ムーンショット型研究開発事業、JPMJMS2012の支援を受けたものです。

目次

序章

自由論の錯綜——Liberty 1.0の状況

駒村圭吾

「自由」は、かけがえのない生を送るうえで欠かせないものである。しかし、同時に「自由」は概念分析においても実践においても錯綜している。そのような取り扱いの難しいものをどうして私たちは大事にし、時に尊厳や命を賭して守ろうとするのか。

イントロダクションでも述べたように、多くのバージョンの併存がもたらす緊張をはらみつつも、個人の存立の基礎として、あるいは政治的理念の代表格として絶大な価値を与えられ続けてきたのが「自由」である。こういった錯綜を包摂したままなおひとつの理念として存在し、人々を魅了し続けている状況をデフォルト（Liberty 1.0）とおき、自由について両義的な意味をもちうる重要なトピックを検証することを通じて、自由のアップデートにとどまらない、競合するバージョンの整理・統合あるいは自由のプログラムの根本的な書き換えが起きるかどうか（Liberty 2.0 へのバージョン・アップ）を考えてみる……これが本書の趣旨である。

古代から主題化されてきた自由をめぐる論議は、数々の歴史的な試練を経て、近代的な自由を生み出した。しかし、それは古代の自由の克服・否定ではなく、それも含めた複数のバージョンが併存・競合するものとして自由があることを提示するものであった。このような錯綜状況を整理してみせたのは、後述する二〇世紀の哲学者アイザイア・バーリンであるが、それに先立つ一九世紀の思想家たちの言説のなかにも、未整理なままではあるが、自由をめぐる基本論点はすでに提示されていた。そのような思想家の代表例として、日本の近代啓蒙の祖である福澤諭吉を取り上げることから始めたい。

福澤諭吉の自由論

近代啓蒙思想家である福澤諭吉は洋学的知性を日本語に変換することに多くの努力を払った人物である。仏教用語の自由（自由自在）がすでに流入していたこともあり、福澤は、liberty／freedom の訳語として「自由」を選択し、これを広めた(1)。以下にみるように、彼は、この訳出を通じて、古来よりわが国において「我儘放蕩《わがままはうとう》」を意味する言葉として流通をみていた「自由」の近代的意味転換を図ろうとしたのである。

福澤は、「自由とは、一身の好むまゝに事を為して、窮屈なる思なきを云う」(2)と定義し

(1) 幕末における訳出の試みについての簡単な紹介は、穂積陳重『法窓夜話』（岩波書店、一九八〇年）一九九〜二〇三頁参照。

(2) 福澤諭吉（マリオン・ソシエ＝西川俊作編）『福澤諭吉著作集第一巻　西洋事情』（慶應義塾大学出版会、二〇〇二年）二三〇頁。

た。しかし、これだけでは「自由」が「我儘放蕩」と同視されてしまうおそれがあるため、彼は両者の区別を試みる。すなわち、「その分限とは、天の道理に基づき人の情に従い、他人の妨げをなさずして我一身の自由を達することなり。自由と我儘の界は、他人の妨げをなすとなさざるとの間にあり」と主張する。[(3)] こうして、福澤は次のような整理に至る。[(4)]

この自由の字義は、……、決して我儘放蕩の趣意に非らず。他を害して私を利するの義にも非らず。唯心身の動を逞して、人々互に相妨げず、以て一身の幸福を致すを云う。自由と我儘とは動もすればその義を誤り易し。学者宜しくこれを審にすべし。〔一部省略〕

福澤の自由の定式には、近代自由論に通底するいくつかの特徴が見て取れる。第一に、自由を自己と他者の間の相互不干渉とみる点である。これは、福澤自身がその著作を通じて親しんでいたJ.S.ミルの「危害原理」がおそらくは下敷きになっている。また、相互不干渉あるいは加害についての相互抑制は、その反転として、他者からの干渉の排除を自由の核心とみるもので、後述のバーリンの整理に照らせば、「消極的自由」の考え方に立つ。第二に、自由であることは「以て一身の幸福を致す」と述べている点が挙げられる。[(5)] 古代から近代まで、自由と幸福は隣り合わせで論じられてきた関係にあるが、

(3) 福澤諭吉『学問のすゝめ』(岩波書店、一九四二年)一四頁。
(4) 福澤・前掲注(2)一三一頁。
(5) 福澤が下敷きにしていると思われるミルも幸福について大きな関心を寄せている。J.S.ミル(塩尻公明＝木村健康訳)『自由論』(岩波書店、一九七一年)の第三章「幸福の諸要素の一つとしての個性について」参照。

福澤は自由が個人に幸福をもたらすことをある意味当然視し、両者を直結させている。

福澤の自由論の第三の特徴は、自由と独立の互換的使用にある。『学問のすゝめ』の初編において上述の自由論を展開した福澤は、それに続けて「また自由独立の事は、人の一身に在るのみならず一国の上にもあることなり」と述べ、第三編では「一身独立して一国独立する」と宣言している。(6) 一身の自由⇒一国の自由（一身の独立⇒一国の独立）の定式が見て取れる。福澤は、individuality の語を――これもおそらくミルを経由して――知っており、それに「独一個人の気象」（傍点筆者）の訳語に充てている。(7) 彼は近代的な「個人」の概念も理解していたものと思われる。以上を前提に考えると、福澤は、自由の問題を「一身」＝「個人」に立脚して捉えるとともに、自由の観念を個人から国家統治までをも通貫する思想と位置づけていたことがわかる。そして、「自由独立」をいう言い方を福澤がするとき、そこには「独立」と「自由」を同義に捉える視点、あるいは「独立」を「自由」の重要な一側面とみる考え方が垣間見えるが、この点、下記の福澤の言説が興味深い。(8)

> 独立とは、自分にて自分の身を支配し、他に依りすがる心なきを言う。

ここに、福澤が「自由」を独立＝自己支配として理解していたことが示されている。福澤は、自己と他者の相互不干渉を自由とみる観点とは別に、自己支配（＝自己統治／自

(6) 福澤・前掲注(3)一五頁、三三頁。

(7) 福澤諭吉『文明論之概略』（岩波書店、一九九五年）一三八頁。

(8) 福澤・前掲注(3)三三頁。

治）とみる観点ももっていた。そして、彼は、自己支配を個人の水準から政治共同体の水準にまで拡張し、両者を通貫する思想として捉えていた。自由を自己支配／自己統治／自治として理解する福澤の考え方は、これも後述するバーリンのいう「積極的自由」の概念に相当するものである。

要するに、近現代の自由論が問題にしてきた諸論点――消極的自由、積極的自由、加害原理、幸福と自由の関係――はすでに福澤の議論のなかに用意されていた。(9) そして、重要なのは、福澤においては、消極的自由と積極的自由が、そして自由と幸福が、おそらく矛盾なく併存し、それらが自ずと連動するものと、ある意味楽観的に考えられていたという点である。

消極的自由と積極的自由

――二つの自由概念：その緊張と相補性

アイザイア・バーリンは『自由論』（一九六九年）において、それ以前の自由論を整理し、それ以後の自由論を領導する枠組みを提示した。「消極的自由（negative liberty）」と「積極的自由（positive liberty）」という二つの自由概念である。消極的自由とは《他者の干渉の欠如》を指す（「自分のする選択を他人から妨げられないことに存する自由」）。これは、他者からの不干渉が確保されるべき領域はどこからどこまでか、という問いに対応するものである。これに対して、積極的自由とは

(9) ついでにいえば、福澤は、「自由の気風はただ多事争論の間にありて存する」と述べ、また、「自由は不自由の際に生ずる」とも述べている（福澤・前掲注（7）三七頁、二〇八頁）。この言説について、丸山眞男は、福澤にとって、自由の単一的支配はもはや自由ではなく、自由と専制との抵抗闘争のなかにこそ自由があるという含意を読み取る（丸山眞男（松沢弘陽編）『福沢諭吉の哲学』（岩波書店、二〇〇一年）九三頁）。なお、自由と不自由を表裏一体として捉える視点は、ミシェル・フーコーにも通じる。

≪自己支配（self-mastery）≫を意味する（「自分自身の主人であることに存する自由」）[10]。これは、他者からの妨げを受けない不干渉領域を誰が決めるのか、という問いに対応するとともに、不干渉領域の決定を正当化する根拠とは何か、という問いにも応ずるものである。

バーリンは二つの自由概念のうち消極的自由に重きをおき、それを死守することにぎりぎりまでこだわっていると思われるが、それは積極的自由を否定・排除するものではない。むしろ、『自由論』の主題は、「それが『魔術的変換』（W. ジェイムズ）をもって『他者支配』をもたらしていく機制を露わにすること」といわれるように[11]、「自分を支配していると思っている今のキミはほんとうのキミではない」といった典型的な説得的定義の誘導を通じて「真の自己」の定義が問い直され、自己がいつのまにか共同体の権威的規範に変質・同化してしまうことに警鐘を鳴らす点にあった。バーリンの『自由論』における企みには、そのような指摘を通じて、自己支配としての自由を否定するのではなく、むしろ消極的自由の視点から積極的自由を鍛え直そうとした側面がある。

いずれにしても、二つの自由概念の間にある緊張と錯綜はかなり複雑であり、かつある意味「連携」や「協働」しさえする構成になっている。以下では、バーリン自身が明確には描写していないものも含めて、両者の緊張と連携の諸相を描いておきたい。

消極的自由と積極的自由の緊張と錯綜は、まず積極的自由の内部で発生するといわれる[12]。積極的自由とは≪自己支配≫のことであったが、これは個人の次元からは「自己規律／自律（autonomy）」を意味し、政治共同体の次元では「自己統治／自治（self-govern-

(10) アイザィア・バーリン（小川晃一ほか訳）『自由論〔新装版〕』（みすず書房、二〇一八年）三〇四頁、三二〇頁。

(11) 齋藤純一『自由』（岩波書店、二〇〇五年）二七頁。

(12) 井上達夫『自由論』（岩波書店、二〇〇八年）二九頁。

ment)」として現れる。両者に緊張があるのは明らかであろう。自己規律／自律は、先述の説得的定義の誘惑・挑発によって、権威的共同体に自己同一化したり、共同体の規範や決定に自己の規律を委ねてしまうことになりかねないし、他方、自己規律／自律の徹底は、政治共同体の自己統治／自治を分極化し、それを掘り崩す。民主主義的自治と個人の自己決定との間のお馴染みの相剋が見て取れるのである。

一方、消極的自由の方も内的緊張をはらんでいる。消極的自由の核心は≪他者の干渉の欠如≫にあるが、それは、結局、他者からの具体的現実的な干渉の排除だけに着目するもので、干渉する権限を留保している支配構造そのものに注意を払っていないとの共和主義者からの批判がある。共和主義の伝統に立つフィリップ・ペティトは、自由を「支配からの自由（freedom as non-domination）」と規定し、バーリンの自由概念を批判する。ペティトによれば、干渉のない状態が直ちに自由を意味するわけではなく、干渉可能性や操作可能性を権力を通じていつ実行に移すかわからない政府＝支配構造の存在そのものが自由への脅威であり、それをどうにかしなければ本質的問題は解決されない[13]。つまり、「干渉の不在」ではなく「支配の不在」こそが重要であると説くのである。もっとも、既存の支配構造に対する批判的含意を超えて、「支配からの自由」が過度に強調されるとアナーキーに転落しかねない。アナーキーに転落せずに支配構造を自由にとって安全なものにするには、支配者と被支配者を一致させ、選挙の時だけではなく異議申し立ての権利を日常的に行使できるような直接制的統治形態が求められるだろう。そうなると、

(13) Philip Pettit, Republicanism : A Theory of Freedom and Government Chapts. 1/2, 277 (1) (2) (1997).

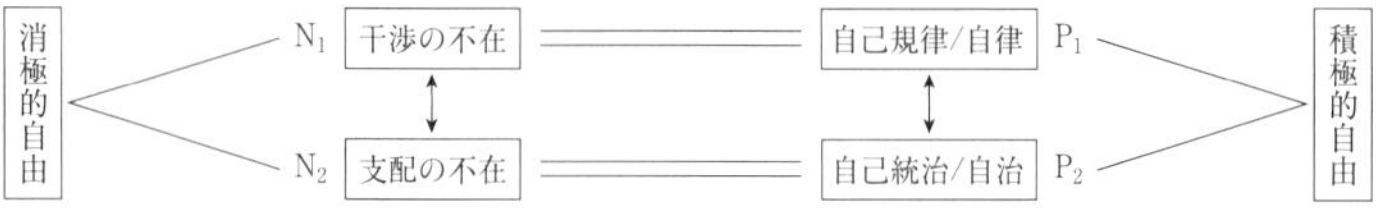

図1　自由論の緊張と連携

今度は、支配構造にしっかりと関与する能動的参政が各人に求められ、やがて、直接制的決定は他者による干渉とは異なり自己による自律的干渉として正当化され、≪他者の干渉の欠如≫が空洞化する可能性が出てくる[14]。もちろん、他方で、消極的自由をあくまでも≪他者の干渉の欠如≫にとどめるのであれば、「支配の不在」を求める共和主義者からは本質的な脅威がまったく解消されないことになってしまう。

以上のように、二つの自由概念はそれぞれの内部に緊張をはらんでいるが、逆にそれは、対置される自由概念の枠を超えた一定の連携・共闘も生み出す可能性がある。積極的自由における「自己統治／自治」と消極的自由における「支配の不在」は、後者がアナーキーではなく直接制的な統治形態を指向するとき、両者は通底し、一定の連携がなされる可能性がある。他方で、≪他者の干渉の欠如≫を核心とする消極的自由と、積極的自由における「自己規律／自律」はともに自治や直接制の専制化に対して共闘関係を結ぶことも可能である。このように消極的自由と積極的自由はそれぞれの内部的対立軸が他方の自由概念の内部的対立軸と連携・共闘することによって、概念の枠を超えた戦線拡大を展開する。このようにみてくると消極的自由（≪他者の干渉の欠如≫）と積極的自由（≪自己支配≫）はそれぞれ別個の問いから構成されたものではあるが、

(14)「支配からの自由」論は下手をすると積極的自由を消極的自由に密輸入することになりかねない。

相互に反発し合い、かつ連携し合う関係に立つことがわかる。

さて、上にみた二つの自由概念の間の連携の可能性は、単なる戦略的な共闘にとどまるものではなく、お互いを理論的に補正し合う関係にも立っていることを示唆している。積極的自由における「自己統治／自治」と消極的自由における「支配の不在」との間では、前者が後者に対して、アナーキーに転落することを戒めると同時に、後者は前者に対して被支配者の十分な参政を要請し、統治の専制化を戒める関係に立つ。積極的自由における「自己規律／自律」が、自己が設定した規範に拘束を受け、常に自己決定を批判的に疑うことをもって真の自律とみるというのであれば、それは自己の内部に他者化されたもう一人の自己を対置することを個人に要求する。これは《他者の干渉の排除》における「他者」概念に再編を迫るものであり（欲望や惑溺に囚われた自己を他者化する）、消極的自由が独善的自己決定の上に倨傲することを抑える。他方、「自己規律／自律」が標榜する真の自律が、すでに繰り返し述べてきた説得的定義の誘導によって自己の乗っ取りを迫ってくるのを、他者干渉としての消極的自由が抑止する。

以上のようなバーリンが提起した二つの自由概念がはらむ緊張と連携（**図1**参照）は自由論の錯綜を表しているが、同時にまた自由論の可能性を示しているように思われる。[15]第一に、二つの自由概念とそれらを構成する諸視点は過剰にわたると専制化するという点である。バーリンはこのことについて「二つの概念はいずれも、本来それを抑えるために生み出された、その害悪に自ら転落してゆく傾向がある」と述べている。[16]第二に、

(15) バーリン自身は後述するように、二つの自由概念を統合的に理解する契機を「選択の自由」に求めている。
(16) バーリン・前掲注（10）七〇頁（一部訳を変更）。

かかる専制化を対抗的関係に立つ概念またはそれらを構成する諸視点が相互的に補正し合う関係に立っている。

自由論は錯綜している。しかし、その錯綜を平定するのではなく、異なる概念や視点の相互補正によって均衡させ、もって自由の命脈を維持しようとする試みである。と、ひとまず整理しておくことにしたい。

――内なる砦への退却　自由の行使が妨げられた時、困難とぶつかって生じるリスクを回避するために、人は、自分自身の選好関係を修正して、そこそこ実現できそうな程度の水準に自由を、それこそ自由に、低減することができる。「自分の進んでゆく途上にある障害物を実際に取除くよりも、その道を通らないようにしてしまう」のである。これをバーリンは「内なる砦への退却」と呼んだ(17)。

「内なる砦への退却」による戦略的内閉は、二つの自由概念の双方に生じる。他者からの干渉に悩む人は、他者との接触そのものを避け、自己の自由のきく世界に閉じこもり、結果として干渉領域を最大化させ、不干渉領域を最小化させる。最小化された自由な世界だけを世界だと思えばなお消極的自由を確保しえているともいえるが、果たしてそれでいいのか。他方、このような戦略的内閉は、自己支配としての積極的自由からすれば、能動的参政の空洞化をもたらし、自律的支配領域の全面的放棄が懸念されることになる。

もちろん、障害と挫折にみちあふれた外部環境に対する戦略的順応ではなく、環境管理型権力や説得定義の誘導によってそれらがもたらされる可能性はある。その点は常に

(17) バーリン・前掲注(10)二二五頁、三三七頁。今日ではヤン・エルスターの「順応的選好形成(adaptive preference formation)」として知られている。

批判的に検証する必要があろう。しかし、内閉が真正の自由の行使として選択されることもあるかもしれない。それでも内閉された世界という〝最後の砦〟を保守するための他者による干渉の排除と自己支配の要求は依然として不要になるわけではない。が、操作や誘導がより高度化することにより、戦略的順応と真正の自由な選択としての内閉との区別がつかなくなったとき、それを自由の実質的放棄と非難できるのだろうか。これは、後述する「選択の自由」の箇所でも問題になる論点である。

――自由と自由の行使条件の区別　ホームレスに「居住の自由」があるといえるか。寝たきりの病人や盲人に「移転の自由」があるといえるか。貧困のため学資の余裕がない人、文盲の人に「学問の自由」があるといえるか。障害をもつ人や職業訓練を受ける余裕も資金もない人に「職業選択の自由」があるといえるか。これらの自由が実効的に行使できるためには、放置・放任・競争に委ねるだけではだめで、奨学金制度の創設、職業訓練サービスの提供、シェルターの設置、バリアフリー政策の実施、等々が必要となる。

バーリンは「使えない自由は使えるものとしなければならない」と述べ、そういった政策の重要性を認めるが、しかし、同時に、「自由は、使えるための不可欠の条件と同じものではない」という[18]。彼は、「自由」と「自由の行使の条件」を区別し、後者の条件整備は平等の問題であるする。確かに、社会秩序を構成するための理念は自由が唯一のものではない。しかし、平等は人々を等しく扱うことは要請するが、どのような水準で等

(18) バーリン・前掲注(10)八二頁。

しく扱うのかについてはそれ自体のなかに解答をもっていない。学校や職業の選択をくじ引きにすることも、学校をすべて廃止し、職業選択の自由を等しく否定することも〝等しい扱い〟として許容される。どのような水準で等しく扱うべきかに解答を出すには、「何のための条件を整備すべきか」を問わなければならず、それは「……からの自由」「……への自由」と自由が希求してきたその対象を視点として導入する必要がある。(19)

また、バーリンは、極度の貧困・無知・虚弱の状況にある人が、保障された自由を行使できないとなれば、そのような自由はその人にとって無意味かもしれないが、「この自由はそのことによってなくなってしまうわけではない」と喝破する。(20) 移動の自由や居住の自由を行使できない障害者やホームレスは、これらを「しない」という選択をしているとでもいうのだろうか。自由の行使条件を全面的に欠いている状況下で自由が無意味化していても、なお他者からの干渉が不在であるならば定義上自由であるかもしれないが、こうなると自由と自由の行使条件を区別する意味もわからなくなってくる。バーリンの消極的自由の定義では、干渉の不在は、「自分のしたいことをする」状況を確保するためであった。そうであれば、他者の干渉の欠如それ自体が「自分のしたいことをする自由」の行使条件であるといえるだろう。(21) 自由と自由の行使条件の区別はそれほど画然としたものではない。(22)

(19) 価値の単元化を警戒するバーリンは一貫して自由の実体的目的については語らない。それを語り出すと必ずある種の単元的価値の専制が出現すると警戒し、消極的自由の形式定義に終始する。が、自由の目的を語ることは必然的に価値の単元化につながるわけではない。なお、いうまでもないが、「自由の行使の条件」の保障論は、自由が目的とする対象そのものを保障することを求めているわけではない。

(20) バーリン・前掲注(10)八一頁。

(21) 齋藤純一も「外部からの干渉の不在(その制度的保障)は、自由そのものではなく、逆に自由が現実に享受されるための『自由の条件』の一部を意味する」と述べている。齋藤・前掲注(11)三五〜三六頁。

(22) 後述するように、アマルティア・センの潜在能力論は自由の行使条件を自由そのものの問題として捉える。

選択の自由

――焦点としての「選択の自由」　バーリンの自由論にはひとつの前提がある。それは、どちらの自由概念に立とうが、そこには「選択の自由（freedom to choose）」が存在しているという前提である。彼は、「自由そのものにはどんな価値があるのか」という問いに対して、この「選択の自由」で応えている。選択の自由は、「人間を人間たらしめる不可譲の要素」であって、消極的自由と積極的自由を統合的に理解するための理念とされる[23]。先述のように、筆者は、バーリンの二つの自由概念の緊張と連携を前向きに整理したが、それがうまくいくかどうかは、選択の自由がどうなるのか、その命運にかかっている。

選択のプロセスないし構造は次のようなものであろう。ある人は充足したい一定の選好の束（好みの体系）をもっている。これを選好関係（preference relation）と呼んでおこう。そして、その人の前に一定の選択肢が提示されている。選好関係に従っていずれかの選択肢を選ぶとき選択がなされる。これにより選好が充足され、選択の帰結としてその人の幸福が増大する。もちろん、選択は誤る場合もあり幸福が低減されるという帰結がもたらされる場合もあるが、それはやり直しの機会を通じて挽回されうるだろう。とりあえず、選択の自由とは、≪選好関数＋選択肢＝選択→選好充足＝幸福≫という過程における包括的な自由であると規定しておきたい。

(23) バーリン・前掲注（10）九〇～九一頁。

選好関係がやたら柔軟で好みの守備範囲も広い人の前に、無数の選択肢が用意されている場合、その人は確実に選好充足を果たし幸福をつかむだろう。もっとも、選考関係がやたらに広いのであれば、選択肢の幅は狭くてもかまわないかもしれない。そもそも、何でもオーケーのような人は幸福な人というよりも、おめでたい人というべきだろう。他方、選好関係が狭く「オレにはこれしかない！」的なタイプの人の眼前にたったひとつの選択肢しか用意されていないが、それでも奇跡的に両者が一致する場合、これまた幸福を得るだろう。が、唯一の選択肢がハズレである場合、選好充足は絶望的になる。

こういったケースはおそらくほとんどありえないものであり、選好関係も選択肢もそれなりの閾値があるのが通例である。そのような閾値を伴った選好関係と選択肢との相関において、選好関係の修正・操作や選択肢の多様性・開放性の確保などが論じられるのである。

――選択の自由にとって選択肢はどのくらい開かれているべきか　選択の自由をめぐって議論が集中したのは、自由と選択肢の関係をめぐってであった。

これについては、バーリンの自由と自由の行使条件の区別のところで若干言及したように、選択の自由と選択肢を切断する考え方がある。他者による強制（coercion）の排除（つまり消極的自由）を自由の本質と定義するフリードリヒ・A.ハイエクはそのような考え方に立つ代表格である。彼は、「自由であるかないかは、選択の範囲によるのではなく、かれの現在の意図にしたがってその行動進路を形成することを自ら期待できるかどうか、あるいは誰か他の人が本人自身の意志よりもむしろその人の意志にしたがってかれを行動させるよう、状況をあやつる力をもっているかどうかに依存している」と述べる(24)。ここにあるようにハイエクは、選択肢の多様性は自由と基本的に無関係とみているが、他方で、市場における競争過程に固有の価値を認めている点が興味深い（「多数の個人の独立した、また競争的な努力」の重視(25)）。ハイエクにとって市場とは局在する知識を有効活用する場であり、競争とは新しい知識の発見や開発のプロセスそのものである。眼前に適当な選択肢が見当たらない場合は、政府にその提供を要求して自由の本義を切り崩すのではなく、自ら競争過程において適切な選択肢を発見・開発せよ、という含意が読み取れる(26)。

これに対して、選好充足を直接保証する選択肢までも政府は提供する必要はないが、それに接近するための機会集合は整備する必要があると説くのがアマルティア・センの「潜在能力（capability）」論である。潜在能力とは、「人がなしうること、あるいは、なりうるものの有意な組み合わせから成る機能を達成する機会（the opportunity to achieve valuable combinations of human functionings : what a person is able to do or be）」を指す(27)。センによれば、自由の意義とはこのような潜在能力の保障を含むものでなければならない。ただし、それは、「なしうること、なりうるもの」から成る諸機能そのものを保障するのではなく、それらを達成する機会の保障であるとされる。こうして機会集合としての潜在能力を「自由」のなかに組み込むことにより、センは、「何かをする自由があること」と

(24) フリードリヒ・ハイエク（気賀健三＝古賀勝次郎訳）『ハイエク全集5　自由の条件I』（春秋社、一九八六年）二四頁。

(25) ハイエク・前掲注（24）四八頁。

(26) 自由の核心は、選択そのものではなく、新たな選択肢の創造にあるとする成原慧の見解が興味深い。（成原慧「アーキテクチャの設計と自由の再構築」松尾陽編『アーキテクチャと法』（弘文堂、二〇一七年）五三頁）。

(27) Amartya Sen, *Elements of A Theory of Human Rights*, 32 PHILOSOPHY AND PUBLIC AFFAIRS 315, 332 (2004).

「何かをしていること」を区別し、前者こそが人権としての自由の核心であるとみる。[28] たとえば、健康であることや栄養状態が良好であることを、自由の保障内容とみなすのではなく、そういう状況がどの程度人の選択に実質的に開かれているかが、自由の保障にとって重要であることになる。

――選択の自由に対するコントロール　選択の自由に対するコントロールの歴史は長く、多様なそれが試みられてきた。

まず、選好関係そのものへのコントロールが挙げられる。たとえば、宗教や教育訓練そして監視、さらに、情報環境を通じての認知過程への介入、薬学的・情報工学的な脳神経に対する介入、リベラリズムを含む包括的教説による啓蒙、等々、古典的なものから現代的なものまで実に多様である。対話的・非物理的な方法で他者の選好関係に影響を与えようとすることは、ある意味、世の常、人の常で、社会や日常生活にあふれているといえよう。

次に、選択肢のコントロールが挙げられる。選好関係への直接介入は精神構造にあからさまに立ち入ることになるのでやりにくい。なので、選好関係はそのままにしておいて選択肢の方を操作するというわけである。たとえば、古典的には、刑事罰を科すことやインセンティブを割り当てることを通じて、特定の選択肢の選択を阻止あるいは勧奨することが挙げられる。近時は、人の認知限界やバイアスを利用して特定の選択肢の選択を誘導する技術が登場している。

(28) Sen, *supra* note 27, at 334-335.

もちろん、選好関係のコントロールと選択肢のコントロールは、それらを併用することによって有効に自由そのものを制御・操作できる。また、この二つは相互に関連しており、截然と分けることができない。すなわち、選好関係をいじることによって見えてくる（発見される）選択肢が変わるし、選択肢をいじることによって選好関係に変化がもたらされる。

選択の自由のコントロールは、すっかりおなじみになったアーキテクチャ（architecture）という概念によって、その巧妙な実態が解明されつつある。

ローレンス・レッシグの作品を通じて広く知られるようになったこの概念は、法（law）、社会規範（norm）、市場（market）に並ぶ人間行動のコントロール手法として位置づけられる。[29] アーキテクチャは、広くは「世界の存在構造」そのものも含むが、基本的には、「つくりあげられた環境」による人間行動の制御機構を指す。これには、工学的制御を行う物理的アークテクチャ（例、座りにくい椅子で客の回転を速める、認証ができないと開かないドア）から、コンピュータやインターネットのハードやソフトに組み込まれたコードまで多様なものがある。アーキテクチャによる行動コントロールは、逸脱行為を事前に抑制ないし不可能化する点で事前規制であり、逸脱に対するサンクションを意識させずとも実効性をもち、法執行機関による強制措置を待つまでもなく自動執行が可能であることを基本的特徴として備えており、法に替わる規制手段として注目されてきた。[30] そして、このようなアーキテクチャはすでに実装がいたるところに見られ、私たちの日常生活に

(29) See. Lawrence Lessig, Code: And Other Laws of Cyberspace, Version 2.0 (2006). アーキテクチャについての概観は、成原慧「情報社会における法とアーキテクチャの関係についての試論的考察」情報学研究八一号（二〇一一年）五五頁以下参照。

(30) もっとも環境設定による操作のすべてがこれらの基本的特徴を伴うわけではない。また、法との併合的適用ももちろん可能である。

広く深く浸潤している。

――選択アーキテクチャの浸潤　人間の選択行為について広くアーキテクチャは用いられている。キャス・サンスティンはこれを「選択アーキテクチャ（choice architecture）」と呼んだ[31]。彼によれば「建物がアーキテクチャ（建築）を欠くことができないように、社会も選択アーキテクチャを欠くことができない」[32]。

サンスティンによれば、代表的な選択アーキテクチャには、まずもって「能動的選択」の要求が挙げられる。一定の情報を提供したうえで個人に実際に選択をさせるのである。もうひとつが、「デフォルト・ルール（初期設定）」を提示してそれに選択を委ねさせるやり方がある。あらかじめ設定されたルールを承認することで「（能動的）選択をしないという選択をさせる」のである。この手法には、アーキテクチャ設計者が設定したルールをそのまま選択させる「個別化されていないデフォルト・ルール」と、個々の選択者に一定の個人情報を提供させ、初期設定をある程度カスタマイズすることを認める「個別化されたデフォルト・ルール」によるものがある。サンスティンは後者の「個別化されたデフォルト・ルール」を選択アーキテクチャとして最良のものと捉え、近未来はこの手法の時代になると宣言する[33]。

さて、サンスティンは、「デフォルト・ルール」という選択アーキテクチャは、効果的で最も興味深い「ナッジ（nudge）」であるという[34]。

人の選択は完全ではない。認知限界、現在バイアス、非現実的なまでの楽観主義、注

(31) 選択アーキテクチャ一般については、キャス・サンスティーン（伊藤尚美訳）『選択しないという選択』（勁草書房、二〇一七年）参照。

(32) キャス・サンスティーン（吉良貴之訳）『入門・行動科学と公共政策』（勁草書房、二〇二一年）二〇頁。

(33) サンスティーン・前掲注(31)二六頁。

(34) サンスティーン・前掲注(31)一〇頁。ナッジとは、人をそっと押して一定の方向に誘導することを指し、強制を伴わない行動コントロールの手法のこと。本書の瑞慶山論稿参照。

意力の欠如、等々が選択を誤らせることは往々にしてある。それに人間は怠け者である。選択アーキテクチャの設計者に対する（楽観的な？）信頼や、多くの人がそれに従っているんだからまあ大丈夫だろうという（これも楽観的な？）信頼から、デフォルト・ルールをそのまま受け入れる（この点、能動的選択に意義と合理性を認めることもできるので、初期設定を一定程度カスタマイズしたうえで、受け入れる場合もある）。要するに、初期設定がなされていること自体が、それを選ばせるためのナッジになりうる。もちろん、これがナッジとして通用するには、オプトアウトが低コストで可能でなければならない。オプトアウトができないとか大変な高コストがかかるとなれば、それは法的規制と同じであり、ナッジとはいえない。さて、オプトアウトができるとしても、人は怠け者だから、惰性と先延ばしの気持ちが働いてデフォルト・ルールから離脱することは基本的にはしない。なので、このナッジの有効性はとても高いのである[35]。

――選択アーキテクチャと自由　デフォルト・ルールというナッジは二つの意味で自由と親和性があると思われる。

まず第一に、ナッジそのものが、リバタリアン・パターナリズムの観点から「選択の自由」を尊重する手法であることが挙げられる。確かに「選択の自由」は尊重されているが、デフォルト・ルールは「選択しないという選択」によって承認されたものである。能動的選択ではなくとも、選択は選択であるというわけである。しかし、それが「選択の自由」を尊重したことになるのは、この禅問答のような論法ではなく、「選択しないと

(35) 能動的選択の際に、複数の選択肢を提示し、それぞれに異なるインセンティブを付与することによってナッジすることもできるが、インセンティブの計算も含めてやはり能動的選択をしなければならない点は変わりなく、普通にめんどうくさい。

いう選択」と「選択すること」の双方が適切に個人に開かれているかどうかを問題にしなければならない。「個別化されたデフォルト・ルール」はそのひとつの調停案であるが、なお選択と非選択双方の開放性が問われなければならない。この点、デフォルト・ルールというナッジは低コストでオプトアウト可能である、イヤになったらワンクリックで離脱を選択できる、といわれる。確かにワンクリックで離脱できればコストはほぼゼロである。しかし、オプトアウトにかかるコストは、オプトアウトした後に支払わなければならないコストを含めて算出されるべきだろう。ほかの代替的なサービスを探すコストはどうなるのか、オプトアウト後に行わなければならない能動的選択をするための情報収集と判断のコストはどうなるのか。そもそもその種のコストを回避する傾向が行動科学的に明らかであるから、デフォルト・ルールに依存しているのである。こういったことを考慮すると、低コストでオプトアウトできるというのは簡単に受け入れるわけにはいかないのではないか。

第二に、デフォルト・ルールに従うことで煩雑な選択から解放され、より創造的な活動に時間を費やすことができ、自由が増大するといわれる。確かに、情報洪水のなかで能動的選択をし続けるのは困難を極め、大切な時間をブルシット・ジョブで浪費したくないと誰もが思うだろう。デフォルト・ルールに従えば、その分、〝自由な〟時間が手に入るかもしれない……。しかし、人生が選択の連続であれば、手に入る時間は能動的選択の連続になるのではないか。能動的選択を行うための情報探索や情報分析が創造的で自由なものになるためにはどのような条件が必要になるのか。能動的選択を人間は生来の怠惰な性格のゆえに避けるのであれば、能動的選択を、否、選択そのものを個人に強いる情報洪水それ自体をどうにかすることが考えられなければならない。情報減量である。

選択のコストとは自由のコストでもある。人はその重荷に耐えうるのだろうか。「選択しない選択」ではなく、それも含めて「選択」そのものからの解放がありうるのだろうか。選択から解放された生は果たしてどのようなものになるのだろうか。今や、選択の自由という自由概念を立てておくことに意味があるかどうか自体が問われているのである。

幸福と自由

――「**われに自由を与えよ、然らずんば死を**」　幸福が今また主題化されつつある。すでに触れたように、自由と幸福は古代から一貫して並走するように語られてきた。奴隷の幸福という倒錯を認めない古代ギリシャでは、奴隷状態からの脱出＝自由＝幸福であった。一九世紀の福澤においても自由であれば「以て一身の幸福を致す」とされていたのである。

「われに自由を与えよ、然らずんば死を」は、一八世紀に活躍した革命前夜のアメリカの政治家であるパトリック・ヘンリーの名台詞である。これも自由と幸福の表裏一体性を示唆している。自由がなく鎖につながれた奴隷状態は死に等しいという絶望は、自由なき世に生きる限り一切の幸福はありえないことを前提とするものである。不自由か死かの二者択一状況のなかで死を選ぶという行為こそ、最後に残された自由の発露であろう。革命前夜の自由なきアメリカでは、自由は輝ける希望であった。

要するに、一八世紀と一九世紀を通じて、自由には内在的価値があり、自由であること自体が幸福に直結していた。幸福と自由は同義だったのである。

――「自由か、さもなくば幸福か」　これは、二一世紀を生きる法哲学者・大屋雄裕の名台詞である。(36) 大屋によれば、二〇世紀の社会状況において一九世紀システムは崩壊したとされる。自由と幸福のマリアージュは破綻し、個人の自由な自己決定と国家の集合的意思決定の一致も同じく破綻したため、自由と幸福が乖離し、いずれかの選択を迫られるようになったというのだ。情報化とグローバル化の飛躍的進展によって、人々は自由に耐えられなくなり、異なる価値への寛容に疲れ果て、自己責任と張り付いた自己決定を放棄し、「なぜ単元主義ではいけないのか?」と問い始める。要するに、自由＝自己決定／自己責任＝幸福という定式のもと、個人が徹底的にがんばる一九世紀型システムにとどまるか、そのようなシステムと決別したうえで〝幸福〟を約束してくれる新しい社会のあり方を模索するか、という岐路に私たちは立たされているということである。

これについて、大屋は近未来の社会について、①「新しい中世」、②「総督府功利主義の

(36) 大屋雄裕『自由か、さもなくば幸福か?』(筑摩書房、二〇一四年)。

リベラリズム（感覚のユートピア）」、③「ハイパー・パノプティコン」、の三つを挙げている[37]。大屋自身も認めるように、いずれもあまりありがたくない未来像であるが、その出現を回避するのであれば、一九世紀に夢見た近代社会モデルの再生・維持に努めなければならず、それには「相当の覚悟と負担」が求められることになる[38]。

――今なぜ「幸福」か？　幸福と自由が主題化されるようなったのはなぜか、改めて整理しておきたい。

第一に、すでに指摘したところであるが、自由は必ずしも幸福を約束してくれないことが明らかになったことが挙げられる。

本章でも述べたように、消極／積極のいずれの自由概念を採用しようが、基底にあるのは「選択の自由」である。自由とは選択の自由であり、選択とは自己決定である。その決定の果実（選好充足＝幸福）は自ら享受できるが、他方で、自己決定には自己責任が張り付いており、決定に伴うコスト（害悪や損失や費用）もまたその個人が負わなければならない。責任を追及され、コストを負うことを怠惰な人間は忘れがちであるが、いざそのような立場に立たされれば、自由な選択を呪うことになる。

もちろん、このようなことは昔からわかっていたことである。自由な決定は「幸福か不幸か」という博打になることは自由論ではすでに指摘されてきた。ハイエクが示唆するように、自由であっても不幸でありうる場合がある[39]。自由だからといって選好充足の保証はないのである。が、自由と幸福の乖離がリアルに意識されるようになったのは、

(37) 大屋・前掲注（36）二二二頁以下（大屋自身は③のハイパー・パノプティコンが三つのなかでは最善だという）。

(38) 大屋・前掲注（36）二二七頁。

(39) ハイエク・前掲注（24）三一頁。

自由の成果がもたらす不幸（自己決定の結果がもたらすコスト負担）ではなく、自由であることそれ自体（自己決定をすることそれ自体）に伴う負担が意識されるようになったからである。そして、このような負担意識を亢進させたのはいうまでもなく情報化社会という現代的現象である。情報が過剰にあふれる社会にあって私たちは膨大な情報収集・分析を強いられ、無数の選択を繰り返さなければならない。シーナ・アイエンガーに指摘されるまでもなく、選択肢が多ければ幸福になれるわけではない[40]。新しいアプリやデバイスに慣れるのにも時間がかかり、注意書きや取扱い説明書も理解不能だし、そもそも読まない（読めない）。どうでもいいファイルにもIDとパスコードが要求される（もう開きもしない）。リモート会議は休日でも海外にいても追いかけてくる。メールやSNSに返事をするのに半日を費やす。フェイスブックで「いいね！」が来ているかどうかを定点観測するので夜は忙しい。睡眠学習しないと周りについていけない……。

意味のあることもないことも等しい資格であふれている情報の渦のなかで、多様性や可能性にお付き合いし続ける。こうしてわけのわからないことで忙殺され、選択の無限連鎖に疲れ果て、意味喪失をきたす。「選択の自由」を生きるには自由ではいられなくなる、という事態が発生する。要するに、「自由だからといって幸福になれるわけではない」のではなく、「自由だと不幸になる」のだ。

自由の内在的価値＝幸福が疑われはじめたというよりも、自由の潜在的害悪＝不幸が明らかになりつつあるということである。となると、「選択の自由」の箇所で示した《選

(40) シーナ・アイエンガー『選択の科学』（文藝春秋、二〇一四年）二六二頁。

好関数＋選択肢＝選択→選好充足＝幸福≫という定式において、帰結部分の「幸福」さえ与えられれば、それまでの選択のプロセスはむしろ喜んで放棄するという心的ベクトルが生まれる。「自由か、さもなくば幸福か」と問われれば、自由によって不幸になるくらいなら、大屋の展望するハイパー・パノプティコンの幸福の方がマシではないか。多少、ディストピア的な響きのある社会でもけっこう幸せかもしれない[41]。

さて、今日幸福が再主題化されている背景にはもうひとつの流れがあるように思われる。それは、上述の分析と異なり、自由と幸福のマリアージュがむしろ結構うまくいっているという歴史認識に立つものである。

本書のイントロダクションで指摘したところであるが、古代ギリシャにおいて「自由」とは〝奴隷でないこと〟であった。したがって、奴隷の状態を脱して、公共を語り、公民的徳を共同体構成員たちの前で堂々と発揮することこそ、まさに奴隷と区別される「自由人（freeman）」の証であるとされた。そこには幸福の姿がはっきりと自由人に投影されていたのである。つまり、古代の自由論は〝人間は如何にあるべきか〟という問いかけに対するひとつの回答であった。その後、近代に至り、自由は政治権力や経済権力に対する防御的な役割を負わされることになり、〝人間は如何にあるべきか〟という問いはいったん棚上げにされたように思われる。パトリック・ヘンリーや福澤諭吉が自由と幸福を一体のものとして想定していたのは、奴隷制が残り、自由を抑圧する前近代的な体制との闘いを遂行していた時代のものである。つまり自由そのものがなかった時代で

(41) とはいえ、「さもなくば幸福か」の幸福は果たしてシアワセなのだろうか。「さもなくば幸福」論は、その語感のなかにむしろ近未来のディストピア性をにおわせ、一九世紀システムへのこだわりを残している含意があるように思われる。

あった。

現代は、ヘンリーや福澤の時代と比べれば、生き方の多様性も認められ、自由を抑圧する政治機構や経済機構もそれなりにおとなしくなった。要するに「それなりの幸福」が手に入る時代になったということもできる。[42] 今問われつつあるのは、人類が手にした「それなりの幸福」を改めて吟味し直そうということではないか。もちろん、政治権力も経済権力も支配や操作の矛先を巧妙に変えてきているので、「それなりの幸福」を失わないように、それに対する警戒は引き続き行う必要はあろう。が、近代の夢、近代人の自由はおおよその約束を果たしたのであり、私たちはここで、〝人間は如何にあるべきか〟という古代の問いに再び立ち返りつつあるといえるのではないか。

(42) とはいえ、「それなりの幸福」の幸福は果たしてシアワセなのだろうか、という問いがここでも発せられるべきだろう。

付録：日本国憲法から

筆者は、憲法を研究しているので、日本国憲法が「自由」をどのように捉えているのかを紹介し、自由論の錯綜状況を憲法テクストを用いて確認することで本章の役割を終えたい。

周知のように、日本国憲法には、表現の自由や思想良心の自由のほか、様々な「自由」が保障されている（これを「自由権」という）。これらは、基本的に「消極的権利」と類型化され、その本質は、国家ないし社会的権力から干渉・強制を受けないことと理解されてきた。つまり、バーリンのいうところの消極的自由概念として語られることが通例であった。

他方、自由権、とりわけ精神的自由権が他の人権と比較して、より重要であり、違憲審査権による保護も厚く受けることが広く主張されてきた。その際の理屈は、精神的自由権を「自己実現（self-fulfillment, self-realization）」と「自己統治（self-government）」という二つの憲法的価値に直結するものとみる、というものであった。これはアメリカ憲法学の影響を受けたものであるが、ここで明らかなように、自由権はバーリンがいうところの積極的自由でもあることが意識されてきたのである。

さて、自由は憲法条文ではどのように扱われているのか。

（1）日本国憲法の前文は次のように始まる。

日本国民は、正当に選挙された国会における代表者を通じて行動し、われらとわれらの子孫のために、諸国民との協和による成果と、わが国全土にわたつて自由のもたらす恵沢を確保し、政府の行為によつて再び戦争の惨禍が起ることのないやうにすることを決意し、ここに主権が国民に存することを宣言し、この憲法を確定する。

右にあるように、ここでは「自由のもたらす恵沢（the blessings of liberty）」を確保することが約束されている。英語正文と日本語正文の間には微妙な違いを読み取ることもできるが、日本語正文は、〝自由そのものが恵沢である〟というのではなく、その「もたらす」恵沢を問題にしている。「自由」そのものの内在的価値ではなく、自由がもたらす「帰結」を約束してくれているような示唆がある。

(2) また、第一二条は次のように定める。

この憲法が国民に保障する自由及び権利は、国民の不断の努力によつて、これを保持しなければならない。又、国民は、これを濫用してはならないのであつて、常に公共の福祉のためにこれを利用する責任を負ふ。

ここには、憲法が保障する「自由」について、①不断の努力による保持義務、②濫用回避義務、③公共の福祉のための利用義務、が国民に課されている。③は英語正文では、responsible for utilizing them for the public welfare とされている。本条では、自由も、厚生最大化に資するように利用すべきことが示唆されている。

(3) さらに、第一三条は次のように定める。

すべて国民は、個人として尊重される。生命、自由及び幸福追求に対する国民の権利については、公共の福祉に反しない限り、立法その他の国政の上で、最大の尊重を必要とする。

本条も、自由を含めた諸権利は「公共の福祉に反しない限り」、国政の上で最大限尊重されると規定し、厚生最大化のために自由が制限されうることが明らかにされている。最大化が求められる福利とは何か？「自由のもたらす恵沢」であり、「幸福」がそれに該当するかもしれない。(43) また、本条は、「自由」と「幸福」をそれぞれ権利の対象として並列に扱っており、両者が必ずしも目的手段の関係にはないことを示唆している。

＊　＊　＊

以上のように、日本国憲法には、自由に関して帰結主義的かつ厚生主義的に捉えるかのような条文が配置されている。そこから一定の功利主義的解釈が一般化すると、個人を効用の器とみて、そこから効用だけを抜き出し、集計主義的に効用を最大化して個人が空洞化されてしまう思考が席巻する可能性がある。これに対して、一三条に記された「個人として尊重される」という核心的原理がどこまでがんばれるかが課題になろう。功利主義的に考えれば、個人は個性的な存在ではなく、均霑化された点にすぎなくなる。それでも「個人として尊重される」ことになるのかどうか。

(43) ただし、一三条は「幸福追求」に対する権利と注意深く述べており、幸福そのものの保障ではなく、その獲得プロセスにおける権利を保障している点には留意が必要である。

ナッジ

自由を保障する公共政策の技法・思想・実装

瑞慶山広大

序——ナッジとは何か

最も成功したナッジの例として、オランダ・スキポール空港にある男性用小便器がある。小便器の下方に小さなハエのイラストを付すと、尿はねを防ぐことができ、その周辺の清掃費用が大幅に削減したという。これは「標的があるとそれを狙いたくなる」という人がもつ傾向を利用したものである。

ナッジ（nudge）とはもともと「肘で軽く突く／そっと後押しする」という意味の英単語だが、そこから転じて、命令等の強制手段をとることなく、人の行動を特定の方向へと誘導する手段を指すようになった。ソフトな形で人々の行動変容を促す技法として近時注目を集めている。ナッジの代表的論者である経済学者リチャード・セイラーと法学者キャス・サンスティンは、それをかつて「リバタリアンパターナリズム libertarian paternalism」（以下、「LP」）という一種の思想として展開した後、[1] その技法面をより強調した「ナッジ」として人口に膾炙させた。[2] 彼らの著作は豊富な事例の紹介がある一方で、多様なナッジ的技法を貫通する体系的な理論が見通しづらい難点もあった。

本章は、こうしたナッジに関する理論を「ナッジ論」と名付け、サンスティンの議論を中心にナッジ論を整理することを目的とする。具体的には、ナッジ論を政府による公共政策に新しい技法と思想を大胆に導入するものとして捉え、[3]「現代行政国家の公共政策の技法」「それを正当化する思想」「その実装のための行政機関の能力・技術」という三点に分けて描出する。

ナッジの定義

精確なナッジの定義は、「選択を禁じることも、経済的なインセンティブを大きく変えることもなく、人々の行動を予測可能な形で変える選択アーキテクチャのあらゆる要素」[4]である。選択アーキテクチャとは、選択肢の提示方法、選択に至るまでの情報提供の態様等、人が何らかの選択をする際に置かれる環境一般を意味し、これを変化させる主体を選択アーキテクトと呼ぶ。選択アーキテクトは政府でも民間企業でも一個人でもよい。[5]

この定義は、①義務づけや禁止、それらに伴う制裁がなく、②課税や補助金のような

(1) Cass R. Sunstein & Richard H. Thaler, *Libertarian Paternalism Is Not an Oxymoron*, 70 U. Chi. L. Rev. 1159 (2003).

(2) Richard H. Thaler & Cass R. Sunstein, Nudge (Revised ed. 2009) [遠藤真美訳『実践 行動経済学』（日経BP社、二〇〇九年〔初版の翻訳〕）]; Richard H. Thaler & Cass R. Sunstein, Nudge: The Final Edition (2021). 両版の間で基本的な論旨の変更はないため、本章では翻訳書の存在に鑑み基本的に前者を参照する。本文中、訳書には従っていない翻訳がある。

(3) サンスティン自身、ナッジが公共政策においてより使えるものであると述べている。*Id.* (2009), at 13（訳書二九頁）.

(4) *Id.* at 6（訳書一七頁）.

(5) その意味で、我々はあらゆる主体からナッジされ、またあらゆる客体に対してナッジをするという「相互ナッジの海」にいるのかもしれない。那須耕介＝橋本努編『ナッジ!?』（勁草書房、二〇二〇年）〔同「ナッジはどうして嫌われる？」〕六二頁。

経済的負担・利益もないか微少である、という二つの性格をもちながら、人々の行動を変容する技法を総じて含むものである。また、見解の違いもあるが、ナッジの定義自体には評価的要素は含まれていない[6]。本章では、ナッジを端的に人々の行動変容を促す技法として捉え、その当不当を判断する視点としてＬＰがあると理解して、筆を進める。

ナッジ論の背景①――行動経済学

ナッジ論の誕生には三つの背景が存在する。第一に行動経済学である。伝統的経済学においては、経済人＝ホモ・エコノミクス（エコン）という人間像が想定されていた。人間は経済合理的に、すなわち自己の経済的利益を最大化するように行動するという想定である。行動経済学はこの想定に疑問を突き付けた。実験心理学等の方法と知見に依拠して、エコン想定から逸脱する人間の行動を明らかにし、この逸脱行動こそが人間一般に観察される傾向性（ヒューマン）であると考えた。そして、経済現象の解明や規範的提言のために、経済学はこうしたヒューマンとしての人間像に基づいて理論を立て直す必要があると主張したのである。

現実の人間がエコン想定から逸脱するのは、人間の認知過程にバイアスがかかっているからである。認知バイアスの例としては次のようなものがある[7]。

(6) ただし最近、サンスティンは、不当なナッジをヘドロを意味する「スラッジ sludge」と名付け、正当な「ナッジ」と区別するような用語法を採用するかのように思える。Cass R. Sunstein, Sludge (2021); Thaler & Sunstein (2021), *supra* note 2, at Chap. 8. だが、その記述を読むと、なかには良いスラッジもあると述べるなど、ナッジとの間で概念的混乱を招きかねないものがみられるため、本章ではこの概念を用いることを避けた。

(7) 飯田高『法と社会科学をつなぐ』（有斐閣、二〇一六年）二一五～二一七頁を参考にした。人間はあらゆる場面で利用可能なすべての情報を考慮して決断を下すことはできない。そこで、厳密性は欠くがだいたい合っているという程度の答えを導くための簡便な思考過程を用いることが多い。これをヒューリスティクスと呼ぶ。認知バイアスはヒューリスティックの副産物である。参照、同二一九頁。関連して、二重過程理論に触れる後注(20)に対応する本文をも参照。

・確証バイアス…自分の信念や仮説に沿う証拠だけを収集したり、都合のよい形で情報を解釈したりするバイアス。（例）「血液型がO型の人は大雑把な性格である」という情報を得た結果、身近にいるO型の友人の大雑把な行動が気にかかるようになり、先ほどの性格診断への確信を深める。

・アンカリング…特定の情報・数値に過度に気を取られ、そちらに引きずられる傾向のこと。（例）日常的には五万円の買い物には慎重になるのに、五〇〇万円の自動車を購入する際には、オプションのカーナビ五万円が安く感じてしまう。

人間は放っておくと、こうしたバイアスにより合理的な判断に基づく行動ができないことが多い。そこで、時にバイアスを回避させ、時にバイアスをむしろ利用することで、人々の行動を合理的なものへと変化させる技法が生まれた[8]。それこそナッジである。ナッジの技法の背後には、このようなバイアスを用いたメカニズムがあり、それを明らかにした行動経済学の誕生・発展が控えている。

ナッジ論の背景②——アーキテクチャ論

第二に、アーキテクチャ論の継受である。憲法・サイバー法学者のローレンス・レッシグは、一九九九年発表の『コード』という著作のなかで、一定の行動を禁止したり義

（8） 回復すべき経済合理性という概念を疑い、限定合理学派の知見を参照して生態的合理性概念を提出し、その達成のためにヒューリスティクスの適切な活用のためのパターナリズムを目指すものとして、若松良樹『自由放任主義の乗り越え方』（勁草書房、二〇一六年）。同じく限定合理学派の知見を参照して、後述のシステム1の適切な発展・活用を促すためにこそナッジが必要であるとし、そうしたナッジのあり方としてアスリート・モデルを提示するものとして、橋本努『自由原理』（岩波書店、二〇二一年）、同「カフェテリアをデザインする」那須＝同編・前掲注（5）第六章。

務づけたりする法規範以外にも、人々は様々な要素から規制を受けていると論じた(9)。そのひとつに、物理的・技術的環境を意味する「アーキテクチャ」が列挙された。たとえば、公園に居住するホームレスの人々を退去させるために、彼らが寝床として利用しているベンチの座面に仕切り棒を設置し、人が横になることを困難にするという対策がとられることがある(10)。ベンチの座面設計という物理的環境によって横になる行為が不可能ないし困難にされていることを捉えて、人々の自由がアーキテクチャによって規制されているとするのである。提唱者のレッシグはアーキテクチャのなかでもインターネット空間のプログラム設計を「コード」と呼び、コードという一種のアーキテクチャによる人々の行動規制を警戒的に論じたのだが、その後、アーキテクチャ概念はそうしたコードを超えてより広い意味で用いられるようになる(11)。ナッジも物理的・技術的なものを含む形（選択アーキテクチャ！）で、より広く人々の行動を非強制的な形でコントロールしようとする点で、このアーキテクチャ論の潮流に与するものといえる。事実、サンスティンとレッシグは、アーキテクチャ論以前に、（法規範とは異なる）社会規範を通じた人々の行動のコントロールというテーマで類似の研究を行っていた(12)。

もっとも、（レッシグ的な）アーキテクチャは逸脱することが不可能ではないにせよ事実上困難であるという性質を有しているのに対して(13)、ナッジはむしろ逸脱可能性を担保するところに特徴があるという点で差異があることには留意すべきである。

(9) Lawrence Lessig, Code (1999)〔山形浩生＝柏木亮二訳『同』（翔泳社、二〇〇一年）〕. 現在は第二版が公表されている。Lawrence Lessig, Code Version 2.0 (2006)〔山形浩生訳『同』（翔泳社、二〇〇七年）〕.

(10) こうした排除ベンチについて、五十嵐太郎『誰のための排除アート？』（岩波書店、二〇二二年）。

(11) 表現の自由をはじめとした憲法とアーキテクチャの関係を論ずるものとして、成原慧『表現の自由とアーキテクチャ』（勁草書房、二〇一六年）。アーキテクチャ概念の定義も本書から借りた（一五頁）。

(12) 参照、瑞慶山広大「統治技法としての社会規範」慶應義塾大学大学院法学研究科論文集五七号（二〇一七年）九一頁以下。

(13) 成原慧「『法に従わない自由』と『アーキテクチャに従わない自由』」法政研究八六巻三号（二〇一九年）一一〇～一一一頁。

ナッジ論の背景③——アメリカの政治文化

第三に、アメリカの政治文化である。アメリカにおいては、政府による強制を伴う施策を社会主義的であるとして嫌う文化があり[14]、政府の役割をめぐって共和党と民主党の対立がしばしばみられる。ナッジは強制しないというその特徴を存分に活かすことで、そうした対立に巻き込まれることなく——とりわけ政府による強制に反対する傾向の強い共和党からの反発を抑制しつつ——、福祉国家的政策を推進するための技法として発明されたという側面を有している[15]。これはサンスティンも認めており、その著書の旧版において、ナッジはアメリカにおける両派対立の緩衝を企図していたことを明記し、新版でそうした企図が一定の成功を収めたと自己評価しているのである[16]。

ナッジの技法の整理

数多くの著作のなかで、サンスティンは様々なナッジの例を紹介している[17]。確定拠出型年金へ自動加入（脱退可能）する制度を設計すること、健康的な栄養素配分を一枚の皿を模したイラストで視覚的に示すこと、たばこのパッケージに健康を害する旨の説明文を掲載すること、税金未納世帯への督促文中に周辺地域での納税率の高さを占めるデータを添えること、等々。さらには、法律の任意規定（当事者の合意等により従う必要のない規

(14) 若松・前掲注(8)一六七頁（注二三）。

(15) これを「新たな第三のリベラリズム」と評するものとして、瀬戸山晃一「法的パターナリズム論の新展開（二・完）」阪大法学六四巻二号（二〇一四年）一〇一頁。

(16) Thaler & Sunstein (2009), *supra* note 2, at 13-14（訳書二九～三一頁）; Thaler & Sunstein (2021), *supra* note 2, at 19.

(17) 各国の事例として参照、OECD, Behavioral Insights and Public Policy: Lessons from Around the World (2017)［齋藤長行監訳／濱田久美子訳『世界の行動インサイト』（明石書店、二〇一八年）］; OECD, Tackling Environmental Problems with the Help of Behavioral Insights (2018)［齋藤長行監訳／濱田久美子訳『環境ナッジの経済学』（明石書店、二〇一九年）］.

定）や天気までも――悪天候は人々の外出の意欲を削ぐという意味で――ナッジということもある。ナッジの定義が二つの観点から排除的になされているがゆえに、多種多様なものがそれに含まれてしまうことは必然であった。サンスティン自身、ナッジ一般を議論するよりも、ナッジの種類ごとに検討が必要であるといっている[18]。ここでは試論的にナッジを三つの観点で整理し、それらの組合せとして多様なナッジの技法を分類することで、見通しを良くしたい。

第一に、ナッジの有無・程度による整理である。具体的には、①選択環境に積極的にかかわらない（ナッジしない）という「能動的選択 active choosing」、②選択者の一般的な傾向に基づいてナッジするという「非個人化ナッジ impersonalized nudge」、③選択者個々人の選好等に応じてナッジの内容を変えるという「個人化ナッジ personalized nudge」の三つに整理することができる[19]。

第二に、ナッジが利用しようとする認知過程の種類に応じた整理である。認知心理学では「二重過程理論」という人間の認知過程をシステム1／2に区別して考えるものがある。システム1は高速・自動的・直観的処理を行う過程である。1＋4のような単純な計算などで用いられるものであり、素早い判断と行動を可能にする一方、これこそが認知バイアスの原因でもあり、人間の合理的とはいえない行動をしばしば招く。システム2は低速・計算的・熟慮的処理を行う過程であり、523×145のような複雑な計算などで用いられる。判断には時間を要するが、必要な情報を適切に分析して合理的な

(18) Cass R. Sunstein, The Ethics of Influence 26 (2016)［田総恵子訳『ナッジで、人を動かす』（NTT出版、二〇二〇年）三九頁］.

(19) Cass R. Sunstein, Choosing Not To Choose esp. 14-17 (2014)［伊達尚美訳『選択しないという選択』（勁草書房、二〇一七年）特に一九～二二頁］.

行動をとることに役立つ。ナッジは、人間がシステム1で行動し、合理的とはいえない行動を行う事項につき、ある時は別のシステム1を利用して合理的な行動へと人を誘い、別のある時はシステム2の発動を刺激し人々に熟慮を求めることで合理的な選択を実現しようとする（システム2を利用したナッジは「教育的ナッジ」や「ブースト」という別称がある）[20]。

第三に、利用する選択アーキテクチャの種類による区別である。具体的には、①情報提供を行うもの、②選択肢のアレンジメントを工夫するもの、③デフォルトルール（初期設定）を用いるもの、の三つに整理できる。①〜③の差異は相対的だが、たとえば、電力プラン選択時に省エネプランによる節電効果を資料で示すのは①に、レストランがオススメの料理をメニュー表に大きく表示するのは②に、ＥＣサイトに登録すると別途配信停止手続きをとらない限りそのサイトから広告メールの送信が続くのは③に、それぞれ該当する。

整理の意義

多くのナッジは、これら三つの観点の組合せとして整理することができよう。たとえば、セルフ式の学食・社食で肥満防止策の一環として、ヘルシーな料理を取りやすい位置に、脂っこい料理を取りにくい位置に配置するというナッジは、〈非個人化ナッジ×システム1×選択肢のアレンジメント〉と整理できる。

(20) Cass R. Sunstein, Why Nudge? 26-34 (2014)；Sunstein, *supra* note 18, at 28-31（訳書四三〜四六頁）．克服対象とされていたシステム1をむしろ政策資源として利用する点がナッジという技法の独創性である。那須耕介「リバタリアン・パターナリズムとその一〇年」社会システム研究一九号（二〇一六年）一二〜二三頁。

この整理の意義は二つある。ひとつは、ナッジアーキテクトにとって、目的達成のためにどのようなナッジを行うべきかを考える際に、大まかな案内図を提示することができることである。もうひとつは、不当なナッジに陥りやすい技法をあらかじめ類型的に示したことである。たとえば、個人化ナッジはその実効性のために個人に関する多くの情報を収集する必要があり、プライバシー等の観点から問題になりうる。また、人間のシステム1を利用するナッジは、ともすると個人の思考能力の低下につけ込んで、その個人にとって都合の悪い選択を事実上強いるように使われかねない。こうした危うさを内包するナッジの類型に一定の警戒をもっておくことは重要であろう。

ナッジの思想——リバタリアニズムとパターナリズムの同居？

公共政策としてのナッジを支える思想であるLPは非常に奇妙な名称である。個人の自由を何よりも重要視するリバタリアニズムと、個人の利益保護を名目に当該個人の選択への介入を正当化するパターナリズムという、一見両立しがたく思える二つの思想が結びついているからである。サンスティンによると、これは撞着語法ではない。この思想は、個人の選択の自由を保障しながら、当該個人の利益のために、ナッジによるその行動変容を迫ることを政府に認める思想であり、リバタリアンの側面とパターナリスティックな側面が矛盾なく同居している。

リバタリアニズムとは、個人の消極的自由を重要視し、政府の役割を限定的に捉える立場である。ナッジは強制手段や経済的インセンティブを用いない点で、ナッジに従わない自由を個人に保障している。確定拠出型年金プランへの自動加入が嫌なら脱退を申請すればよく、ヘルシーにナッジされた学食・社食で脂っこい料理を食べたいなら多少歩いて遠くにあるその料理を取りに行けばよい。ナッジは個人の選択を誘導はするが、その誘導に反した行動をしたことに何ら不利益を課さない、換言すればオプトアウトする権利を常に保障しているという点でリバタリアンだというのである。

しかし、リバタリアニズムの核心は政府の役割の限定である[21]。ＬＰはこの主張を共有していない。むしろ、選択アーキテクチャは個人が選択をする際に必ず存在し、政府が何らのアクションをとらないこともまた選択アーキテクチャを構成するのだから、個人がより良い選択をなせるようなアーキテクチャ整備に政府は積極的に乗り出すべきであると主張する[22]。さらに、後の実装面でみるように、サンスティンは政府が個人の福利（well-being）を把握する一定の能力を有するに至ったという現状認識をもっている。リバタリアンが一般的に有する政府への不信はＬＰにはない。選択の自由の保障はあるにせよ、ＬＰの眼目はパターナリズムの許容である[23]。

(21) 福原明雄「『リバタリアン』とはどういう意味か？」那須＝橋本編・前掲注(5)一七九～一八〇頁。

(22) 選択アーキテクチャが必ず存在することは、「政府」がそこに介入することの正当化にはならない旨を指摘するものとして、森村進「ナッジ再考」同『自由と正義と幸福と』（信山社、二〇二一年）七四～七五頁。

(23) 那須・前掲注(20)一八頁は、サンスティンを「徹頭徹尾パターナリスト」と評する。

パターナリズムとしてのナッジ

ここではパターナリズムを、他者が本人の利益のために、本人の意思に反してでも、特定の選択肢をとるように影響力を行使することを正当化する立場、としておく(24)。どのようなナッジが許されるかについて、サンスティンは「各人が判断するように as judged by themselves」という定式を繰り返し提示している(25)。ナッジの目的は「人々を自らの生活がより良くなるような方へと向かわせることに自覚的に取り組む(26)」ことという記述もある。ただし、これは各人が現在望んでいることをそのまま実現させることではない。「各人が判断する」というのは次のような規範的な評価が組み込まれたものである。すなわち、正しい情報に基づいた判断であること、自己管理能力を阻害するような依存症等の問題に直面していない人の判断であること、一階の選好の判断と二階の選好の総合考慮——たとえば、いま目の前のケーキを食べたい(一階の選好)が、健康のためにダイエット中なので本当は望ましくない(二階の選好)——に基づく判断、というように現実の欲求に修正がかけられている(27)。

サンスティンは、人々がほぼすべての場合に、自己利益を最大化する選択をするか、あるいは最低でも第三者がするよりはより良い選択ができるという認識は誤りであると述べる(28)。J.S.ミルが他者加害原理を主張するにあたって基礎にした認識、すなわち自己の利益について最もよく知っているのは自分自身であるとの認識に挑戦を叩きつけて

(24) 「影響力を行使する」という言い回しなのは、パターナリズムの特徴に強制性を含めるかどうかで見解の対立がみられるからである。

(25) *See, e.g.*, Sunstein, *supra* note 18, Chap. 3 (訳書第三章).

(26) Thaler & Sunstein (2009), *supra* note 2, at 6 (訳書一七頁).

(27) *Id.*

(28) *Id.* at 9 (訳書二三頁).

いるのである[29]。また、確かに政府は誤りうるが、あらゆる事項・場合においてそうであるといえる根拠はないと述べ、先述の通り、個人の選択に関して、当該個人の判断よりも政府の判断が信頼できる場面があると考える。それゆえ、個人が判断を誤り、かつ政府がその個人の利益にうまく配慮できる事項について、ナッジを用いたパターナリズムが許されるのである。

政府が個人の選択に関してその個人より信頼できる判断がなしうるのであれば、端的にそうするよう強制すればよいのではないだろうか。しかし、サンスティンは強制しない利点を次のように列挙する[30]。①個々人が有する多様な好み・価値を尊重するため、②公職者の知識にも限界があり、彼らも誤りうるため、③公職者が特定の圧力団体から影響を受けている可能性があるため、④自由に選択できることにつき人々が感じている自律や尊厳の体験が喪失するため、⑤自律や尊厳の価値に含まれる自由な選択に内在的な善があるため。したがって、強制しないことの利点を活かしつつ、個人の選択を特定の方向へ誘導するナッジという技法が魅力的なものとして採用されるのである。

正当なナッジ、あるいはナッジの四原理

サンスティンは一般人に対する調査をもとに、「ナッジの権利章典」を作成している[31]。だが、そこで列挙されているものよりも、その背景にあるナッジの倫理的限界に関する

(29) Sunstein, *supra* note 20はミルへの挑戦の書である。

(30) Sunstein, *supra* note 19, Chap. 8（訳書第八章）; Sunstein, *supra* note 18, Chap. 8（訳書第八章）.

(31) Cass R. Sunstein & Lucia A. Reisch, Trusting Nudges Chap. 8 (2019)［遠藤真実訳『データで見る行動経済学』（日経BP社、二〇二〇年）第八章］。

彼の見解をみる方がより有益であると思われる。

ナッジの正当性を支える四つの原理として、彼は①厚生、②自律、③尊厳、④自己統治を挙げる[32]。①厚生とは、社会厚生を増進することであり、それは費用便益分析（cost-benefit analysis）（以下、「ＣＢＡ」）から導かれる。厚生とは何であるかが直ちに問題になるが、後述する。▼【補足】②自律は、個人の自己決定に相当な費用を課していないことを要求する。もっとも、ナッジは選択の自由を保障するため多くの場合問題とならない。③尊厳は、個人を選択能力のある者として尊重することを意味する。たとえば、客の申し出がない限り低カロリーのメニューしか渡されないレストランがあったとすると、そのレストランは客が自分のことを自分で決められる人間として尊重していないことになり、この尊厳の原理を侵すとされる。もっとも、③の原理は②の原理とほぼ重複する。④自己統治とは、民主政に役立つことを意味しており、たとえば選挙人登録をデフォルト化するナッジがそれにあたる。サンスティンは正当なナッジの要件として、透明性すなわちどのようなナッジが政策的になされているのかが明らかになっていなければならないことを随所で強調するが、それもこの④から要請される。先に「各人が判断するように」という定式を示したが、その規範的評価も結局はこの四原理に適合しているか否かで決せられるようである。

そして、サンスティンは数多くのナッジ事例は、こうした①～④の原理を満たしており、そこには「完全には理論化されていない合意 incompletely theorized agreement」（以

(32) SUNSTEIN, *supra* note 18, at Chap. 4（訳書第四章）.

下、「ＩＴＡ」）が成立しているという[33]。それら四原理は事例によっては異なる結論を導く場合がある。たとえば、あるナッジが本人の自律には反しており②の原理からは不当だけれども、社会厚生を増加させるため①の原理からは正当であるということがありうる。しかし、実際は①〜④のすべての原理から正当と評価されるナッジがほとんどであり、原理間の理論的な対立を調停しなくとも、多くのナッジは実践的に擁護できると主張するのである。

ナッジの四原理、あるいは「各人が判断するように」定式への疑問

しかしながら、これら四原理すべてを満たすことのできないナッジは現実にありうる。先述の原理間衝突もあるだろうし、厚生も個人の厚生が社会全体の厚生と矛盾した場合にどう対処するかという問題もある。後者に関して、ＩＴＡに依拠したことによりサンスティンがいう厚生概念が不明瞭になっているとの指摘[34]や、この指摘を発展させて彼のいう厚生というのは結局のところＩＴＡを満たしたものを指すのであるとの解釈[35]が提示されている。さらに、ＩＴＡは実際の政策について議論する際に、理論的立場の相違を顕在化させ、むしろ崩壊するという実践面からの批判もある[36]。

「各人が判断するように」の定式が利用できない事例があることは、サンスティン自身が認めている。ある時までは弁護士として生きる人生に喜びを感じていた者が、ふとし

(33) ＩＴＡはもともと司法ミニマリズムを擁護するために用いられた概念である。Cass R. Sunstein, Legal Reasoning and Political Conflict Chap. 2 (2d ed. 2018).

(34) 若松・前掲注(8)一八〇〜一八一頁。

(35) 米村幸太郎「二つのパターナリズムと中立性」法と哲学三号（二〇一七年）一〇一頁（注三二）。

(36) 若松良樹「自己決定権は生き残れるか？」那須＝橋本編・前掲注(5)一七頁。

たきっかけで弁護士を辞め社会活動家として生きることに同じくらい喜びを感じているという例（選好の時間的変化）では、「ふとしたきっかけ」前後のどちらの選好に基づいて判断すればよいだろうか。あるいは、ナッジ自体が対象者の選好を変えてしまうという場合に、ナッジ前後のどちらの選好を基準とすべきなのだろうか[37]。これらの場合、個人の選好以外の外的基準に訴えざるをえないことをサンスティンは認める。そして、その外的基準とは（個人の選好とは無関係に）人々の福利を増加させる方が望ましいというベンサム的なアプローチだと彼はいう[38]。人間の福利こそが重要なのである[39]。福利とは厚生と同義に考えてよいと思われ、したがってサンスティンはナッジの正当性を測る基準として少なくとも個人の厚生を重視していることがわかる。

さらに、サンスティンが出すナッジ事例には、個人の利益増進との関係が薄いといわざるをえないものがある。たとえば、環境保護の促進のためにクリーンエネルギーを活用する方向へ誘導するナッジや、臓器提供を促進するためのデフォルトルールの活用を説くなど、個人の厚生というよりは社会厚生を増加に焦点を当てるようなものが含まれる。冒頭の男性小便器の小バエも、トイレの清掃費用の低減という一種の社会厚生が問題となるナッジである。

(37) 両事例は Cass R. Sunstein, On Freedom 78-79, 83-84 (2019) で提示されている。
(38) *Id.* at 95-99.
(39) *Id.* at 102.

社会厚生への一元化と自由

このように考えてくると、ナッジ論の思想の核心にある原理は、社会厚生の増加という原理①であり、その他の原理は社会厚生の増加に資する限りで認められる二次的なものではないか、という見立てが可能なように思われる(40)。事実、サンスティンは厚生概念を個人厚生ではなく社会厚生として理解し、社会厚生の増加こそがナッジの支配的概念(master concept)と明示する(41)。さらに踏み込んでいえば、彼のナッジ論は功利主義に極めて近似するのではないか(42)。論者のなかには、彼のナッジ論が功利主義的な解釈を許すとする見解(43)や、功利主義(その一類型としての快楽功利主義)として最もよく理解できるとする見解(44)がみられる。

本書のコンセプトとの関係で言及すべきは、こうしたナッジ論における自由の位置である。筆者の知る限り、サンスティンが厚生のどの理解を採用しているのかは明瞭ではない。仮に厚生を快楽説や欲求充足説として理解するのであれば、自由は個々人の快楽・欲求充足量を、より精確にはその集計である社会全体の快楽・欲求充足量を増加する限りで認められる二次的な価値にすぎない。換言すれば、自由はそれ自体に価値が認められる(内在的価値)のではなく、他の究極的な価値に資する限りで価値が認められる(道具的価値)ものでしかない。

自由それ自体に独立した価値を認めているなら、支配的概念とされる社会厚生と個人

(40) 同旨、那須・前掲注(20)一六頁、福原・前掲注(21)一九〇頁、橋本・前掲注(8)「カフェテリア」一六八〜一六九頁。

(41) SUNSTEIN, *supra* note 20, at 18.

(42) 功利主義は一般的に、①帰結主義、②厚生主義、③集計最大化主義という三つの特徴を有する思想として整理される。サンスティンがはっきりコミットしているのは②だが、①・③に親和的な記述も散見される。

(43) Jamie Kelly, *Libertarian paternalism, utilitarianism, and justice*, in PATERNALISM: THEORY AND PRACTICE 216-30 (Christian Coons & Michael Weber eds., 2013).

(44) Hiroaki Itai et al., *Rethinking Nudge: Libertarian Paternalism and Classical Utilitarianism*, 37 TOCQUEVILLE REV. 81-98 (2016).

の自由とが衝突した場合の処理が気になる。ＩＴＡを徹底するのであれば、そのようなナッジは認められないだろう。だが、自由が個人の「選択の自由の保障」という点に尽きるのであれば、その自由行使に伴うコストが相当程度を越えるものでない限り自由の侵害にはならないだろう。自己決定がかかわる一定の事項について自己判断よりも政府判断が優れる場合がある、との認識を前提にする以上、自分のことは自分で決める、という分厚い自由にＬＰは否定的である。ナッジの定義から、我々が最終決定権をもつ場面が量的に減るわけではないものの、その背後にある思想において、自由は社会厚生の後塵を拝するか、せいぜいその一内容であるにとどまるのではないか。

結局、ＬＰは自由を「選択の自由の保障」であるとし、政府に対する不信を相対化させている点でリバタリアンとはいえず、さらに、社会厚生の増加を究極的原理に据える点でパターナリズムでもないように思われる。その名に反して、ＬＰは実は功利主義に近い立場である。

ナッジの実装――社会厚生の計算可能性

社会厚生の最大化を目指すサンスティンのナッジ論には、実際に公共政策を立案するにあたって政府、精確には行政府が社会厚生をより精密に計算できるようになってきているという、一種の技術的な認識も存在している。彼はそれをＣＢＡの展開として描く。

サンスティンは公共政策の当否を、その前提にある「価値」ではなく、それがもたらす費用と便益を計算し、便益が費用を上回る政策を実施すべきだという「事実」に基づいて決するべきだと主張する。費用や便益として計算に入れられるのは、ある政策を実施した場合の人々の福利である。すなわち社会厚生の増減が数値的に計算されている。そうすることで、価値的に対立する者の間でもＣＢＡの計算結果はまさに事実であるがゆえに受け入れることができ、政策の実施・不実施の合意が調達しやすいとするのである。アメリカにおける党派対立という状況や、その実践的ブレイクスルーとしてのＩＴＡがここで意識されている[45]。

ＣＢＡには大きく三つの懸念が示されるが、サンスティンはいずれも解決ないし回避可能であると述べる。第一に、ＣＢＡは政策の当否を判定できても、その政策の実施の際にどのように資源を分配するかという問題に応答できないという懸念である。これに対しては、実務上はそうした問題はほとんど生じないし、所得再分配のような論点はＣＢＡの正当性とは別であるとして考察対象から外す[46]。

第二に、社会厚生を実際に把握し計算することは困難であるとの懸念がある。サンスティンはまず、厚生それ自体を計測することはしないという。厚生に含まれるものには質的に異なる様々なものがあり、それらは共約不能（incommensurable）であるため、数量的計算を困難にするからである。その代わりに、厚生を計算するための良き媒介項（good proxy）として、人々の支払意思額（willing to pay）の概念を導入する。これはある政策の

(45) Cass R. Sunstein, The Cost-Benefit Revolution i–ii (2018).

(46) *Id.* at xiii.

実施に人々はいくら支払う用意があるかを問うた結果であり、それらの総計等をCBAにかけることで、政策の当否を決定しようとするものである。個々人が抱える様々な厚生情報をその個人において金銭的なスケールで表明してもらい、それをCBAにかけることが、厚生それ自体を把握するよりもずっと社会厚生の実態に近似すると彼は考えている[47]。

第三に、厚生に関するデータが取り扱えるとしても、政府がそうしたデータを実際に収集するのは困難であるという懸念がある。これに対してサンスティンはかなり楽観的である。というのも、連邦政府の行政手続改革によって、政策に対する市民の意見が詳細に入手できるようになり、CBAに必要なデータが収集できるようになったことや、データ分析の手法の洗練化によりモデル計算が容易になっていることなどを挙げて、右の懸念は払拭できるとする[48]。

筆者はCBAの手法に明るくなく、これらの主張の妥当性を評価することができない。ここでは、社会厚生の最大化という公共政策としてのナッジの目的を遂行するための技術が行政府に蓄積されているという認識をサンスティンがもっていることを確認すれば十分である。

(47) *Id.* at Chap. 3, esp. at 73.

(48) *Id.* at Chap. 5.

結——公共政策としてのナッジ論

以上からサンスティンのナッジ論は次のような主張としてまとめられる。すなわち、公共政策として有用な技法であるナッジを用いて、社会厚生を最大化させる政策を実施することが正当化でき、行政によるＣＢＡを用いた精度の高い厚生分析によって実際上もそれを実現することができる[49]。

彼の構想においては、人々の行動変容をもたらす手段が政策実施にかかるコストという観点から一元的に理解されており[50]、強制手段の有無は程度問題にすぎない。社会厚生の最大化という観点から、ナッジで十分であればナッジを、それでは実効性を担保できないのであれば強制手段を用いるのである[51]。また、政府による厚生分析が容易な領域ではナッジを用いた公共政策が望まれようが、それが困難ないし不適切であるとされる領域——たとえば、結婚相手や信仰する宗教の決定——では、依然として個々人の能動的選択がベストとされるのだろう。さらに、理論的には自由の概念が従前より大きく後退させられているとしても、選択の自由が保障されているという点において、依然として人々は自らが自由を享受していると感じるであろうし、そのこと自体が各人の厚生ひいては社会の厚生を増加させるはずである[52]。社会厚生の最大化の名のもとに、サンスティンのナッジ論はうまく説明できる。

他方で、彼の議論にはプラグマティックな側面も含まれている。ＩＴＡを媒介に、理

(49) 近時、サンスティンは現代行政国家を擁護する論攷を発表している。Cass R. Sunstein & Adrian Vermeule, Law and Leviathan (2020). 同書の共著者であるバーミュールの統治構想について、吉良貴之「行政国家と行政立憲主義の法原理」法の理論三九号（二〇二一年）一〇一頁以下。

(50) 那須・前掲注(20)二三～二四頁。

(51) 実際にサンスティンは、すべての公共政策をナッジに置換せよとは主張しておらず、たとえば犯罪行為のような他者加害の抑止に関する政策は依然として刑罰といった強制手段が用いられるべきことを認めている。See Sunstein, *supra* note 20, at 18 : Sunstein, *supra* note 18, at 31-32（訳書四六～四八頁）.

(52) 関連して、功利主義者によるアーキテクチャによる統治への好意的評価として、安藤馨「アーキテクチュアと自由」東浩紀＝北田暁大編『思想地図

論的には相対立する部分があるはずの四原理をナッジの正当化原理と措定する箇所がそうである。CBAを擁護する際に、それは価値評価ではなく計算結果という「事実」であるという強調をすることも、党派対立が先鋭化し、望ましい政策を実行に移すことのできないアメリカ政治の現状に対する彼の処方箋なのだろう。法学説には多かれ少なかれそういうところがあるが、とりわけサンスティンのナッジ論は理論と実践とが二重に絡み合って提示されている(53)。

▼【補足】

＊厚生（welfare）　厚生とは福利（well-being）とも呼び、それ自体に価値があること（何か別の価値に資する限りで価値があるのではない）および当の本人にとって価値があるという性質をもつものである。その内実については大きく、①快楽説（快楽のみに――精確には快楽から苦痛を除いたものに――価値がある）、②欲求充足説（個人が欲求することが現実に実現することに価値がある）、③客観的リスト説（価値があるものは個人の欲求や信念とは独立に客観的に定まっている）がある。各説に長短があり、現在も論争が続いている（参照、米村幸太郎「欲求か快楽か、快楽だとしてもどのような快楽か？」若松良樹編『功利主義の逆襲』（ナカニシヤ出版、二〇一七年）第二章、森村進『幸福とは何か』（筑摩書房、二〇一八年））。

〈vol.3〉特集・アーキテクチャ』（日本放送出版協会、二〇〇九年）一三六頁以下。

(53) サンスティンの統治構想に関して、選択・決定する主体をどのように差配するかという、広い意味での権限配分を検討したものとして、Cass R. Sunstein & Edna Ullmann-Margalit, *Second-Order Decisions*, 57 John M. Olin Program in Law and Economics Working Paper 1, 1 (1998)［松尾陽訳「二階の決定」那須耕介監訳『熟議が壊れるとき』（勁草書房、二〇一二年）第五章］。ナッジ論との関係に言及する同訳書二五二頁の那須解説も参照。

Discussion

ナッジとアーキテクチャ――矛盾語法か、隠蔽か、概念の再整理か

駒村　リバタリアン・パターナリズムという思想名称が矛盾語法ではないというサンスティンの弁明ですが、果たしてそうなのでしょうか。究極的には、厚生主義に一元化されるとしても、やはりこの名称の前と後では矛盾であり、都合のいいところだけマッチングさせて商品の宣伝をしているような気がするんですよね。たとえば、サンスティンは、人がデフォルト・スタンダードに従うことによって、細かい設定を自力でせずに済み、むしろ自由が手に入るみたいな話をするわけですが、やはりデフォルト・ルールから離れることのコストがどうなのかに依存した話になりますよね。オプトアウトをするコストの高低によって、ナッジという手法はかなり色合いの違ったものになってくる。携帯電話の解約も、様々な関門を通り抜けなきゃいけないし、オプトアウトのコストを非常に高く設定しているという状況は、ちょっとナッジとは違うのではないか。簡単にオプトアウトできる状況でも、行動科学的に人間は基本、慣れ親しんだ環境から離脱しない傾向があるから、それを少しだけ肘でつついてナッジすれば現状維持できる、そういうものならわかるんですけれども、解約に高コストをかけるのは肘でつついている感じではないですよね。

やはりナッジの概念の整理が必要だと思います。アーキテクチャ論の系譜のなかに位置づけられるというお話でしたが、アーキテクチャというのは、物理的・技術的な制御の問題である印象があります。つまり、選択そのものを否定する含意がある。建物や構築物のレトリックを使っていることからもそういう印象を感じるのは不当ではないと思います。選択アーキテクチャは、それと違って、選択環境の操作構造のことで、さらにそのなかにナッジがあるということになるわけですが、やはりこれら三者をきちんと区別すべきだと思います。概念を整理しないと、矛盾語法を隠蔽することになる。そうじゃないと、アーキテクチャとは要するに何でもありだみたいな話に

なって、ローレンス・レッシグなどもそうですが、法制度も社会的慣行もアーキテクチャだという話になり、行きつくところは、重力もアーキテクチャだというような話に仮になるのであれば、分析の概念として役に立たないだろうと思っています。
　そういう流れで考えると、ナッジの限界のひとつは、ナッジをアーキテクチャと明確に区別することだと思います。つまりオプトアウトのコストが異常に高ければ、それは選択の否定であって、ナッジではない。そういった仕切りをつけておかないと、制御を受け入れるか否かはあなたの倫理の問題だ、ということになってしまうのではないか。

成原　今の駒村先生のコメントに関係して補足させていただきたいのですが、レッシグのいうアーキテクチャと、サンスティンのいう選択アーキテクチャとは方向性が違う面があるのではないかと思います。レッシグも、自由や選択肢を広げるという意味でアーキテクチャという概念を使うこともあるんですが、基本的には、何らかの自由を制約する手段として、アーキテクチャによる規制という概念を使うことが多くて、サンスティンが選択アーキテクチャやナッジを、自由を広げたり個人の選択の自由を実質化する手段として肯定的に捉えるのとは異なっているようにみえます。
　その点に加え、手段の違いも考慮すると、アーキテクチャについては、手段が物理的・技術的なものなのか、それとも制度的・社会的なものなのかという縦軸と、選択肢を広げるのか狭めるのかという横軸を分けて考えることができるのかなと思います。ご報告のなかで、サンスティンによるアーキテクチャ論の継受についてお話がありましたが、確かに、物理的・技術的な誘導によって選択構造を作り出すという点では、アーキテクチャ論を継受しているところがあると思います。ただ、ナッジのなかでも、そういう物理的・技術的なものにとどまらないものもあります。ご報告のなかで触れられていた確定拠出年金の掛金をデフォルトにして、給料から差し引くというのは一つの例です。また、リンスティンが挙げている別の例ですが、アメリカでは夫婦別姓が可能ですが、州によってはデフォルトで同姓にしており、そこでは同姓のカップルが多いとか、そういう制度的なナッジもあります。ナッジのなかにも、制度的・社会的なものと物理的・技術的なものの両方あるのではないかと思うのですが、そのあたりについてはいかがでしょうか。

瑞慶山　まず成原先生のおっしゃる通り、ナッジは狭義の物理的・技術的なものだけでなく、制度的・社会的なものを含む広義のアーキテクチャと整理すべきかと思います。こうした拡張されたアーキテクチャ概念のもとでは、物理的・構造的不可能による規制を想定していた元のレッシグ的なものに比べて、かなりソフトな規制——規制と呼ぶべきかも微妙ですが——が含まれることになり、駒村先生がおっしゃるように、禁止・不可能からアドバイスまでが同一線上で描かれることになります。サンスティンはこのソフト方向へのアーキテクチャ概念の拡張に好意的です。他方で、多様な技法がナッジの一語で語られることにより、とりわけその統制論を考える際に捉えどころのなさを抱え込んでしまってもいるわけです。ナッジに含まれる様々な技法を、たとえばその規制の強弱に応じてさらに分類し、それごとに性格づけをするといった作業が必要かと思います。

駒村　アーキテクチャ論とナッジ論の違いの話は重要だと思います。アーキテクチャにしてもナッジにしても、レトリック——〝眼前に立ちはだかる構造物〟、〝そっと後ろから押す〟——であって、何かそれがもっている透明性というか中立的な語感が、どこか、規制とか制御という融通の利かないスキームとは違う何かを印象として与えてしまい、人々が何となく受け入れてしまうというところがあるような気がします。メタなアーキテクチャ論とでもいいましょうか、ナッジ論自体が規制の受容をある種ナッジしているところがありますね。

サンスティンの二面性
——熟議民主制論の相対化？

成原　サンスティンは、この一〇年ぐらいはナッジや行動経済学の論者として知られていますけども、熟議民主主義の論者としても知られてきたところがあり、特に以前は、日本の憲法学や政治哲学では、熟議民主主義の代表的な論者として紹介されることが多かったと思います。ナッジ論を牽引するサンスティンは、まさに瑞慶山さんが分析してくださったように、厚生主義あるいは功利主義に近づいているところがあって、そのような彼の姿と熟議民主主義を擁護していた彼の姿とでは、少なくともイメージの上においては相当の距離があるように思うのですが、そのあたりの二面性はサンスティンのなかでどのように両立していると、あるいは、していないと思われますか。

瑞慶山　熟議民主制を語っていた当初、彼はそれにかなり期待をもっていました。しかし、リバタリアンパターナリズム以降のサンスティンは、熟議の効能を少し相対化して考えるようになったと思われます。熟議の条件・環境次第ではむしろ集団分極化のような望ましくない結果になることを強調するようになってきているのです。もっとも、熟議民主制の構想自体は捨て去ったわけではなく、大きな意味での権限配分のなかに熟議民主制を組み込むという方向を模索しています。つまり、熟議民主制によって正解が導けそうな事項は熟議で、そうでない場合はナッジのようにそれ以外の方法で、といった意味で熟議民主制論を相対化しているものと理解しています。

駒村　行動科学の知見としてシステム1とシステム2があるという話がありましたね。サンスティン含めてみんな、システム1の方に話を集中させているのではないかという気がします。システム1というのは、即時的直感的な反応なので現在性バイアスが生じるところだ、と。これは本来、システム2との互換的な利用によって補正していく必要があると思いますが、サンスティンは、長期的な熟議あるいはその計算可能性というものをどうみているのでしょうか。この点が彼の民主制に対する見方と関連しているように思うのですが。

瑞慶山　システム2を用いるナッジが捨て去られたわけではなく、たとえば、教育的ナッジ（ブースト）のように情報提供によって人に熟考を促すナッジもあります。ナッジ批判のひとつに、「失敗から学ぶ機会を奪う」というものがありますが、これに対するサンスティンの応答は、失敗から得られるものが大きいのなら教育的ナッジが望ましいというものです。熟議のプロセスに期待しているものも、システム2の集団的な発動なのでしょう。近時のサンスティンはそこに一定の限界を見出し熟議民主制に委ねるべき事項の再配分を試みている、という話は先述の通りです。

駒村　そのあたりの腑分けをどうするかですよね。その腑分けが厚生主義一元化への危惧に対するひとつの回答になるんじゃないかと思いますけれども。

ナッジの何が新しいのか——概念の整理、ふたたび

宇佐美　情報を提供してしっかり考えてもらうということは、以前からずっと行われてきたことなので、それをわざわざナッジといわなくてもいいように思います。なので、ナッジという概念を使うことの新しさは、情報の提供や説得とは別のところにあるのではないでしょうか。ナッジの概念を広くとるのであれば、ナッジのなかにタイプ分けを行う必要があるのではないか、と思いました。

瑞慶山　従来の法・社会実践とナッジの連続性・非連続性については、たとえば、日本の行政法も、行政上の公表とか行政指導など、非強制的かつ非インセンティブ的な手法を検討しています。これまでの我々の統治技法の道具箱になかったナッジのオリジナルな部分はどこなのか、あるいは、そうした従来の行政手法をナッジ概念で語る意義があるのかを考えていく必要があるのはご指摘の通りです。残念ながら、私は現時点で定見を持ち合わせていません。

ナッジと自由

宇佐美　サンスティンという人は、いろいろな分野の最新動向を押さえて、その先を行くような本を次々に書いてゆくので、本当に感心させられます。他方で、理論の厳密さに欠けると感じるときもあります。ご報告（編集注：本書のもととなった研究会での瑞慶山報告のこと。以下同じ）のＣＢＡ（費用便益分析）のところで、ＷＴＰ（支払意思額）を考えると彼はいうのですけれども、ＷＴＰは方法論的に限界があることがよく知られています。ＷＴＰから得られた結果同士を比較するのはよいとしても、別の手法であるＣＢＡのＢ（便益）——ＷＴＡ（受入意思額）であれば費用になりますが——と横に

並べるというのはかなり危ういのではないか、と気になりました。

次に、自由との関係でお聞きしたいと思います。個人が選択するという時に、その選択について自覚的であるのかないのか、もしある選択肢へと実質的には誘導されていて、それについて自覚がないという場合、そこに自由との関係で問題が出てくると思います。他方、先ほどいわれた情報提供的手法の結果、納得して選択するのであれば、もう自由との抵触は生じないという気もするのです。このあたりをどのようにお考えでしょうか。

瑞慶山　一点目のコスト計算に関しては、素人の私が読んでも怪しく感じる記述があります。サンスティンはありうる懸念に一応反論していますが、実践的には問題がほぼ生じないとか、困難なケースというのは実際はない、というような論争回避的な応答が多いように見受けられます。

二点目の自由の問題ですが、ナッジの行き着く先は自己責任論の覆った世界だったということはあるかもしれません。ですが、サンスティンは、選択の自由を確保しているということ以外にも、オプトアウトのコストを低くすることや、認知過程に過度に介入して本人が無自覚なまま誘導するナッジは許されない「操作（manipulation）」だ、などと応答して、不当なナッジの存在は肯定しており、すべてが自己責任となるわけではないと考えているはずです。しかし、ナッジ概念があまりにも広いので、最後は個別事例をみないとわからないともいいます。仮に自由に道具的価値しか認めないような厚生主義に彼が立っているのなら、自由はあくまで量的な問題になるということになります。その意味では、消極的自由を重視するリバタリアン、あるいはリベラリズムの一部の論者は反発するでしょう。

駒村　自由論の関係でいえば、ナッジは誤りのない方へ個人を誘導するのですから、誤った選択からの〝解放〟みたいなところがありますね。そうすると、そこでの選択の自由は、本当にとるべき選択とはこちらです、というような議論になり、バーリンがいう積極的自由論のなかの自己支配へのナッジ、つまり本当のあなたはこっちのあなたである、という問題が出てくると思います。この点、サンスティンは、

On Freedom (Princeton University Press, 2019) という本の冒頭で、《消極的自由・積極的自由の話はしません、ミルについても言及しません、選択の自由についてのみ語ります》と宣言していますね。バーリンの二分法から自分は距離を置くというか、もう関心はありませんといっているわけです。で、同書のなかで、選択の自由は重要だけどnavigabilityも大切だと述べて、要するに、自由放任じゃなくてちゃんとマップをもって街を歩くことが大切ですみたいなことをいっています。GPSなどを例に挙げて彼は説明をしていますが、世田谷から渋谷まで行くのに最短距離を教えてくれるのはnavigabilityが与えられているということではあるでしょうが、これは果たしてナッジというようなものなんだろうか。むしろナッジというのは、君は渋谷じゃなくて目黒に行くべきだと誘導するものなんじゃないか。自分の設定した目的地への最短距離をナビゲートするものと、設定した目的地とは異なる目的地へ誘導するナビを区別すべきで、後者はバーリンの二分論の一方に実は加担しているのではないか。

瑞慶山　navigabilityは*On Freedom*を貫く鍵概念ですが、取り上げるべき価値があるものなのかは把握しかねています。迷い人を目的地に導くというナビと、「お前はここに行け」と目的地を勝手に設定してそこへ向かわせるナビがあって、navigability概念はこれらの異なる意味が混在してるようにみえます。前者は多くの人が同意できると思いますが、後者は論争的ですよね。この概念によってナッジ論に新たな主張が加わったわけでもないですし、学術的には大きな意味はないように感じています。サンスティンの「自由論」はバーリンの二分法ではうまく説明できないものですね。

社会の厚生を誰が計算するのか？

水谷　統治技法としてのナッジが、社会厚生主義に基づいてCBA計算を推進するという場合、実際に誰がその計算をするのでしょうか。日本であれば霞が関の官僚集団ということになるのでしょうが、そこまで信用していいのかどうか。特に問題はないから、アーキテクトたちをがちがちと統制する必要はないんだという話になるのか。

瑞慶山　サンスティンは社会厚生を計

算することについて行政府ないし官僚の優位性に言及します。もちろん彼らだって誤るわけで、全面的に信頼がおけるわけではありません。そこで、ナッジの統制の話が必要になるのですが、これに関して、サンスティンは三つぐらい解答をもっているかと思います。

第一は、選択の自由の保障です。強制しないということの意味は、おかしいことがあれば逃れられるということです。これは統制というよりも自由にとっての安全弁というニュアンスが強いですね。第二に、民主制原理です。ナッジを政府が行おうとしていること自体を積極的に公開すべきであり、民主的なプロセスでその是非を問うというものです。そして、第三に、ITA――完全には理論化されてない合意――が挙げられます。異なる理論的立場を有している者たちの間でも現実には合意してもらわないと政策が前に進まないので、プラグマティックな意味でITAを求めるという側面がまずはあると思います。他方で、他の理論的立場からも不完全ではあるが合意してもらえるということは、その分だけ誤ったナッジをする確率が低くなると考えている節もあるように思います。

システム1とシステム2の区別と連関

小久保　神経科学をやっているとどうしても思考過程とか認知過程が気になってきまして、そこに関連する質問です。システム1とシステム2の二つを区別されるわけですが、システム1は、高速で、直情的・直感的な処理であって、これが認知バイアスの原因なんだと。他方、システム2は、低速で、計算的・熟慮的で、一般に理性的であり、慎重に情報を与えてあげるとうまく判断できると。そういう情報処理像が背景にあるようにうかがいました。

そこで、まず一つ目の質問ですが、これらを分ける目的は何なのでしょうか。前者に対する介入はあまり問題ないが、後者に対する介入は問題だということなのか。二つ目の質問は、そうはいっても、アントニオ・ダマシオという人が提唱するソマティック・マーカー仮説というものがありまして、直情的・感情的な反応というものが、脳の障害によって欠損してしまうと、むしろ理性的な判断ができなくなる患者がたくさんいるということを指摘して、このシステム1・システム2という区分が本当にできるのか、という趣旨の問題提起をしています。そうだとすれば、システム1への介入は、すでにシステム2にも介入していることになる。もちろんソマティック・マーカー仮説には批判もあるわけですが、多かれ少なかれ感情的で無意識的な反応が意識的な理性に大きな影響を与えているという指摘は重要であるように思われます。この点はいかがでしょうか。

瑞慶山　二点目から。二重過程思考理論というのはご指摘の通り争いがあり、今後覆されるかもしれません。ただ、関係する論者がよくこれを使ってナッジを説明しています。こうして図式的に分けた方がナッジのメカニズムの説明がしやすいのでしょう。報告中での言及もこれに倣ったということです。一点目について。システム1自体が全部悪いといっているのではないのです。本来はシステム2を使って判断すべき事項であるにもかかわらず、システム1で判断しているものがある。これは中長期的な自己利益の棄損につながるので、ほったらかしにするんじゃなくてナッジしよう、ということなのです。

駒村　サンスティンも最近、ダニエル・カーネマンとの共著で、人間が誤るのはバイアスとノイズのせいだといっています。バイアスを取り除くのは医療行為で、ノイズを駆逐するのはある種の公衆衛生なのだともいっていますね。ノイズもきれいにしなきゃいけないと。ですから、法的な事後規制ではなくて、もう行政的事前規制に全面的に舵を切るようなことまで言い出しているということがあります。今日お話をうかがっていると、ナッジには、道具あるいは手段としての身分をとりあえず与えておかないと危険なのかな、と思いました。目的に応じて統制するとか、道具の使用範囲を限定するということを議論すべきで、そういう作業をするときに、自由の概念とか理念がどのくらい効き目があるのかが問われるのではないでしょうか。

（二〇二二年二月二〇日収録）

ゲーミフィケーション

社会に埋め込まれた「ゲーム」は自由のあり方をどう変えるか？

井上明人

今日、我々の日常空間の多様な場所にゲームのような仕組みを備えたものが入り込みつつある。たとえば『ポケモンGO』などのアプリケーションでは、同じアプリケーションを毎日使い続ければ何かしらのポイントが付与され、近所を散歩することで、ゲームのキャラクターを強くすることができる。日常空間をゲームのようなものにしていくこのような手法は「ゲーミフィケーション」と呼ばれ、昨今の急速な情報化のなか、かつてのポイントカードの仕組みなどとは比べ物にならないほど、多彩な形で我々の日常に溶け込みつつある。

こうしたゲーミフィケーションのありようは、現代的な自由にかかわる複合的な問題の結節点のひとつとなっている。

これは、やわらかいパターナリズムの一種としてのナッジの、変種でもある。誰がゲームを設計し管理するのかという問題、個人の行動への介入やプライバシーにかかわる問題、セルフトラッキングの問題など、ナッジと多くの論点を共有している。また、ゲーミフィケーションは、ナッジよりもさらに複合的にパッケージングされた行動変容を促す仕組みでもある。この複雑に設計された行動変容の仕掛けは、我々の理性的な側面だけでは制御しきれない感情や、反射的な理解のありように働きかけたり、特定の反応の仕方を学習させたりすることがある程度まで、できてしまう。

本章では、このような社会に埋め込まれた「ゲーム」的とされる諸現象が現在、どの程度の規模・性質のインパクトをもちつつあるのかを概観したうえで、現代の自由をめぐる議論との接続を試みたい。

そのうえで、ゲーミフィケーションは、アーキテクチャによる行動制御の問題にとどまらず、自由や公正の問題を多元化させていく装置としての側面をもつことを示し、この状況にどのように対峙していけばよいかを素描してみたい。

はじめに――「ゲーミフィケーション」の概念

――ゲーミフィケーションとは何か

まず概念の確認から始めたい。

「ゲーミフィケーション」という概念は、しばしば「ゲーム化」という形で理解されることがあるが、必ずしも何かをゲームそのものにすることを指しているわけではない。何かをゲームそのものにするというよりは、むしろ、労働や勉強などといった様々な生活世界のなかにゲーム的な側面を組み込んでいくことである。

たとえば、筆者が提供していた節電支援のためのアプリケーション『#denkimeter』（二〇一一）は、節電をするモチベーションのある人にモチベーションを長続きさせるため、電気の使用量の増減を計算しやすくするためのものだった。これは「ゲーム」のようなものとして遊ぶことが可能だが、基本的には現実の節電行動そのものをいかに成功させるかということに主眼があり、ゲーム内のキャラクターを強くしたりすることを目指すアプリケーションではない。

これは、教育ゲームなどとは概念的には区別される。ゲーミフィケーションは、二〇一一年以後に出てきた言葉であり、スマートフォンの普及と、ほぼパラレルに普及してきた。すなわち、我々の日常空間を計測してしまうことのできるスマートフォンというツールによって、我々の日常の移動、金銭の支出、体重、ウェブサイトの閲覧履歴といった様々な行動のログデータを、ゲームの要素として扱うことができるようになり、我々が二四時間、高度な情報端末を手にする日々が到来したことで、我々の日常に様々なゲーム的な仕掛けを作ることができるようになった。

もちろん、我々の日常空間のなかに遊びやゲームが入り込み、それが社会的なインパクトをもつようになったというのは、二一世紀になってはじめて起こったわけではない。

(1) Sebastian Deterding, Dan Dixon, Rilla Khaled, & Lennart Nacke, "From Game Design Elements to Gamefulness : Defining 'Gamification'," in *MindTrek '11 Proceedings of the 15th International Academic MindTrek Conference : Envisioning Future Media Environments* (ACM, 2011), pp. 9-15.

いうまでもなく、いわゆるゲーム理論が分析の対象とするような我々の意思決定や、経済行動のなかにゲーム的な側面を見出すことは、二〇世紀後半の経済学の一大テーマだった。

また、「遊び」のネットワークの果たした役割ということでいえば、池上英子は、江戸の俳諧を遊ぶ全国的なネットワークが、江戸末期の知識人ネットワークの基盤となったことを述べている(2)。このネットワークが藩の枠組みを越える性質をもち、明治維新にとって重要な貢献を果たしたという。これにとどまらず、遊びやゲームといったものが我々の社会を構成する重要な役割を果たした例は枚挙に暇がない。

――「ゲーム」とは何か　次にゲーミフィケーションの土台となる「ゲーム」とは何かについても確認したいが、これは手短に論じることが難しい概念である。

本書の読者の多くは、「自由」という語が様々な概念の複合的に絡み合ったものであることを了解されているだろうと思うが、「ゲーム」という語も、それに近い側面をもっている。日常言語の恣意性や多義性を論じるうえで最も有名な議論のひとつは、ヴィトゲンシュタインによる「言語ゲーム」だろうが、まさにヴィトゲンシュタインが、意味を確定させづらいものの代表例として挙げているものが、ゲームや遊びを意味するドイツ語の「シュピール」である。

たとえば、多くの言語圏において、「遊び(play)」に類する語は、日常からの逸脱的側面が強調されることが多いが、「ゲーム」に類する語は特定のリアリティへの適応・習熟

(2) 池上英子『美と礼節の絆：日本における交際文化の政治的起源』(NTT出版、二〇〇五年)

的側面を促すものとして位置づけられることがある。しかし、この二つは絶妙にからみあっているためか、ドイツ語やフランス語など、ゲームと遊びを同一の語彙で扱う言語も多い(3)。

もちろん、ルールやゴール、報酬等のいくつかの概念セットによって古典的な概念のステレオタイプをある程度まで同定できるとする議論(4)もあるが、やはり突き詰めて考えると、遊びやゲームのような語は複数の概念がつながったものであるとみなす立場(5)もあり、この概念の複雑さ自体が「自由」概念の複雑さを論じるのに匹敵する議論を要求する概念であるといえる。

たとえば、この概念的な複合性は、経済学・数学における「ゲーム理論」との異同を整理するうえでも混乱を起こしやすい。「ゲーミフィケーション」という話をした場合に注目される「ゲーム」の側面は、ゲーム理論や多くの経済学的分析が問題にするような意思決定者のインセンティブ構造の問題とは、注目されるポイントがいささか異なっている。ゲーム理論的な分析をする場合には、意思決定者のインセンティブ構造はある程度固定したものとしてみなし、特定のインセンティブをもった意思決定者同士の相互作用の結果として生まれる均衡メカニズムが分析の焦点となるのが主流だろう。しかし、「ゲーミフィケーション」の話をする場合は、ゲームに参加する個人のインセンティブ自体を変化させていく手法の方が問題になる。つまり、ゲームに熱中したり、ゲームをだんだんと面白く感じていくプロセスがどう作り上げられるか、という点に力点があ

(3) Felix Lebed, "Play and Spiel are not the Same: Anti-Wittgensteinian Arguments and Consideration of Game as a Kind of Human Play," *Games and Culture* vol. 16, no. 6 (2021), pp. 743-761.

(4) Jesper Juul, *Half-Real: Video Games between Real Rules and Fictional Worlds* (MIT Press, 2005)〔松永伸司訳『ハーフリアル―虚実のあいだのビデオゲーム』(ニューゲームズオーダー、二〇一六年)〕.

(5) Brian Sutton-Smith, *The Ambiguity of Play* (Harvard University Press, 1997).

る。これは、経済学におけるゲーム理論の分析と対立するものではなく、着眼点の異なる補完的な論点ともいえるが、同じ「ゲーム」という概念であっても、光を当てる方向によって議論構成が変わってくることの一例である。

このように、「ゲーム」という複合的な概念をベースとした「ゲーミフィケーション」と、いうまでもなく複合的な「自由」の概念。この二つのかかわりから生まれる基盤となる論理的特質は、かなり多岐にわたる捻れやすい論理を整理していく必要があり、本章はその端緒となるような議論を展開できればと思う。

インターネット以降に新たに埋め込まれ始めた「ゲーム」たち

そもそも、社会のなかに「ゲーム」的な側面を埋め込むという事例が、社会的にどれほど多くのインパクトを生んでいるのか、という点を確認していきたい。

――投票行動に埋め込まれたゲーム

まずは、投票行動に埋め込まれたゲーム的な側面をみていきたい。これは連立政権による多数派工作だとか、選挙区の切り取りといった一〇〇年以上前からあるような「政治ゲーム」的な話とは異なる。情報社会ならではのゲーミフィケーションが人々の投票行動にかかわる場面でみられるようになってきている。

たとえば、多くの人の注目を集めやすいアメリカ大統領選において、すでに民主党の

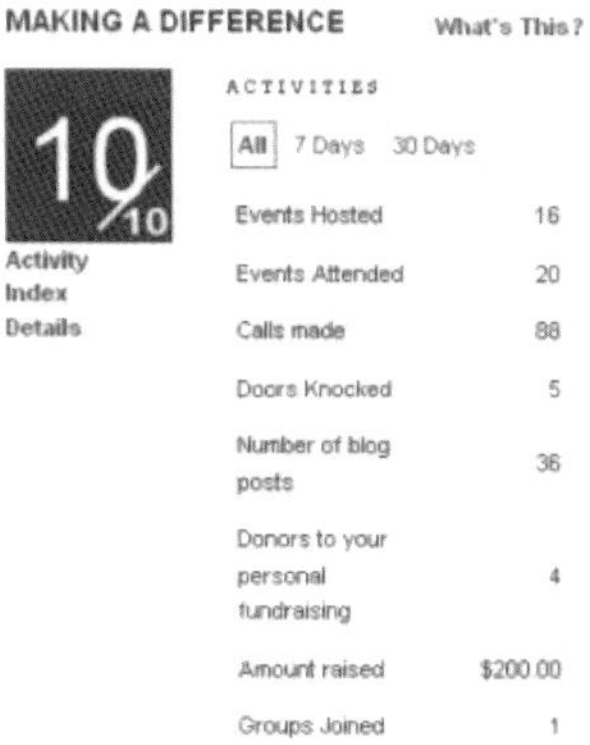

図1　mybarackobama.com のログイントップ画面に表示される活動内容のカウント(6)

側、共和党の側どちらにもゲーム的な仕組みが埋め込まれ、そのなかで人々が投票行動を行うという状況が到来している。

その象徴的な事例のひとつは、二〇〇八年のアメリカ大統領選挙において展開されたマイバラクオバマ・ドットコム（mybarackobama.com）である。

マイバラクオバマ・ドットコムとは、二〇〇八年当時、大統領候補だったオバマを支援するためのＳＮＳである。フェイスブックのような仕組みで支援者同士がつながり、ＳＮＳを経由してオバマの支援イベント開催の宣伝をしたり、支援イベントに参加したり、オバマを支援する文章をアップロードすることができる。これらは多くのＳＮＳと同様の側面である。

そして、このオバマ支援ＳＮＳの面白いところは、こういった機能を使い込んでい

(6) 出典：James Burnes, "mybarackobama.com How Obama Won Using Digital and Social Media" https://www.slideshare.net/james.burnes/how-obama-won-using-digital-and-social-media-presentation/56-mybarackobama.com（二〇一二年九月二五日閲覧）.

くごとに、それぞれの利用者が、サイト内で「レベルアップ」相当のことが体験できるようになっていることである。このサイト経由で支援を呼びかける電話をかけたり、献金したり、記事をアップロードするごとに「経験値」相当のポイントがたまるようになっていき、ある程度経験値を貯めることで、支援者としてのレベル（Activity index）が上昇するようになっている。つまり、オバマを支援するリアルなロール・プレイング・ゲームのような構造をもっていたということだ。

こうしたオバマ支援SNSをはじめとする、オバマ陣営のネット献金総額の勢いは凄まじいものとなった。オフラインの献金総額では、共和党の候補だったマケインとオバマの選挙資金にはほとんど差がなかったが、マケイン陣営がネット経由で集めた金額は〇・七五億ドルだったのに対して、オバマ陣営が集めた金額は五億ドルと大きな差が開いた(7)。

選挙活動の一部に、こういったゲーム的な仕掛けを組み込むことは、この後、広くみられるようになっている。米民主党の大統領選挙では繰り返し使われる戦略となったほか、ヨーロッパの一部の国でもオンラインでの選挙活動に際して、こういった活動が幅広くみられるようになった。

――労働環境に埋め込まれたゲーム　政治だけでなく、我々の生活環境の様々な場所にもゲーミフィケーションは浸透しつつある。近年、ゲーム的な労働環境として最も注目を集めているもののひとつが、ウーバーイーツの労働環境だろう。ウーバーイーツは、

(7) Rahaf Harfoush, *Yes We Did! : An Inside Look at How Social Media Built the Obama Brand* (New Riders Press, 2009)［杉浦茂樹＝藤原朝子訳『「オバマ」のつくり方 怪物・ソーシャルメディアが世界を変える』(阪急コミュニケーションズ、二〇一〇年)］.

誰でも気軽にドライバー登録を行うことができ、好きなときに一件一件の依頼を受けるかどうかを決定することができるようになっている。一般的なアルバイトよりもはるかに気軽に始められ、辞めることが可能だ。この「好きなときに仕事ができ、好きなときにやめることができる」という仕組みがすでに、一般的な労働環境と比べるとゲームとしての条件を満たしているといえる。ウーバーイーツのドライバー向けアプリは、それにとどまらず、明確にゲームのような労働環境を意識して作られている。

たとえば、スマートフォン向けのゲームでしばしばみられるような仕組みも数多く実装されている。「一日で三回配達をこなすとプラス四〇〇円の報酬」「一週間で一〇回配達をこなすと報酬アップ」「期間限定で、港区エリアでの報酬が一割増し」などといったような形で、インセンティブ構造を柔軟に操作することで、労働者の行動を変化させ気まぐれな労働者たちによって織りなされる成果を調整している。

直接的に誰かが「命令」を下す形で業務を執行するのではなく、人々の集合的な振舞いを設計する形で全体としての業務が達成されるという仕組みを構築している。

こうした形で人々の行動を「ゲーム」のような形で気ままに振る舞わせつつ、全体としてのパフォーマンスを上げていく仕組みは、様々な領域で着々と増えつつある。

健康のためのゲーミフィケーションであれば『ポケモンGO』をはじめとする散歩を促進するアプリケーションがある。ダイエットのゲーミフィケーションでは体重計と連動したものがあり、抑うつの治療のためのものもある。

図2　Uber Eats Driver アプリの画面[8]

もちろん、学習のためのゲーミフィケーションなどは山ほどある。特にプログラミング学習ではゲーム的な仕組みを用いた学習サイトは、プログラミング学習の定番中の定番となっている。

シリコンバレーなどにある米国のITベンチャーがリリースする新サービスには、ゲーム的な仕掛けがまったくないサービスを探す方が難しくなっており、「ゲーミフィケーション」は、二〇一〇年代に一般的な英語の語彙として定着したと考えてよいだろう。

――ゲーミフィケーションを通じたプロパガンダ　このように、ゲーム的な仕組みは、かねてより議論されてきたテクノロジーを用いた人々の意識変容手法の二一世紀的な仕組みとして定

(8) 出典：UBER EATS 公式メディアアセット（https://www.uber.com/ja-JP/newsroom/media-assets/uber-driver-app/）より。

着しつつある。そして、テクノロジーを用いた人々の意識への訴えかけ方が過去にも多くの論争を生んできたように、ゲーミフィケーションも多くの論点を内包している。

そのひとつの側面を象徴するのが、中国SNSにおける「信用スコア」の存在だろう。中国版ツイッターとされる微博（ウェイボー）には、ユーザーの投稿の信用度を評価する仕組みがある。微博を始めたユーザーの信用スコアの初期値は八〇点となっており、書き込みがデマと判断されると段々と信用スコアが低下し、点数が下がるごとにSNS上で他のユーザーの目から触れにくくなるようになっている。これに類似するような仕組みは、中国外での様々なSNSでも存在しており、ここまではそこまで変わった仕組みではない。

独自性が強いのは、その信用回復のために用意された機能である。このスコアが下がってしまった場合、放っておいても七日ごとに一点ずつ回復するが、回復速度を速める方法がいくつかある。ひとつは、「祖国を熱愛することを栄光とし、祖国に害を与えることを恥とする」というプロパガンダ的な定型文を書き込むことで、スコアの回復期間が短縮される。もうひとつは、不適切だと思われる発言を見つけて通報する、ということでもスコアが回復するようになっており、相互監視を促進する仕組みを構築しているという[9]。

世論を構築するプラットフォーム事業者が、人々のリアリティ構築を変化させる環境を操作してしまえるということは、いうまでもなくプロパガンダの新しい方法論の構築

(9) 梶谷懐＝高口康太『幸福な監視国家・中国』(NHK出版新書、二〇一九年) 一三四頁。

であり、望ましいものであるかどうかはさておけば、極めて現代的なメディア・コントロールの形だといっていいだろう。

――匿名の主体が仕掛けるゲーミフィケーション　中国の事例は、巨大な力をもったプラットフォーム運営者による、半強制的な政治思想への介入の事例だったが、別の形でやっかいな状況に陥っているものがある。それは、巨大な政治的・思想的な影響力をもちながらも、その運営者が匿名であるため、公的な規制によって足かせをつけることのできない主体によって運営されるゲーミフィケーションの事例である。

その代表例は二〇二二年現在、おそらく全世界的にみても最も陰謀論的世界観を普及させていると考えられる、Qアノンの仕組みである。Qアノンの陰謀論に没入していく仕組みはしばしば「ゲーミフィケーション」の一種であると指摘されている⑽。

Qアノンについては、ご存知の読者も多いだろうが、二〇一七年に「Q」と名乗る匿名のユーザーがインターネットの匿名掲示板に予言めいた投稿を始め、このQの投稿を様々な形で解釈した人々が二〇二一年一月アメリカ合衆国議会議事堂襲撃事件を引き起こした。

Qアノンの仕組みは、日本ではそれほどメジャーではないARG（Alternate Reality Game）と呼ばれるゲームデザインの仕組みを多面的に採用している。Qアノンで行われていることは、ざっくりといえば、まずノストラダムスの大予言のような、どうとでも解釈できるような文面をばらまき、そして、その文面の部分部分を解釈していくうちに、

⑽　木澤佐登志「Qアノン、代替現実、ゲーミフィケーション」現代思想四九巻六号（二〇二一年）二二一～二三三頁。

現実の事象とリンクした巨大な謎解きゲームに参加しているような感覚を与えていく、というものである。解釈を総合していくと、「ディープステート」なるアメリカ合衆国を影から操る黒幕たちがいるということに、どうやらなっている。そしてこの「ディープステート」を打ち破ることができるのはドナルド・トランプである、という世界観に入り込んでいくことになる。

このQアノンの陰謀論には様々な問題があることはいうまでもない。ただ、中国の信用スコアの回復方法のように、特定の世界観を実質的に植え付けていくという点が困りものだというだけでなく、その運営者が匿名的であるという点において、Qアノンは別種のやっかいさがある。

個人の行動への望まれない介入の抑止や、プライバシーの保護、情報の自己管理権といった情報社会におけるプラットフォーム運営者に対して課されるべきことが、こういった匿名の主体に対してはそもそも課すことが難しい。

こうした匿名の主体によるゲーミフィケーションというべき事例は、ほかにも様々な例がある。政治的なものとは異なるが、一時期大きく話題になったものとして、ロシアを中心に流行し一時はインドでも流行った、自殺に誘うARG「ブルー・ホエール」がある。このゲームに参加してしまった少年少女たちは、毎日ミッションを与えられていく。早朝四時二〇分に目覚ましをかけるとか、飛び降りに適した場所を見つけるといったミッションを行い、それを実行したことを示す画像を投稿する。こうしたミッション

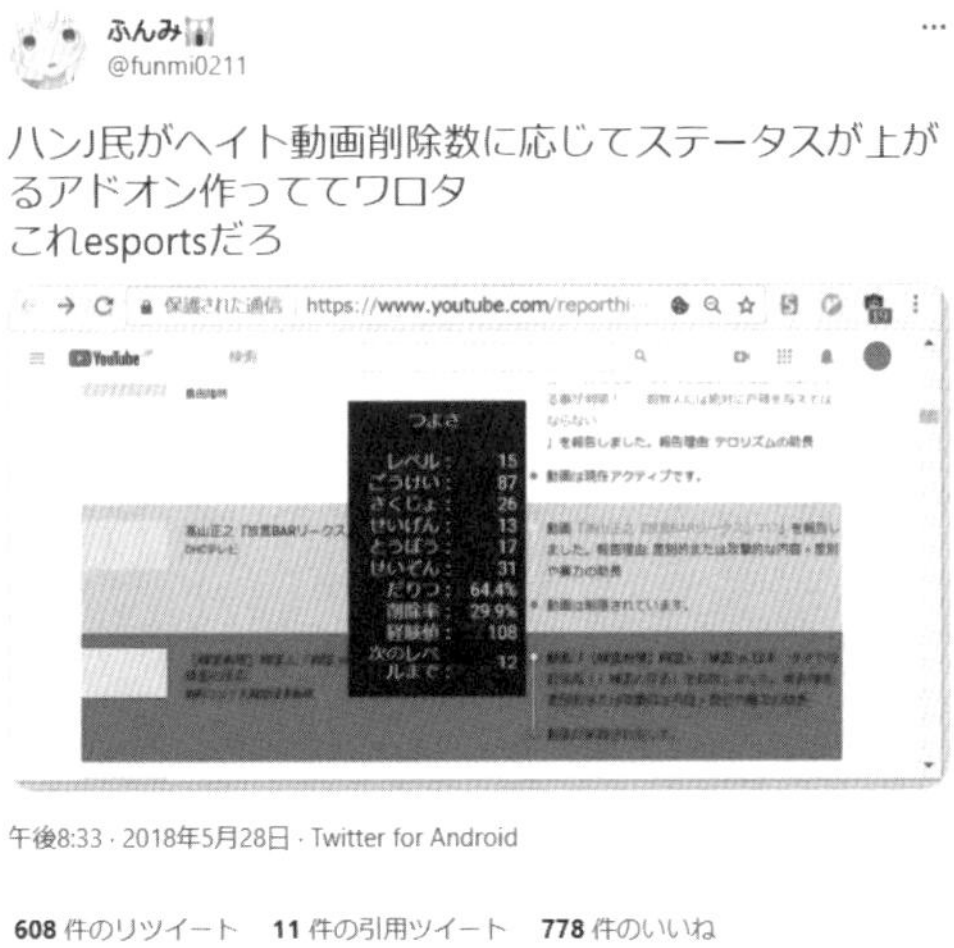

図 3　差別動画大量通報騒動の際に用いられたツール

は段々と過激化していき、ゲームを始めた五〇日目に命を絶つ。この自殺ゲームによってマクロでどの程度実際に自殺者数が増えたのかという点については議論があるが、自殺を誘うゲームが展開され、実際にこのゲームの参加者である少年少女が命を絶っている。なお、現在ではこのゲームの主催者とされる人物は同定され、すでに逮捕されている(11)。

国内の事例では、二〇一八年の差別動画大量通報騒動(12)こと、別名「ネトウヨ　春のｂａｎ祭り」で見られた運動が興味深い。これは、ユーチューブにアップロードされている民族差別的な動画を次々にユーチューブの運営に通報してい

(11) 高橋ミレイ「半年で130人の子どもが自殺。ロシアのSNSで行なわれた死のゲーム」FUZE（二〇一七年三月二九日）https://www.fuze.dj/2017/03/blue-whale.html（二〇二一年九月二四日閲覧）。

(12) https://twitter.com/funmi0211/status/1001063904628240384（二〇二一年九月二四日閲覧）。

くことで、民族差別的な動画をユーチューブから追放（ban）していった活動である。この活動に際して、実際にどの程度の数の動画が通報され、いくつの動画が削除されたのかということを、まるでRPGのステータスを表示するようにして見せるアドオンがつくられ、多くの民族差別的な動画の通報がまさにゲーム感覚で次々と通報されるに至った。

以上のように、アメリカのシリコンバレー界隈から大きくなりはじめたゲーミフィケーションは、アメリカ大統領選で政治的動員に活用され、中国による巨大な管理システムの一部に組み込まれ、陰謀論を仕掛ける匿名の人物Qによる強力な影響力を行使するための装置として機能し、最新の労働環境の設計に良くも悪くも貢献している。

「どのように」「誰が」ゲームをコントロールするのか
──コントロールをめぐる基準をめぐって

さて、ここまでの事例を確認したうえで、具体的な論点の検討に移りたい。

ゲーミフィケーションと現代的な自由のあり方を考えるうえで、多くの人が考えるであろうことは、「どのように」「誰が」ゲーミフィケーションをコントロールするのかという論点だろう。

基本的には多くの論点が、ナッジをめぐってかわされている論点と重なるポイントが大きいと思われるため、ナッジの提唱者である、キャス・サンスティンの議論を参照しつつ、論点を確認していきたい。

サンスティンは多くの論点を挙げ、「ナッジの権利章典」として、次の六点を挙げている(13)。

1. ナッジは正当な目的を促進しなければならない。
2. ナッジは個人の権利を尊重しなければならない。
3. ナッジは人々の価値観や利益と一致しなければならない。
4. ナッジは人を操作してはならない。
5. 原則として、ナッジは明確な同意がないまま人からものを取り上げて、それを他人に与えるようなものであってはならない。
6. ナッジは隠さず、透明性をもって扱われなければいけない。

これらの基準は、ゲーミフィケーションの場合にも、概ね当てはめて運用できそうな基準だろうが、特に議論が必要になるであろう論点としては、透明性の担保という点だろう。ゲーミフィケーションは、比較的シンプルなナッジの事例よりも透明性の担保についての議論が難しい構造がある。

まず、サンスティンによれば、透明性とは次のようなものだ。「ナッジは隠さず、透明

(13) Cass Sunstein & Lucia A. Reisch, *Trusting Nudges* (Routledge, 2019), pp. 252-260〔大竹文雄監修/遠藤真美訳『データで見る行動経済学 全世界大規模調査で見えてきた「ナッジ(NUDGES)」の真実』(日経BP、二〇二〇年)〕.

性をもって扱われなければいけない」[14]。すなわち、サブリミナル的な仕組みで人の行動を変えることは望ましくないが、レジ周辺から菓子類をなくすことによって健康的な食生活を促進するといったような行動変化を促すことはこの方向性に合致する。

しかし、ゲーミフィケーションの場合における「透明性」とはなんだろうか。ゲームというのは、ゲームに関わるなかで遊び手はその欲望のあり方を変化させ、環境に対する観察の仕方を変化させていく。オバマの選挙キャンペーンのサイトは、オバマの支援者をより熱心に支援させ、ウーバーイーツのドライバーアプリは労働をする意欲をより促進する。そして、そのような意欲の促進が発生しうる可能性があることは、あらかじめ了解させることができるかもしれないが、ゲームに熱中するというプロセスはしばしば自発的にやっているのか、ゲームのシステムによって突き動かされているのかが、判然としなくなるような事態を引き起こすことがよく知られている[15]。何か目的を達成するためにゲームを遊んでいるのか、ゲームをしていることによって目的を達成したくなるのか。その両者の区別は判然としなくなってくる。

これは古典的な議論でいえば、アリストテレスのアクラシアの問題に近い性質をもっている。すなわち、人の意志は必ずしも容易に理性的なコントロールでどうにかなるわけではないため、「宿題をしなければならない」というような場合に、ついダラダラとマンガを読んでしまったりすることがある。

ポジティブにいえば、このような理性的な意志の弱さを、ナッジやゲーミフィケーショ

(14) Sunstein & Reisch, *supra* note 13, p. 259.

(15) Juul, *supra* note 4, p. 46.

ンは乗り越えさせてくれる可能性をもつ仕組みである。しかし、どのように乗り越えさせてくれるのかについては必ずしも当人の期待通りいくわけではない。

ネガティブな話としては、当初想定していたよりも何かに熱中してしまい、つい数万円を使ってしまったというような程度のことは、ゲームやギャンブルの場合にはそれなりに頻発する事態である。つまり、理性的な意志の弱さがあるがゆえに、人を望まない結果に誘ってしまう可能性もある。

ゲームに熱中していくプロセスは、かなり複雑かつ個人差も多いため、ゲームの設計者側ですべてを予想しきれるわけでもない。つまり、ゲーミフィケーションは提供をされる側にとっても、提供をする側にとっても、シンプルなナッジのようなものよりも制御することが難しい複合的パッケージとしての側面がある。

――公共政策の担当者によるコントロール　ナッジを積極的に行うことの妥当性についてサンスティンがしばしば主張しているのは、何ら積極的ナッジを行わない場合、不干渉によって公正さが保たれるわけではなく、ただ単に整備されていないだけの人間行動の設計メカニズムがあるというだけのことにすぎないという点である。この論点についても、ゲーミフィケーションの場合と近い指摘が当てはまるだろう。

公的セクターによって、ゲーム的な行動促進の仕組みを設計されずにいるドメインが存在した場合、それが私企業によって設計されたり、特定の政治的意図をもった匿名の集団による影響を受ける可能性は強い。

橋本努は、ナッジのコントロール主体として、官僚の担う創造的な「ナジオクラート」の可能性を論じている[16]。橋本によれば、「政府が雇う専門家は、事務的な仕事に長けた官僚（ビューロクラート）ではなく、たとえばナッジ技術を創造的に提案する『ナジオクラート（nudgeocrat）』でなければならない」という。

この橋本の議論を受けていえば、ナジオクラートならざるゲーミフィケーションを専門とする職能をもった官僚が公的セクターとしてその役割を担う可能性は、検討の対象となりうるだろう。

とはいえ、公的セクターがゲーミフィケーションの設計を担う場合、どのような根拠によって設計の正当性を担保するのかということは、少なくともここ数十年では容易に解決しがたい論点でもある。たとえば、近年のＥＢＰＭ（根拠に基づく政策立案）の流れのなかで、行動経済学の知見や、メカニズムデザインの知見を応用した政策立案をしていく流れがみられ、大きな期待がかけられる一方で、行動経済学の再現性をめぐる批判[17]があり、論争的な状況にあるといえる。

ゲーミフィケーションのなかでも、シンプルな事例であれば、ナッジの事例とほとんど論点は変わらなくなるため、シンプルなゲームの導入であれば現に公的なインフラに試験的に導入されている事例もある。たとえば、スウェーデンの取り組み「The Speed Camera Lottery（スピードカメラ宝くじ）」では、スピード違反の車両を少なくするために法定速度を守っている車にくじ引きで賞金を出すといったような試みがなされている。

（16）橋本努『自由原理　来たるべき福祉国家の理念』（岩波書店、二〇二一年）。

（17）E. Yechiam, "Acceptable losses : The debatable origins of loss aversion," *Psychological Research*, vol. 83, no. 7 (2019), pp. 1327–1339.

ただし、複雑な仕組みを前提とするARGのようなゲーミフィケーション事例においては、起こりうる事象のバリエーション事態がより多様になってしまうため、ゲームを行政が積極的に展開することは難しいといわざるをえないだろう。

――ゲーミフィケーションの自己選択・自己構築　現状では、良くも悪くもゲーミフィケーションについての、助成も規制もまだまだ端緒につきはじめたばかりといった状況である。そのため、社会運動家や、私企業、個人など様々な主体が、日常空間におけるゲーム的な影響力を行使しているという実態がある。今後もこのような状況はある程度維持されると考えられる。

ここでどのような規制をどうかけていくべきかという議論だけでなく、第三の道の可能性も確認しておきたい。それは、巨大な権力でもなく、巨大資本でもなく、ゲーミフィケーションを通じた自己の非理性的側面の選択的コントロールがいかにして可能か、という論点である。これは、すでに述べたように、「怠惰な自己をいかにして、自分の望むようにコントロールするか」という論点にやや近いが、ゲームを通じてコントロールされるのは怠惰な自己のありようだけではない。

たとえば、レストランにおけるゲームを考えてみたい。

あるファミリーレストランで従業員が効率的に配膳し、顧客満足度を上げ、おいしく、清潔な店舗運営をすることを訓練するボードゲームというものが開発されたり(18)、顧客にサービスを速く提供するために従業員を急かすようなゲーミフィケーションの実践例が

(18) 瀬尾亜沙子「5年分の店舗経験をゲームで―サイゼリヤに聞く、ボードゲームを活用した社員教育。『オリジナル店舗運営ゲーム』の顛末を制作陣に聞いた」4gamer（二〇一九年一一月一六日）https://www.4gamer.net/games/999/G999905/20191105007/（二〇二二年七月一日閲覧）。

ある。[19] これらは、いずれもファストフード的な合理的管理をより促進するためのゲームを従業員に遊んでもらうために作られたゲームである。

他方で、食にかかわるゲームとして、筆者は『マナーな食卓』という食肉倫理や差別にかかわる複合的問題を体験させるためのカードゲームを作成している。卓を囲んだプレイヤーたちは、それぞれ鳥人間、牛人間、豚人間などとして役割で振る舞うように求められ、鳥人間の前で親子丼をどのように食べれば相手に対して十分な配慮ができるのか。豚人間の前でトンカツを食べるにあたってはどうすれば相手に不快だといわれないように食べることができるのかといったことを考えながら演技をしてもらい、どの演技がもっとも配慮に満ちていたのか。あるいは差別的な意図がうかがえたかということをお互いに話しあうというものである。

このゲームを通して体験させられるのは、食卓に到来するまでの、生きていた動物の「血と肉」の存在を改めて想起させるものであり、資本主義的な合理性によって見えづらくなった動物を食うということのありようを、改めて想起させるための仕組みである。

ここで述べたいのは、後者のような資本主義批判のためのゲームを遊ぶべきだということではない。そうではなく、別々のリアリティに基づいたゲームの選択可能性を担保できるような状況を様々な場所に構築していくことが可能であるということだ。すなわち、レストランで食事をするときに、ファストフード的合理性をより強化するような仕組みにコミットするようなゲームを遊んでもいいし、食肉倫理を改めて考えるための

(19) 萩原雄太＝かもめマシーン「ぐちゃぐちゃバーガーで炎上のマックに真相直撃！『あれはゲームですので』」Business Journal（二〇一三年一月一一日）https://biz-journal.jp/2013/01/post_1305.html（二〇二一年七月一三日閲覧）。

ゲームにコミットしてもよい。どちらかのリアリティを誰かに選択させられるのではなく、リアリティ自体を自ら選択できるような状況を構築していくことが、ゲーミフィケーションによってリアリティを囲い込もうとする権力からの自由であるといえるだろう。

もう少し踏み込んでいうのであれば、ゲームというものが我々の快楽にかかわる装置であるだけでなく、ゲームごとに、独自の「公正さ」や「自由」をゲーム内部の文脈でもちうることができるものだということに関係している。ゲームがうまく機能している時、遊び手が、ゲームに対して注ぎ込んだ努力に対する結果が妥当だと思えている状態が担保されていることは、ゲームがうまく機能する要件のひとつである。[20] 自分が努力をしていれば、その結果がきちんと返ってくるのだという信念が維持されていなければ、ゲームは成立しない。この性質ゆえ、同じゲームを、異なる（暗黙の）制約でプレイしていたことによる揉め事は、ゲーマーコミュニティにおいて頻発する自体でもある。たとえば同じゲームをゲームセンターで鍛えたプレイヤーと、自宅で友達と戦って鍛えたプレイヤーと、オンライン対戦で鍛えたプレイヤーでは、ゲームにかかわる暗黙のマナーが異なってしまうことがよくあり、お互いがお互いのマナーを正当なものだと主張して、他者の「アンフェアなゲームプレイ」をめぐって批判し、炎上につながるという場面を、ゲーマーコミュニティではよく見かける。おそらく、多様なゲームを数多くプレイする人間は、多様な公正さの現れに直面することが多いのか、コールバーグ系統の道徳発達理論のような尺度で測ると、より多くのビデオゲームをプレイした若者の道徳的推論能

(20) Juul, *supra* note 4.

力と正の相関関係を見せる[21]。

ゲームは、特定条件下において成立する自由や公正さの多様性を理解させ、我々のリアリティを多元化させてくれる可能性がある。これを選択可能な形で提示できるようになれば、これはポジティブな未来の社会モデルのひとつだということができるだろう。

おわりに

以上、社会に埋め込まれた「ゲーム」が、現時点において人々のリアリティをコントロールする戦いの最前線で用いられていることを確認したうえで、これが未来においてどのような可能性をもちうるかどうかを簡単に素描した。

いうまでもなく、近代において、新聞、ラジオ、テレビ…とメディアが移り変わるごとに、人々のリアリティに強く訴えかける方法は、絶えず変化してきた。

かつてのメディア環境においては、物語や映像といったものがいかに、我々の現実理解を変容させ、世界にかかわる想像力を変化させてきたかは、すでに数多く論じられてきた。それが二一世紀的なメディア環境の変化によって、物語や映像といったものの列に「ゲーム」というものが加わるようになりつつあるというように、本章の議論は整理することもできるだろう。そして、これはゲームにかかわる問題系を、積極的に受け入れる／受け入ないにかかわらず、到来しつつある現在である。

(21) Sarah E. Hodge, Jacqui Taylor, & John McAlaney, "It's Double Edged : The Positive and Negative Relationships Between the Development of Moral Reasoning and Video Game Play Among Adolescents," *Frontiers in Psychology*, vol. 10 (2019) : Sarah E. Hodge, Jacqui Taylor, & John McAlaney, "Is It Still Double Edged? Not for University Students' Development of Moral Reasoning and Video Game Play," *Frontiers in Psychology*, vol. 11 (2020), p. 1313.

ゲームのプラットフォーム

小久保　「物語」から「ゲーム」へという移行が語られていましたが、そこで想定されている具体的なプラットフォームはどのようなものをお考えでしょうか。ＳＮＳのようなものなのか、最近流行りのメタバース的なものなのか。今後、仮想空間に様々な新しいコモンズが出現し、ゲームとリアルとの境界がどんどん曖昧になるように思われます。たとえば、「フォートナイト」などがその一例かもしれませんが、そのあたりはどうお考えでしょうか。

井上　特定のプラットフォームということであれば、現時点ではＳＮＳということになると思います。ＡＲＧ（オルタネイト・リアリティ・ゲーム）という複数のメディア間を切り替えながらプレイするゲームです。実際、映画のプロモーションなどではよく使われるのですが、ユーチューブに上がったプロモーションビデオの一部に謎の言葉が書かれていて、その謎の言葉を検索するとあるウェブサイトにたどり着き、そこに電話番号らしきものが書いてあります。そして、その電話番号に電話するとまた謎があって、次の指示があり、最終的には、試写会に招待されるというようなＰＲの手法です。このようなメディア横断的なゲームの体験が出てきて、今だとＳＮＳ、やがてメタバース的なものに移るのかどうかはわかりませんが、そういうものも混ぜ込んで展開していくだろうなと思います。ＱアノンにハマるプロセスはこのアＲＧに近い仕組みが使われている指摘することもできるかもしれません。

遊びとコントロール

宇佐美　ゲームは、一方では遊びという要素があって、しかし、他方では、かなりコントロールされているといいますか、たとえば、こうすればポイントを稼げるという形で一方向への誘導がなされるわけです。それで思い出したのですが、イギリスの工場だか店舗で、従業員が身体に装置をつけて、行動状況を正確に把握されている状況下に置かれると、作業効率がとても良くなった一方で、非常にストレスが溜まったというのです。こういう労務管理と比べると、ゲームは、「遊び」と「コントロール」の二つの理念型の間で、もっと「遊び」に近いどこかに位置づけられると思うのですが、こう位置づけるべきだというような定説はあるのでしょうか。

井上　ゲームという現象に関して、コントロールと、逸脱的な遊びを対照的な二極とみることはできると思います。ただし、その二つは連続的なものでもあると考えています。ゲーム的な状況は、ルールとゴールがはっきり決まっていて、そこに自由に参加や退出ができない形でコントロールされる状況が強まるとストレスが溜まる、というのは確かにそうです。しかし、外形的に似た行為であっても、自由に参加と退出が可能だという感覚を損ねない範囲でのタスクの与え方や分脈によっては、そのネガティブなストレスがすごくポジティブな形で解釈されていく、ということがあります。そのちょっとした掛け違いで似た体験がかなり違う結果を生むことがあるというのが、ゲームのもっている性質なのではないかと考えています。

たとえば、ウーバーイーツのドライバーアプリなどはよくできているのですが、数十分程度で終わる一件ごとの配達を何回連続して続けるかどうかということは本人の気分次第なんですね。やりたいだけやって、疲れたなと思ったらそのタイミングでやめればいいわけです。これが、数十分単位ではなく「できれば数年間は契約した仕事を続けてください」ということだと、好きで始めたことであっても、負荷に感じることは多いかと思います。人のモチベーションは時間がたつと冷めやすい双曲割引のような性質があることはよく知られています。コントロールをしている主体がどこにあるのかという感覚が自分から離れてしまう、ことが、時間の経過だったり、参加の仕方のちょっとした経緯だったりなどいくつかの要因で変化していくのは興味深いところだと思います。

ゲーミフィケーション環境あるいはゲームを設計する自由？

成原　井上さんのご報告（編集注：本書のもととなった研究会での井上報告のこと。以下同じ）のなかで、利用者自らによる環境の自主設計という方法を、『民主化するイノベーションの時代』（エリック・フォン・ヒッペル著／サイコム・インターナショナル監訳、ファーストプレス、二〇〇五年）も引きつつ、提示されましたが、これは非常に魅力的な方向性ですね。私の報告でも、同じような方向性を違う文脈で打ち出しているところです。プライバシーについて、従来の法学ではそれを自己情報コントロール権と捉え、自分に関する情報は自分でコントロールするということが大事だ、という考え方が有力だったわけですが、近年のビッグデータ、IoT、AIの発達を踏まえて、大量の自己データを全部自分でコントロールするなんて無理だよねという批判が有力になり、権利というより客観的に自分の情報を適正に取り扱ってもらうことが重要だという方向が示されるようになりました。そうだなと思う反面で、やはり個人が主体的に関係性を形成していく権利も大事なのではないかと思っています。情報のコントロールは無理でも、自分の情報に関する環境を自ら主体的に設計していくことには価値があるのではないか。井上さんもゲームについて似たようなことをおっしゃっていて、我が意を得たりと刺激を受けました。そこで、お尋ねしますが、二〇一二年のご著書（井上明人『ゲーミフィケーション』（NHK出版、二〇一二年））で、BtoC的なサービスの実態としては、環境を作る側のエリートと、その作られた環境のもとでプレイする一般のユーザーに分かれてしまい、やはり怠惰な個人にはハードルが高いと示唆されていて、これはおそらくプライバシーや個人情報の管理についても同じことがいえる気がします。あれから九年くらいが経って、この点、その後ゲームの世界では状況はどうなっているのか、ということを教えていただけると幸いです。

井上　環境の自己設計を可能にする技術自体は年々進展していますが、ゲーミフィケーションを自分自身できっちり設計するみたいなことは、正直まだやや未来の話だとは思います。とはいえ、コンピューターゲームに関しては、自分自身で設計すること自体も、この一〇年で、簡単なものであればだいぶ作りやすくなりました。とはいえ、本格的なものとなるとやはり専門的な知識が求められる状況は、なかなかすぐには変化するという雰囲気ではありません。プログラミング技術のハードルをどう乗り越えるかということと、どうしたらゲームとして面白くなるかというゲームの設計の知識は、まだハードルが高いのではないか、と考えています。

河島　ゲームにおける自由は、ゲームをやっている人が感じる自由、つまり選択肢があって、操作すると選択肢が変わりそれを選び取るという自由だけではないと思います。ゲーム内のルールが明確であれば、そのルールを遵守して動くのはＡＩでもできるし、人よりも点数を伸ばすでしょう。

本書のテーマに照らせば、これから問われるのは、ゲームのなかの自由ではなく、むしろどのようなゲームを作るかという自由、「『どのように』『誰が』ゲームをコントロールするのか」を考える「ゲーム自体を設計する自由」なのではないかというように思うのですが、いかがでしょうか。

井上　題名で行動する公共政策の担当者だとか、公共的なプラットフォームに関わる人間だとかがゲームを設計する権限を行使する場合に、どのようにゲームの設計の範囲を制限するかとなると、基本的にはサンスティンが提案しているナッジのための権利章典に近い規範で一定の制限をかけていくことになると思います。一方で、行政などの担当者ではない私的な主体によるゲーム設計の自由についてどう考えるかは別の問題になります。ゲームというのはひとつの作品・表現として閉じている、つまり、現実とはつながっていないというのであれば、露骨なヘイトスピーチにならないものであれば、ナッジのための権利章典などもいらず、かなり自由に作ることが許容されると思っています。他方で、現実と混ざってしまっているタイプのゲーム――オンラインゲームなんかがそうだと思いますが――については、公共的なプラットフォームに課される制約よりは緩くていいとは思うものの、完全に制約なしというわけにはいかないだろうと考えます。そのマージナルなラインの設計については、その主体の類型のようなバリエーションを参照しながら、細かい議論をしていかないといけないのかな、と思います。

ゲーミフィケーションによるイデオロギーの媒介

吉田　二つ質問があります。まず、最古のゲーミフィケーションというのは聖書だとみなすことができると思うんです。聖書には様々な啓示があって、果たしてあなたはそれを実践できているのか、という問いかけがあって、その問いかけには答えがあるわけではなく、プレイしていくなかで答えを自ら発見していく。そういう発想は昔からあって、オウム真理教などは、まさにそれを利用して組織化していったわけです。そうだとすると、ゲーミフィケーション――もちろんITやネットがそこに入ってきたことはあるにせよ――という発想やシステムそのものは、昔からあったのではないか。

　二つ目の質問は、ご報告の最後のところで、今まではイデオロギーを媒介するものはメディアであり、それは映像や文字だったのが、それがゲームに変わるかもしれないというご示唆だったと思います。しかし、イデオロギーの果たす役割――マルクス主義でもなんでもいいのですが――というのは基本的に、この世のメカニズムの解明があって、要するにあなた方の見ている世界は現実的にはこう構築されていますよ、ということを示すことだったわけです。私が理解したところだと、ゲーミフィケーションにおいては必ずしもそれは明示されてはいなくて、それはあなたがどう解釈するか、つまり、プレイに応じて変わりうるものではないかと感じました。自由な解釈の余地があるようにみえます。そうした意味で、やはり旧来的なイデオロギーの媒介装置・伝達装置と、ゲームというのはかなり異なる部分があるのではないか。このことについて何かお考えがあれば教えてください。

井上　まず、ゲーミフィケーションの原型は宗教ではないかというのは、非常によくいただくご指摘です。両者に似た性質があるというのは、その通りだと思います。じゃあ、ここ数十年で何が変わったのかといいますと、情報技術で日常的に生活行動を測定できるようになったことがかなり大きい。スマホで日常行動のセンタリングができて、フィードバックも常に返ってくる。理念としてのゲーミフィケーションみたいなものは昔からあったけれども、その範囲が劇的に拡大したというのが近年である、という整理ができるかと思います。

二点目に関してですが、ゲームの伝えるイデオロギーというのが、この世のメカニズムの解明につながっているかということと、解釈の安定性をもつかということですね。まず、ゲームのなかには、解釈が自由で媒介装置・伝達装置としては機能しない側面が多いのではないかというご指摘はその通りですね。たとえば、マイバラクオバマ・ドットコムのような選挙運動への動員をする仕組みのなかのゲーム的な側面それ自体には、物語のように解釈を安定させる側面は弱いと思います。

そのうえでですが、解釈が物語以上に安定する側面もあります。同じゲームを始めた複数人の別々の人のゲームのやり方が、概ね類似の戦略に落ち着いていくということがあります。たとえば、囚人のジレンマゲームのようなゲーム理論的な構造のゲームとして現実の交渉を理解したときに、利得等の条件によっては、相互に協力する方が戦略的に安定するといった解釈が流通することがあります。もちろん、ゲーム理論的なゲームのモデルは、現実理解の一側面でしかないわけです。しかし、ゲーム理論的なモデルは、批判もあるものの、社会科学の様々な場所に浸透し、その説明力の高さが評価されてきたと思います。

ゲーム理論とゲーミフィケーションの話は、違う話ではあるのですが、日常的現実を構成しているゲームの構造をどのように解釈するか。そしてそこでの安定的な戦略は何かということをどう解釈するか、ということは共通して出てきます。

ゲームによって表現されているルールの形が日常的現実に根付いたものであり、かつ、他者との競争戦略が安定性をもっているという信念が成立しうるような事例であれば、解釈が説得的で、安定的であるという感覚はもたらされるのではないかとは思います。

たとえば、マイバラクオバマ・ドットコムの場合は、そのなかで得られたポイントは実際のオバマ支援と連続した感覚を与えますが、ゲームのルールは現実を基礎にしていませんし、ライバルと効率的に競争したときに出てくるゲームの攻略法が、ゲームの外側でも通用するという感覚は薄い。そうなると、何かしら現実の観察に深い洞察を与えるという発想もでてきません。これは世界の解釈に影響を与えないかもしれない。

一方で、Qアノンのゲームにはまっている人は、Qアノンのメッセージを読み解くゲームは、実際の世界を支配しているディープステートの実態を明らかにするものだろうと興奮をしていて、Qアノンの世界観に基づいたアクションをとることが現実の世界に揺さぶりをかけているという実感はあるだろうとは思います。安定的な戦略があるとはいえないので、そこは、ゲーム理論のようなものより説得力は弱いとは思います。とはいえ、こういう話が特殊な説得力をもってしまっているのはそういう信念が成立しうる仕立てがあるからではないかという気がしています。

ゲームが醸成する公正感覚

西村　公正性とゲームに強い関連性があるというご指摘がとても興味深く感じました。確かに自分がゲームをやっていたときの心境を思い返してみても、そのゲームにおけるルールへの忠実性を重んじていましたし、ある種の公正性に対するコミットメントが強く植えつけられたように思います。ただ、電子ゲームやコンピューターゲームのようなものを念頭におくと、やや微妙な部分もありそうです。たとえば、昔のゲームではいわゆる「バグ技」というものがありました。これは、ゲーム設計者の意図からすればルールの潜脱――すなわち不公正なプレイ――だと評価されて然るべきプレイだと思いますが、その一方で、「バグ技」という名称が付されていることからもわかるように、プレイヤーコミュニティの側では一定程度受容されたプレイでもあったように思います。

また、ゲームから多少離れてしまいますが、同様の現象はSNS等のゲーム以外のシステムでも見受けられるように思います。たとえば――私自身もそうですが――一部のプログラマは特に、SNS等のサービスにおいてシステム上許容されている利用形態が、外的なルール――たとえばマナーや法律――によって禁止されることに対して抵抗感をいだく傾向があるような印象をもっています。このように、「ルールへの忠実性」あるいは「公正性」といっても、そこで涵養される感性がいわゆる「公正性」という言葉によって想起されるような感性と同一なのかというと、議論の余地があるのではないでしょうか。

井上 プログラマの方ができることを可能な限りやってみようというのはその通りだと思います。ゲームプレイヤーにも、いくつかの類型があります。できることはなんでもやろうぜ、という人はやっぱり多いんですね。

とはいえ、シビアな対戦をするタイプのゲームのヘビープレイヤーですと、公正性を大事にするプレイヤーはかなり多いんですね。一方で、オフラインでいろいろなタイプのゲームをやるという人は、そうでもない。僕はどちらかというと後者です。eスポーツのようながっつりと対決をやるようなゲームだと、スポーツマンシップ的な話がでてきたり、海外の同種のコミュニティのローカル・ルールを相当気にして、レギュレーションをどうかけていくかが常日頃議論されています。そういう、競技の公平性のようなことを論じる場にいくと、僕のようなプレイヤーは不真面目でどうもすみません、という気分になります。

そこはゲームプレイヤーというだけでなく、確かにもう少し細かくプレイヤーのタイプを分けて論じた方がいいのかもしれません。

また、Qアノンなどのケースをみると、そこでは確かに自分たちのローカル・ルールが出来上がっているのですが、それが何であるかは必ずしも明示されていない。その明示されていないローカル・ルールを仲間内だけで大切にするという傾向は見て取れます。

（二〇二一年九月二五日収録）

ＡＩ

人工知能についての二種類の批判とそれらの技術的・規範的な議論への含意

西村友海

はじめに

本章では、「人工知能」（以下、単にＡＩという）についての研究開発のあらましと、その開発・利活用に際しての問題を扱う。つとに指摘されてきたように、「ＡＩ」とは厳密にどのようなものを指すか、あるいは「ＡＩ」についての研究が何を目的とした研究なのかといった点について、確立した共通の見解は存在しない。そこで、本章では「ＡＩ」という語を、「知性あるような振る舞いをするシステム、あるいはソフトウェア」という程度の意味合いで用いることとする。[1]

この定義と関連して、議論に先立って示しておきたい注意事項が二つある。

（1）類似した定義をひとつの候補として紹介したうえで、従来の情報通信技術（ICT）との境界が曖昧になるとの問題意識からは「使用者である人間が隅から隅まで詳細に示してみせずともタスクを達成できるようなシステム」という定義も候補になりうるとするものとして、杉本舞「AI：人工知能が『ブーム』であるとはどういうことか？」現代思想四七巻六号（二〇一九年）六四頁。同稿は、この特徴を「自律性」と呼んでおり、河島茂生の議論（本書の河島論稿）との関係で興味深い。これとは逆にAIのICTとの連続性を強調するものとして、たとえばアンダーソン・毛利・友常法律事務所テクノロジー＆インフォメーション・プラクティス・グループ編『テクノロジー法務』（中央経済社、二〇一九年）二六～二七頁（栗原聡発言箇所）など。

第一に、本章ではＡＩそれ自体と、それを実現するための技術（あるいはアプローチ）とを区別して議論を進める。これは上記の定義においてすでに含意されていたことでもあるが、本章の問題意識ともかかわる点でもあるため改めて強調しておきたい。このような議論の運び方をするのは、個別具体的な技術に関する問題と、ＡＩ一般に関する問題との間には、無視できない相違が存在すると考えるからである。この点については本章の問題意識を述べる箇所で改めて論じることにする。この区別のため、以下では特にＡＩを実現するための諸技術のことを総称する場合には「ＡＩ関連技術」という語を用いることにする。

第二に、ＡＩに関する議論のなかには、物理的な機構を有し、物理的な外的環境と相互作用するシステム（いわゆるロボットあるいはスマートシステム）を念頭に置いて論じられたものもある(2)。この種のシステムに関する議論が重要であることはいうまでもない。だが、本章ではあくまでもＡＩをソフトウェアとして扱うため、物理的な機構を有するシステムに固有な問題（たとえば、自動運転車の暴走は物理的な被害をもたらす）については、本章の議論の射程からは外れることになる。

次に、本章の問題意識と目標について説明する。

近年のＡＩ関連技術についての研究・開発の進展を受け、多くの文献や政策的な議論において、ＡＩの利活用（あるいは、それに先立つ開発）に関する規範的な問題（しばしば、「倫理的・法的・社会的課題（ＥＬＳＩ：Ethical, Legal, Social Issues）」とも総称される）が取り上

(2) たとえば、法的な観点からのＡＩについての議論が、「ロボット法」という名のもとでなされることもある（例：弥永真生＝宍戸常寿編『ロボット・ＡＩと法』（有斐閣、二〇一八年）、平野晋『ロボット法―ＡＩとヒトとの共生に向けて〔増補版〕』（弘文堂、二〇一九年）など）ということからもこのことは見て取れる。

げられてきた。ところで、ＡＩの利活用に関する規範的な問題を扱う議論には、少なくとも①ＡＩを実現するために用いられる個別具体的な技術に着目し、その特定の技術がもつ性質・特徴についての規範的な問題を検討するものと、②それを実現するための技術が何であるかを問わず、ＡＩ一般に妥当する規範的な問題を一般的抽象的に検討する議論という、二種類の議論が含まれる。そして、これら二種類の議論の間には、無視できない相違がある。

たとえば、①のような議論は技術的な特徴への言及を必然的に含むことから、前提とした技術がその研究・開発の進展によって放棄されるようになればその重要性を失うような議論であるのに対して、②のような議論はむしろ個別具体的な技術的な特徴への言及を含まない議論となるため、技術進展に一定程度耐性のある議論となる。

また、その裏返しとなるが、①のような議論においては個々の技術の特徴を参照しつつ議論を進めることができる一方で、②のような議論はＡＩ「一般」に妥当しなければならないので、むしろ具体的な技術やその特徴を参照することなく（あるいは本当に最小限度の言及のみで）議論を展開しなければならないという制約がある。

さらに、①についての議論が取り上げる問題は技術的な問題として解釈する余地があり、その解決のために技術的な方策を検討する余地があることから、その種の議論には研究・開発者に対して新たな課題を提示するという役割を期待することもできるのに対して、②についての議論は個別具体的な技術からの抽象性ゆえに、技術開発に対して示唆を与えることよりも、むしろ規範的な議論の進展に資することが期待される点でも相違する。

このように、①のような議論と②のような議論とは、ＡＩについての規範的な問題を扱う議論であるという点では共通しているが、実際には大きく異なった種類の議論である。本章の目標は、こうした区別に十分注意を払いつつ、既存の議論の整理と敷衍を試みるところにある。

さて、こうした目標を踏まえ、次節ではまずはＡＩに関する基本的な事項を確認するところから議論を始めたい[3]。こうした基本事項はＡＩに関する近時の議論の多くで紹介されており、筆者自身もやや食傷気味なところはある。だが、上記①の議論と②の議論はいずれも技術についての的確な理解を要するので、いま一度、改めて確認しておくことにしたい。

基本事項の確認

――ＡＩの歴史　一般に、ＡＩまたはＡＩ関連技術についての研究開発の出発点は、一九五六年にダートマス大学において開催された、いわゆる「ダートマス会議」に求められる。同会議は初期のＡＩ研究者として知られるジョン・マッカーシーが主催したものので、「人工知能 Artificial Intelligence」という言葉は同会議において初めて用いられた

(3) 以降の議論には一定の時代的・時間的制約があることを踏まえてお読みいただきたい。詳しくは本章末尾【補足】を参照のこと。

ともいわれる。

人工知能の歴史は、いわゆる「三度のブーム」によって説明されるのが通例である。(4)

第一次ブームとは、このダートマス会議を端緒として始まったブームであり、「推論と探索の時代」ともいわれる。自動定理証明器（数学的な定理（のうち一部）を自動的に証明してくれるシステム）のような初期の推論システムが開発されたほか、現代の「ＡＩ」ブームを牽引する深層学習というＡＩ関連技術の基礎となる技術（パーセプトロン）の研究開発なども行われるなど、多様なアプローチが併存していた。

第二次ブームは一九八〇年代に発生したとされ、「知識と推論の時代」ともいわれる。この時期には、専門家の知識を形式言語によって表現し、それを用いて専門家のような判断をするシステム（エキスパートシステム）が脚光を浴びた。とりわけ日本においては、そうしたシステムを効果的に実行するハードウェアとソフトウェアの両方の研究開発などを目標に含む、第五世代コンピュータ計画がブームの牽引役を担っていた。(5)

第三次ブームは二〇〇〇年代に始まったとされ、現代のＡＩブームはこの第三次ブームの延長線上にある。こうしたブームの背景としては、インターネットの発達による利用可能なデータ量の増加、大規模データ（いわゆる「ビッグデータ」）を処理するための処理基盤や処理技術の進展に加え、それらを処理するためのハードウェア性能の飛躍的向上などがよく指摘される。(6) このブームは「学習の時代」ともいわれるように、機械学習と呼ばれる技術がその中心にある。この技術については少し後の方で詳述する。

(4) こうした整理を紹介するものとして、たとえば杉本・前掲注(1)六五〜六六頁、「平成二八年度版情報通信白書」（総務省）二三五頁など。

(5) 杉本・前掲注(1)六五頁。ちなみに、第五世代コンピュータ計画には法的推論の自動化に関する研究なども含まれており、法学ともまったく無縁なブームではない。

(6) このような背景を指摘するものとして、たとえば杉本・前掲注(1)六六頁など。

——二つのアプローチ　これら三つのブームのうち、第一次ブームと第二次ブームにおいてＡＩ実現のために主として用いられていたアプローチと、現代の第三次ブームにおいて主として用いられているアプローチとは、異なったものである[7]。

第一次〜第二次ブーム期に用いられていたアプローチは、しばしば「論理ベース」アプローチと呼ばれる。これはＡＩの判断のために必要な情報をコンピュータによって処理しやすい形式にして入力し、それに基づく推論によって知的な動作を実現しようというアプローチであり、第二次ブーム期には、人間にとって理解しやすく同時に機械にとっても扱いやすい知識表現の手法（知識の表現形式およびそこからの推論を行う手法）が開発されたことから、こうしたアプローチを特に「知識ベース」アプローチということがある。

これに対して第三次ブーム期に用いられるアプローチは、「学習アプローチ」といわれ、「論理ベース」アプローチと区別される。これは大まかにいえば上記の「知識」「推論」に相当する情報を人間によって入力するのではなく、プログラムによって自動構築させようとするものであり、とりわけ二〇一六年の AlphaGo の成功以来、社会からの注目を集めるようになった「深層学習（ディープラーニング）」といわれる技術もこれに分類される。すでに述べたように、現代のＡＩブームは機械学習という技術を主役とした第三次ブームの延長線上にあり、多くのＡＩがこれを用いて開発されている。そこで、以下ではこの機械学習という技術（そしてその一種である深層学習）がどういったものか、もう少し詳細にみていきたい。

(7)　念のために注記しておくと、第一次ブーム期においても第二次ブーム期においても「学習型アプローチ」についての研究がまったくなかったという極端な話ではない。この点については、たとえば杉本・前掲注(1)六四〜六六頁参照。

——現代のAIについて①：そもそも学習とは何か　機械学習という言葉は、その響きのわかりやすさからか、定義なしに（あるいは直観的な説明のみが与えられて）用いられることも多い。だが、そもそも機械が「学習」するとはどういうことだろうか。

ここでは、シンプルかつ使いやすい定義として、トム・ミッチェルによる定義を紹介したい。ミッチェルはコンピュータ・プログラムの「学習」を、経験E、タスクT、性能指標Pという三項からなるものとして、次のように定義する[8]。

Definition：*A computer program is said to learn from experience E with respect to some class of tasks T and performance measure P, if its performance at tasks in T, as measured by P, improves with experience E.*

コンピュータ・プログラムは、性能指標Pで測定されるタスクTにおける性能が経験Eにより改善する場合、そのタスクTのクラスおよび性能指標Pに関して経験Eから学習するといわれている。

以下では、「機械学習」あるいはプログラムが「学習する」といった場合にはミッチェルの定義におけるそれを指すものとし、（プログラムを）「訓練する」といった場合には、この「学習」をプログラムに行わせることをいうものとする。

——現代のAIについて②：深層学習とは何か　この機械学習のなかでも、とりわけ

(8) Tom M. Mitchel, *Machine Learning* (McGraw Hill, 1997), p. 2. 後続する日本語訳はイアン・グッドフェローほか（岩澤有祐ほか監訳）『深層学習』（角川書店、二〇一八年）七一頁で示されているものである。ほか、瀧雅人『機械学習スタートアップシリーズ　これならわかる深層学習入門』（講談社、二〇一七年）七頁などでもこの定義が紹介されている。

二〇一〇年代後半以降脚光を浴びているのが、深層学習といわれる技術である。ミッチェルの定義を踏まえた説明を与えるならば、その定義における「コンピュータ・プログラム」として、特に深層ニューラルネットワークというプログラム（モデル）を用いるものを指す。

深層ニューラルネットワークとは、読んで字の如くニューラルネットワークの一種である。**ニューラルネットワーク**とは、入力に対して確率的に、または確定的に一定の出力をするノードからなるネットワークである。このニューラルネットワークのうち、特に多数の[9]「隠れ層」、すなわち、直接に外部との入出力をせず、他のノードからの出力を受け取って他のノードに対して出力を行うようなノードによって構成される層をもつようなものが**深層ニューラルネットワーク**である。

このプログラムは、多数の隠れ層という複雑な構造に由来する高度な表現力（複雑なプログラムの挙動を模倣する能力）を備えており、この高度な表現力ゆえに、高い精度での処理や幅広い応用の可能性を有していた。もっとも、このプログラムはその潜在能力にもかかわらず、この「隠れ層」を有効に機能させるための学習手法が長らく発見されておらず、その実用性に対しては疑問符がつけられていた。だが、二〇〇〇年代に入ってから自己符号化器による事前学習を用いた訓練方法が発見され、さらにその実用性が確証されると、それを契機として訓練方法についての研究が盛んになり、現在では目的に応じた様々な学習手法が見出されている。

(9) この「多数」が具体的にどの程度の数かについては特に定義されない。目安として示される数字も多様で、たとえば多層（三層以上）であれば足りるとするもの（今泉允聡『深層学習の原理に迫る』（岩波書店、二〇二一年）五頁）もあれば、三桁以上とするもの（多田智史『あたらしい人工知能の教科書』（翔泳社、二〇一六年）二一六頁）もある。

――現代のAIについて③：機械学習の多様性　ここまでの記述からわかる通り、ひとくちに機械学習といっても、そこに含まれる技術には多様なものがある。これを整理するために、いまいちどミッチェルの定義に戻ろう。ミッチェルの定義によれば、機械学習は、性能指標P、経験E、タスクTからなるのであった。このことは、種々の機械学習技術の相違がP、E、T（および学習を行うコンピュータ・プログラム）の相違から説明できる、ということを含意している。さしあたり性能指標Pについては措くものとして、以下では経験E、タスクTに注目して機械学習という技術の多様性を素描してみたい。[10]

まず、経験Eという項の存在から示唆されるように、プログラムの訓練に用いられる「経験」にはいくつかの種類があり、それに応じて異なる機械学習の手法が用いられる。具体例をいくつか挙げてみよう。

よく知られているように、機械学習の代表的な手法には「教師あり学習」と「教師なし学習」という二種類の手法がある。これは、プログラムの訓練に用いる「経験」において相違する異なる種類の機械学習の手法であり、前者はデータとそれに対するラベル（典型的には処理結果のような「正解データ」が想定される）の組からなるデータの集合（データセット）を用い、後者はそういった情報が付与されていない単なるデータのみからなるデータセットを用いる手法である。

また、ほかのよく知られた手法として、「強化学習」という、プログラムをその外部と相互作用させることによって訓練する手法もある。これは、プログラム自身の動作と外

(10) 以下の記述は、グッドフェローほか・前掲注（8）七一〜七九頁や、瀧・前掲注（8）七〜一〇頁、二〇頁の記述を主に参照して要約したものである。より正確な説明および技術的な詳細については同書などを参照されたい。

部からのフィードバック（これを「報酬」ということがある）という動的なデータを経験としてプログラムを訓練するような手法であり、上述した二つの手法とは異なって動的な経験を利用する手法であるとも説明される(11)。

続いて、タスクTという項の存在から示唆されるように、プログラムがどのような処理を学ぶのか（どのような処理に用いられるのか）についても、いくつかの種類がある。

代表例としてよく挙げられるのは、「分類」と「回帰」という二種類のタスクである。分類とは、入力されたデータを分類する（入力されたデータに応じて適切なラベルを出力する）処理のことを指す。たとえば、入力された画像がどの動物の画像なのか判定させる処理などは分類タスクの代表例である(12)。これに対して、回帰とは、入力されたデータから何かしらの値を推定するような処理のことをいう。たとえば、ある日の天気からその日の推定来客数を得るような処理は回帰タスクの典型例である。

また、機械学習が応用されることの多かったタスクはこの二つのタスク（そして、その派生的なタスク）だが、近年注目されるタスクとして、「生成」というタスクがある。生成とは、平たくいえば分類や回帰のようなタスクの逆で、ラベルや数値からそれに対応する新たなデータを出力するようなタスクをいう。たとえば"MidJourney"や"Stable Diffusion"といったような画像生成ＡＩが近年では注目されているが、こうしたＡＩがこなしているようなタスクが生成にあたる(13)。

(11) グッドフェローほか・前掲注(8)七六頁

(12) 特に、入力された画像が特定の動物（たとえば猫）の画像か否かを判定するタスクのことを特に二値分類問題といい、どの動物の画像なのかを判定する（つまり、Yes/Noで回答できない）タスクのことを多値分類問題という。

(13) こうしたタスクに対応した学習技術の代表例が、「敵対的生成ネットワーク（GAN）」という技術である。参照、J. Langr＝V. Bok（大和田茂訳）『実践GAN―敵対的生成ネットワークによる深層学習』（マイナビ出版、二〇二〇年）。もっとも、生成タスクに対応した技術はGANに限定されない。詳しくは、岡谷貴之『深層学習〔改訂第二版〕』（講談社、二〇二二年）第一二章を参照。

技術的な問題の検討

――本節の目標　さて、こうした前提を踏まえつつ、本節と次節ではＡＩに関する規範的な問題を検討していく。本節では特に、現代においてＡＩを開発するために主に用いられる機械学習という技術に的を絞って検討を加えていく。

本章の冒頭でも述べたように、こうした技術的な特徴を踏まえた問題の分析は、現在利用可能な技術の問題点を明らかにするだけでなく、今後の技術開発への含意をも含むものである。実際、以下で触れる二つの問題に対しては一定の技術的な対応が進められている状況にあり、そうした動向についても併せて紹介することで、この種の議論がどういった含意をもちうるかを示すこととする。

――機械学習の問題その①：不適切な推論の可能性　まず、典型的な問題として取り上げられることの多い、ＡＩが不適切な判断（推論）をする可能性がある、という問題を取り上げよう。しばしばＡＩは不適切な判断を導くことがあるという（ある意味では当たり前な）指摘がなされるが、こうした「不適切」な推論の問題には、少なくとも次の二種類のものが含まれる。

第一のものは、ＡＩが誤った、あるいは不精確な判断を行ってしまう場合である。たとえば、画像について何かしらの判定を行うＡＩの開発において、訓練用のデータとして用いた画像にのみ現れる、判断の指標としては不適切な特徴を学習してしまうような場合などがこれにあたる(14)。第二のものは、規範的に好ましくない判断を示してしまう場合である。たとえば、差別的なデータ（経験）から差別的な判断基準を学習したＡＩが、差別的な判断を再生産してしまうような場合がこれにあたる。

これら二つの問題のうち、第一の問題はいわば「些末な」問題である。もちろんこれは、この問題が軽視してよい問題であるとか、どうでもいい問題だとかいう主張をしたいわけではない。実際、ＡＩの応用性の高さから考えれば、単なる誤動作であっても重要な被害をもたらすかもしれない、というのは正当な指摘であろう。だが、システムにバグの可能性がある、あるいは十分な性能を発揮しないことによって重大な被害が生じるかもしれない、という問題は従来のシステムにおいてもいくらでも生じえた問題であるし、実際に生じてきた問題でもある。その意味で、ＡＩがこうした意味での問題を惹き起こすことは、少なくともＡＩに特有な問題として論じなければならない部分を多く含むわけではない。システムが十分な性能を発揮しないのであれば、開発者には原因の分析と精度の向上を目指すことが期待されるというだけのことである(15)。

これに対してより困難な問題にみえるのは、第二のものである。実際、機械学習の問題としてつとに指摘されてきたのはこの種の問題であった。こうした問題は、単なる正確性の問題ではないので、第一の問題への対応と同様な対応（つまり、よりシステムの性能を頑張って向上させる）で済むような問題ではないようにもみえるかもしれない。だが、本当にそうだろうか。

(14) たとえば、松尾剛行「健康医療分野におけるＡＩの民刑事責任に関する検討」Law & Practice 一三号（二〇一九年）一五一頁以下、一五七～一五八頁に紹介されている皮膚がん診断ＡＩの開発事例などはこの典型例であろう。

(15) なお、バグ修正の困難性という点では機械学習に特有の問題があることは間違いない。しかし、こうした問題はむしろ次項で扱う解釈困難性の問題であるため、ここでは扱わない。

ここで、再度ミッチェルの定義へと戻ろう。ミッチェルはコンピュータ・プログラムの「学習」を、経験、タスク、そして性能指標という三項から定義していた。注目すべきは、ここでミッチェルが学習の成否を計測するための指標を、いみじくも「性能指標 *performance measure*」と命名している点にある。すなわち、機械学習の良し悪しは、必ずしも正確性だけによって判定されなければならないわけではない。そこで、規範的な好ましくなさを形式的（あるいは定量的）に把握することができるのだとすれば、それを学習の成否を計測するための性能指標に含めることによって、第一の問題への対応と同様な仕方で対応することができるのではないか、というアプローチが見えてくる[16]。

こうした研究は、単に理論的な可能性として存在するのではなく、現に存在する。たとえば、神嶌敏弘らは人工知能学会誌の特集「道徳判断の自動化をめぐる問題――規範の選択と協力の進化」に寄せた記事[17]において、公平性に対する形式的アプローチを試みる研究を紹介している。同記事はそうした研究を、①確率論的なアプローチ、②ゲーム理論に基づくアプローチ、③経済学的アプローチの三種類へと分類して紹介し、これらに加えていくつかの注意を要する細かな論点を提示している。

こうしたアプローチがうまくいくのであれば、結局のところ第二の問題も第一の問題と同種の問題として整理することができる。つまり、第一の問題であれ、第二の問題であれ、それは結局のところ、概ねＡＩの「性能」にかかわる問題に帰着する。

(16) こうした指摘をするものとして、たとえばテレンス・J・セイノフスキー（銅谷賢治監訳）『ディープラーニング革命』（ニュートンプレス、二〇一九年）など。

(17) 神嶌敏弘ほか「機械学習・データマイニングにおける公平性」人工知能三四巻二号（二〇一九年）一九六頁。

もっとも、仮に理想的な性能指標P^Iが与えられたとしても、現実的にはP^Iを完全に満足するようなシステムを開発することは困難で、せいぜいP^Iにおいて一定以上のスコアを達成するようなシステムを作ることしかできないだろう。だが、こうしたシステムがなぜ問題であるのかを考えるにあたっては、第三節の議論だけでは不十分である。というのも、理想的な指標P^Iを完全に満足した判断を行うことは、有限な時間で経験を積み、有限なリソースと時間だけを用いて判断を行う人間にとってもおよそ不可能なことだと考えられるからである。そうであるとすれば、同様に誤りうる人間と機械のうち、人間だけに許される活動というものが（そういったものが仮にあるとして、）なぜあるのか、問われなければならない。こうした問題は次の第四節にかかわるため、ひとまずここでは措くものとする。

――機械学習の問題その②：解釈困難性（ブラックボックス性）　次に、同じく典型的な問題として取り上げられることの多い、ＡＩの解釈困難性（あるいはブラックボックス性）の問題を取り上げよう。解釈困難性とは、ＡＩ（とりわけ深層学習を用いたＡＩ）が、その内部構造の複雑性の問題などによってその挙動を解釈することが困難だという問題である。

注意が必要なのは、ひとくちに「解釈困難性」といっても、そこには様々な問題が混在しているという点である。

たとえば、訓練されたプログラムの振舞いについて、その振舞いの意味を理解することができるか（大域的解釈性）を問題とする場合もあれば、プログラム全体の振舞いはともかくとして、当該プログラムを利用して得られた特定の出力について、その特定の出力がなぜ得られたのかを理解することができるか（局所的解釈性）を問題とする場合もある[18]。

さらに、実際に訓練された個別具体的なプログラムそれ自体ではなく、特定の学習手法によって訓練されたプログラムが一般にどのような数学的モデルと同等な振舞いをするのかが不明であること（理論モデルの不在）がブラックボックス性の問題において指摘されることもある[19]。

もちろん、こうした多様な「解釈困難性」はいずれも問題となりうる性質である。しかし、どういった問題との関係で「解釈困難性」を問題としたいかによって、特に注目すべき解釈困難性が何か、その困難性にどう対処すべきか、といった点は変わりうる。

たとえば、解釈困難性が問題を惹き起こす場合として真っ先に思いつくのは、利用者（エンドユーザ）にとって不利益を与える場合である。この種の問題としては、たとえばＡＩによる評価の結果を踏まえた自らの行動の反省をする機会を与えられなくなるという問題[20]、ＡＩによる評価の結果に納得がいかない場合に、その結果が真に妥当であるかを検証し、場合によっては是正を求めるような機会を得られなくなるという問題[21]などがしばしば指摘される。こうした問題は主として個別の出力結果の解釈困難性によって生じる問題であるから、上述した局所的困難性が問題となる場合といえるだろう。このよ

(18) こうした区別を紹介するものとして、たとえば原聡「私のブックマーク：機械学習における解釈性」人工知能三三巻三号（二〇一八年）三六六頁以下など。

(19) こうした問題を指摘するものとして、たとえば、宍戸常寿ほか編『AIと社会と法』（有斐閣、二〇二〇年）五頁（佐藤一郎発言箇所）など。ただし、瀧はそうした理論モデルの不在とヒューリスティックな研究開発という状況を認めつつも、その点だけを強調することに対して疑問を投げかけている。参照、瀧・前掲注（8）ⅴ頁。

(20) こうした問題を指摘するものとして、たとえば山本龍彦「AIと憲法問題」山本龍彦編『AIと憲法』（日本経済新聞出版社、二〇一八年）四六頁など。

(21) こうした問題を指摘するものとして、たとえば山本・前掲注（20）三八～四〇頁など。

うな意味での解釈困難性の問題に対しては、たとえばＡＩによる評価の結果に対して大きな影響を与えている要素を判定し、それを提示するようなプログラムを開発することが対応策として考えられる。

　また、解釈困難性が開発・運用上の困難を生じるという問題も考えられる。この種の問題としては、たとえばＡＩの開発を目的とした契約において、開発されたＡＩの品質をどの程度保証することができるかという問題、開発されたＡＩの品質をどのように検証するかという問題が考えられるほか、開発されたＡＩに不適切な挙動が確認された場合において、それをどのように修補するかという問題(22)などが考えられる。こうした問題はもちろん局所的解釈性の問題をも含むが、どちらかといえば大域的解釈性の問題や理論モデルの不在に関する問題であり、完成したシステムを近似するモデルを用いた分析などによってある程度の対応が可能となる。

　このように、ひとくちに解釈困難性の問題といっても区別を要する複数の問題がそこには含まれており、それぞれの問題ごとに適切な対応方策は異なっている。こうした事情は少なくともＡＩの研究開発の現場においてはすでに多くの人に共有されており、これを踏まえた個別具体的な技術の研究開発が進んでいる情況にある。(23)

(22) こうした問題を指摘するものとして、「AI・データの利用に関する契約ガイドライン」（経済産業省、二〇一八年）一八～二〇頁、松尾剛行＝西村友海『紛争解決のためのシステム開発法務』（法律文化社、二〇二二年）四一三～四一四頁、四三一～四四五頁など。

(23) こうした研究開発の状況を紹介するものとして、たとえば原・前掲注(18)、同「私のブックマーク：説明可能AI」人工知能三四巻四号（二〇一九年）五七七頁以下があるほか、森下光之助『機械学習を解釈する技術』（技術評論社、二〇二一年）などがある。特に森下の書籍は個別の問題に応じた解釈性に関する技術の使い分けについて整理した実務書であり、解釈困難性への対応を検討する際の基本的な視座を提供してくれる点で非常に有用である。

ヒトでないことの何が問題なのか

――本節の目標　上で述べたように、技術的な問題は、それがどういった技術的な欠陥に由来するかを分析することによって、克服することができる（し、そのようになされるべきである）。実際、前節で瞥見したように、それぞれの問題に対しては現に技術的な対応方策が発見され、あるいは模索されている途上にある。

しかし、実装者の提示するこれらの対応方策に対しては、いわゆる「人文社会科学系」の研究者は満足しないかもしれない。たとえば、「不適切な推論の問題」への対応方策として上に示した、公平性に対する定量的アプローチは、いかにも公平性を単純化しているようにみえないだろうか[24]。

このような主張は、そもそもＡＩが利用されることそれ自体を問題視している主張として解釈する方が適切であるかもしれない。実際、欧州一般データ保護規則（ＧＤＰＲ）の四条（１）におけるプロファイリングの定義がその要件に「自動処理」を含むこと、あるいは二二条が自動処理のみに基づく決定に服しない権利を認めていることにみられるように、ＡＩが利用されていること（完全に自動化されていること）それ自体を殊更に問題視する立場はさほど珍しい立場だとも思われない。

だが、こうした主張は、（定義上明らかに、）そもそもＡＩがＡＩである限り乗り越えることが困難な問題にみえる。しかし、単にＡＩがヒトではないというだけで否定的な評

(24) 念のため注記しておくと、この「単純化」という作業にはネガティブな側面だけでなく、ポジティブな側面も含まれている。確かに完全な解決を与えようとした場合、「単純化」は対象の不適切な扱いを意味するのでネガティブなものに映るかもしれない。しかし、部分的な解決であれ、情況を改善するためのひとつの方策として、取り組みやすい範囲の問題をまずは切り出してくる、という意味において、「単純化」には問題の解決を少しでも進めようというポジティブな側面が含まれている。

価を下すことは、いわゆる「種のエゴイズム」との誹りを免れないのではないか、との疑念が生じる。また、仮にそのような点を問題としないとしても、そうした主張はＡＩの研究者・開発者に対して何らの指針も提供しない点で建設的な批判ではない、ということもできるだろう。この意味で、具体的な技術に着目し、その技術的な特性を踏まえてなされる問題提起が、開発者に対して新たな課題を提示する点で生産的な批判ともなりうることとは対照的である[25]。

いずれにせよ、単にＡＩがヒトではないというだけで否定的な評価を下すことは望ましい態度には思われない。ＡＩがどのようなものであればよいかについて指針を示すか、あるいは指針を示さないにしても、なぜ殊更にＡＩによる自動化だけを問題とするのか、理由を示すべきだろう。そこで、以下ではとりわけ「ＡＩによる自動決定」に着目し、こうした問題が殊更に問題視されねばならないのはなぜなのか、という問いを簡単に検討してみたい。

――ＡＩの問題その①：ＡＩは処罰できない　ＡＩが利用されることそれ自体を問題とするような議論の典型例は、ＡＩの帰責不可能性や処罰不可能性（無意味性）を問題とするものである。前節でも触れたように、こうした議論はＡＩが不適切な推論を行う可能性があることを前提として提示することもできる。すなわち、ＡＩも人間もある程度は間違える。だからこそ、責任主体が誰かわからないＡＩではなく、人間が最終的な判断者となるべきだ、という主張である。

(25) たとえば、ここまででも何度か引いたＡＩの解釈性（説明性）についての解説記事において、原は建設的な批判に対して好意的な態度を示している。参照、原・前掲注（18）三六八頁。

こうした主張の要点を整理するため、まず安藤馨による問題の定式化を参照したい。安藤は、とりわけ統治におけるＡＩの利活用を念頭に、ＡＩの利活用とＡＩの帰責不可能性との衝突状況をテトラレンマとして以下のように整理する。(26)

道徳的に正当な統治主体としてのＡＩは本質的にどのような道徳的特徴を備えていなければならないか、という問題…ここでの我々の問題を次のようなテトラレンマとして定式化しよう…

1．ＡＩを統治主体とする統治は道徳的に正当でありうる
2．統治主体による統治が道徳的に正当であるならば、必然的に、我々は統治者に対しその要求に従う道徳的義務を負う
3．我々は道徳的責任を帰属しうる道徳的主体に対してのみその要求に従う道徳的義務を負いうる
4．いかなるＡＩも道徳的責任を帰属しうる道徳的主体ではありえない

このテトラレンマは、1と4との衝突という問題が2と3を経由して発生する、という構造になっており、その成否は2と3の主張のもっともらしさに依拠している。だが、2と3の主張、とりわけ3の主張はどれほど説得的にみえるだろうか。

安藤自身は、このテトラレンマの検討においてこの主張3を自由意志論と結びつける

(26) 安藤馨「ＡＩとその道徳的能力」稲葉振一郎ほか編『人工知能と人間・社会』(勁草書房、二〇二〇年) 第二編第四章二二六～二二七頁。ここでいう「テトラレンマ」とは、同時に受容することのできない四つの主張の集合であり、ＡＩの利活用(ここではその統治における利活用が想定される) をＡＩの帰責不可能性によって否定するという主張を、この集合を無矛盾な主張集合へと作り変える問題の一つの解法 (つまり、4と1の衝突を1を棄却することで解消する) として位置づけるのが、この議論のポイントである。

形で説得的なものへと変形する途を示している。(27) だが、本章ではそれとは異なった仕方で3を敷衍する議論として、大屋雄裕のＡＩ責任論に依拠して検討を進めたい。

大屋のＡＩ責任論はいくつかの論考で（多少異なりつつ）展開されているが、ここでは「創造的誤謬」に注目することでヒトのＡＩに比した特権性を正当化しようとする議論(28)を利用する。まず、大屋自身が展開している議論を乱暴に要約すれば概ね次のような内容になる。すなわち、ヒトは認知的限界を有するがゆえに、一定の誤りを犯すことを前提とした仕掛けが必要であり、そのひとつが「創造的誤謬」という特殊な誤りの類型――それがなされた当初は誤りであると判定されるようなものが、後に正しいものとして受容されるような種類の誤り――である。だが、創造的誤謬それ自体も「誤り」であることに変わりはなく、それを許容するためのいわば「代償」として責任帰属の可能性（なかんずく、処罰可能性）が必要となる。しかるに、ＡＩはこうした責任を負うことはできず、したがって（人間とは異なって、）いかなる誤りも許容されないことになってしまう。

この議論を、ここでの検討のために整理・再構築してみることにしよう。この議論は、大きく分けて①創造的誤謬の可能性をもつという点でのヒトの優位性を説く議論を、②創造的誤謬の条件として処罰可能性がある、いう議論によって補うという構造になっている。まずは柱となる①の議論を整理してみよう。

ここで、議論を見通しの良いものにするために、二種類の誤謬の区別を導入する。一種類目の誤りは、現に受容された規範に照らして判定される誤りであり、これを差し当

(27) 安藤・前掲注(26)二三九～二四一頁。

(28) 参照、大屋雄裕「可謬性と可傷性」宇佐美誠編『ＡＩで変わる法と社会』（岩波書店、二〇二〇年）第三章。特に五四～五七頁。

たり一階の誤りと呼ぶ。これに対して、二種類目の誤りは、その一階の誤りを判定するための規範それ自体の誤り、あるいはそうした誤った規範を受容しているという誤りであり、これを二階の誤りと呼ぶ。

このような区別を用いれば、①の議論は、次のように再構成できる。

1. 一階の誤りは二階の誤りの訂正手段、または二階の誤りによる一階の誤りの予防手段（創造的誤謬）として機能する余地がある。

2. ヒトとＡＩとは二階の誤りを犯しうる点で同等である一方、ＡＩと異なってヒトのみが一階の誤りを犯しうる点でＡＩとヒトとはその誤り方において相違する。

3. （1および2より、）ヒトは二階の誤りを犯しうる主体ではあるものの自らの二階の誤りを訂正する手段をもっている一方で、（創造的誤謬以外の訂正手段がない限り、）ＡＩは二階の誤りを犯しうるにもかかわらず自らの二階の誤りを訂正する手段をもたない主体である。

4. このような相違ゆえに、ヒトは二階の誤りを犯しうるにもかかわらず、権威的な決定その他の活動をしうる特殊な地位が与えられる。

さて、再構築された①の議論には穴があるようにもみえる。というのも、2の主張に対しては容易に反例を作り出すことができるように思われるからである。たとえば、ランダムネスの要素を入れたＡＩを開発し、一定確率で誤った判断を導かせるようなシステムを考えれば、これは「一階の誤り」を犯すＡＩとはいえないだろうか。処罰可能性に関する②の議論には、このような弱点を補強する役割がある。

②の議論は、大まかには次のようなものになる。

ＡＩに単に一階の誤りを犯させるだけであれば、確かにそれは可能だろう。だが、そのような意図的な誤り機構は、ヒトによる誤りとは大きく異なる。というのも、ヒトはその一階の誤りゆえに処罰されるという危険を犯しつつも、あえてその誤りが誤りではないものとして（すなわち、創造的誤謬として）受容されることに賭けて行為する一方で、ＡＩの意図的な誤り機構はそういった「賭け」の営みにはなっていないから。すなわち、一階の誤りが二階の誤りの訂正として機能するためには、単に一階の誤りを犯しうるだけでは足りず、これに加えて処罰を受ける危険を引き受けるという「代償」が必要なのである。

だが、この②の議論は十分に説得的だろうか。筆者にはなかなかそうとは思われない。しかし、そうだとすれば①の議論には穴が残ることになる。そこで、②の議論とは異なった仕方で①の議論の穴を埋めることができないか、という点が次の課題となる。

――**ＡＩの問題その②：ＡＩは対話や議論に参加できない**　ここで、一階の誤りがどのようにして二階の誤りの訂正として機能しうるのか、つまり、一階の誤りが二階の誤りの訂正として機能するための条件について、改めて確認してみたい。そもそも、一階の誤りが二階の誤りの是正手段として機能するためには、我々が二階の誤りを犯しうることが必要である。というのも、仮に我々が二階の誤りを犯しえないのだとすれば、二階の誤りを犯すことなく一階の誤りを誤りではないものとして受容することはできないからである。

ここで注意が必要なのは、一階の誤りによって二階の誤りを訂正しようとする主体もまた、二階の誤りを犯しうるヒトだと想定されていることである。その意味において、一階の誤りを犯しつつ、二階の誤りの是正を主張する主体もまた、実のところ二階の誤りを犯している可能性があるのである。

そうだとすれば二階の誤りの是正を求める主体と二階の誤りを告発されている主体との間には、ある種の対等性が存在することになる。したがって、一階の誤りによる二階の誤りの是正が有効に機能するためには、一階の誤りを犯した主体とそれを誤りであると判定する主体との間で必要となるのは、二階の誤りについての両者の間での認識のすり合わせ、あるいは対話のような活動である。

このように整理すれば、大屋の議論のうち②の議論の代替となる議論がみえてくる。すなわち、二階の誤りを許容するための条件として要請されるのは、単に一階の誤りを犯すことではなく、むしろ一階の誤りを犯しつつ、それを正当化するために議論や対話へと参加する能力ではないか、ということである。(29)

(29) こうした主張は、AIによる裁判の可能性を検討した別稿においてすでに示している。西村友海「判決自動販売機の可能性」宇佐美編・前掲注(28)第七章・一四九～一五〇頁。また、小山虎＝西村友海「『発言権』に基づく対話システムのレベル分け―AIアカウンタビリティの実現に向けたマイルストーンの提案」(forthcoming)も参照。

もっとも、この提案も十分に練られたものではなく、簡単に穴の見出せる主張である。たとえば、仮にランダムに誤る機能に加えて「異議申立」ボタンを設置したシステムを開発し、自然言語処理技術を用いて異議申立の主張に対応するような機能を与えたとすれば、それは対話に応じることのできるシステムだといえるだろうか。仮にこのようなシステムにまだ何か不足があるように感じられるとすれば、それはここでいう「議論」や「対話」に関する条件として我々が期待することが、ほかに何かあるということを意味しているだろう。

だが、その「条件」とは何だろうか。もし仮にその条件が、たとえば究極的には相手の処罰可能性のようなものに存するのだとすれば、結局のところこの議論もまた、最終的には処罰可能性の議論へと帰着することになるだろう（そして、それは十分にありそうなことである）。こうした諸条件の細かな分析・検討は未だできておらず、筆者自身の今後の課題である。

おわりに

途中で援用した大屋の議論がそうであったように、ＡＩに何かしらの決定を委ねることの是非に関する議論は、ＡＩに「自由」を認めるか否かの議論と重なる部分がある。こうした点は、「決定」と「自由」との両者に共通する性質が、何かしらの「創造性」にあるからだ、といってよいかもしれない(30)。

ここまでの議論からも見て取れるように、特にAI一般の利用の可否を考えることは、結局のところ人間の種々の活動がなぜ許容されるのかを考えることと表裏一体である。AIと自由についての考察にも様々な切り口が考えられるが、たとえば「AIによる自動決定が、我々の選択の自由を奪う」というような議論だけでなく、AIの側にどういった能力を認めることができるのかといった、一見するとSF的で机上の空論かにみえるような議論もまた、我々の自由についての思索にとって十分に示唆に富む、というのが筆者の考えである。

※本研究は、JST、ムーンショット型研究開発事業、JPMJMS2012の支援を受けたものです。また、本章にはソニー法務グループ拡大勉強会での講演「自動決定の『悪さ』はどこにあるかを考える」(二〇二二年三月二四日)での発表内容を含んでいるため、公開を許諾していただいた同勉強会の皆様にもこの場を借りて感謝を申し上げたい。

▼【補足】

本章を執筆しているのは二〇二二年であり、もとになった研究会での報告資料等は二〇二〇年終わりから二〇二一年頃に作成したものである。だが、(人文社会科学系の研究者の感覚とし

(30) たとえば、成原慧はサンスティンとレッシグの「自由」観を比較する文脈において、自由が選択肢のなかからの選択に尽きるものではなく、むしろ新たな選択肢を「創造」することにその核心があるのではないか、と指摘する。参照、成原慧「アーキテクチャの設計と自由の再構築」松尾陽編『アーキテクチャと法』(弘文堂、二〇一七年)第二章・五三頁。

ては「たったの」と付けたくなるが、）それから一年少々が経った本章執筆現在（二〇二二年終わり頃）においては、すでに解説資料の記述レベルでも大幅に変動していることを確認しており、本章の議論（とりわけ技術的な前提事項の説明）もすでに時代遅れとなった議論を含んでいるおそれがある。もちろん本章の論旨や後続するディスカッションパートの内容と矛盾のない範囲で多少の記述の修正・追加を試みてはいるものの、本章の記述についてはそうした時間的・時代的な制約があることを踏まえてお読みいただきたい。基本的な事項（たとえばミッチェルの定義のようなもの）については年を経てなおその単純性ゆえに有用性は損なわれないが、具体的な技術についての議論は（本章の冒頭でも述べたように、）短期間のうちに記述が陳腐化するし、妥当しないものになりうるという点によく注意を払う必要があることを、ここで改めて強調しておきたい。

Discussion

AIの倫理性のありか

吉田　素人なので単純な質問になります。大量のデータを集めて学習をすれば、より的確な判断につながるという前提なのでしょうが、その場合の倫理性とか道徳性はどう確保されるのでしょうか。AIの道徳性というのは結果的に外部から埋め込まない限り獲得できないと理解してよいのでしょうか。

西村　データと倫理的規範との間に相関が確認されるなら、あらかじめＡＩに教え込まなくても、データから倫理規範を抽出する作業を機械にやらせることはできるかもしれません。ただ、そんなデータがあるのかが問題となります。たとえば数学的な規則はデータから学習するものではなく、体系から導出されるものだと一般的には考えられています。倫理規範も数学的な規則と同様にデータや経験から得られるものではない、と考えるならば、データから学習するというのはそもそもおかしな話なので、あらかじめ与える方がいい、という話になろうかと思います。なので、倫理的な規範や法規をどう理解するのかという問題と、（仮に倫理規範がデータから得られる経験的なものだとしても、）対応するデータをどう得るのかという問題があると思います。

　また、規則をあらかじめ与えてしまうにしても、道徳的規則をすべて導出しうるような第一原理（たとえば功利主義的原理）があって、その規則さえ教え込めば個別具体的な規範を教え込む必要はない、というのであればよいのですが、あまり現実的ではないだろうなと思います。

ＡＩの行為者性と責任帰属性

河島　「人工知能の行為者性」についておうかがいします。行為者は英語でagent、行為者性はagencyだと思います。情報哲学者のルチアーノ・フロリディは、「責任者」「行為者（動作主）」「被動者（patient）」を区分して、三層で考えます。そこでは、行為者性を責任という概念から外し、責任者とは別個に行為者という概念を打ち立てるわけです。そのあたりの立論との関係はいかがですか。

西村　本報告（編集注：本書のもととなった研究会での西村報告のこと。以下同じ）の後半で参照した大屋の議論は、要するに《腹を切れない主体に間違うことは許されない》というような主張です。ここではあくまでも、責任を負いうる主体であるかどうかがポイントになっています。しかし、それでいいのか、というところがそこでの問題意識でした。行為者性に関する議論を参照すべきだと提題的な意味で論点を出したのですが、私自身の立場としては、行為者性とか責任主体性を問題とするのではなく、対話可能性に着目したいと思っています。相手の振る舞いに対して言語的に干渉するところが重要で、行為者性や責任主体性それ自体がポイントなのではないんじゃないか、と。

成原　先ほど、《腹を切れない主体に間違うことは許されない》という大屋先生の議論を引かれましたが、その「腹を切る」ということの意味が問題になるように思います。腹を切るという比喩は、損害賠償責任を負うということなのか、刑事責任を負うということなのか、あるいは――先ほど西村さんが対話可能性に言及されましたが――何らかの説明責任を負うということなのか。どういう意味で責任を想定するのかによって、AIの道徳的主体性が認められるハードルは変わってくるのではないでしょうか。損害賠償責任の話であれば、欧州議会がかつて将来の立法の選択肢のひとつとして提案したように、AIにある種の法人格を付与して、あらかじめ責任財産を割り当てることによって、可能になるかもしれません。刑事責任についても、拘禁刑は意味がないとしても、AIに財産があれば罰金刑は意味があるかもしれません。説明責任についても、説明可能なAIが開発され、ある程度実現化すれば、可能になるかもしれません。いずれにしても、道徳的主体性が認められるための責任のハードルをどこまで求めるのか、がまず一点目の質問です。

　関係して第二に、責任帰属の困難性は、会社や国家のような法人についても同じことがいえるのではないでしょうか。法的責任は何らかの形で法人やその機関に帰責できることがありますが、道徳的責任は、自然人だけでなく、法人またはその機関にも帰責できるのでしょうか。

西村　一点目について、大屋の議論では《かけがえのない肉体をもっている》という「可傷性」に重要な要素が見出されている。でも、私はそんなに重たいものは必要ないんじゃないかなあと考えています。

　次に第二点目のご質問についてですが、たとえば間違った政策を実行した当の政治家を非難をすることが社会的に意味をなさない場合であっても、道徳理論のなかでは帰責の基準を設定できるから、おそらく責任があるといってよい、という回答もありうるかもしれません。他方で、私の考えでは、「責任」というような重たい言葉を使う必要はなくて、対話において非難というコミュニケーションが予定されているかどうか、というところそれ自体にポイントがあるんじゃないかなと思っています。ただ、その裏側に何があるのかは、考えているところです。裏側にはもしかしたら血肉の通ったものがなければならない、最終的には実は処罰の可能性がなければならない、という話が控えているのかもしれません。

成原　対話における非難可能性がポイントだということですが、説明しているように見えるbotとか、責任を負っているかのように見えるbotというのをどう考えればよいのでしょうか。あるいは、論文の締め切り直前にワードがバグって消えてしまった場合、ソフトやパソコンを非難したくなることがありますよね（笑）。そうした時に我々はＡＩを含む機械をも非難の対象にしている、という見方も不可能ではないと思うのですが、いかがでしょうか。

西村　まさにその点がポイントかなと思っています。機械が対話相手になると我々が思うかどうかというところがけっこう重要な点で、それをクリアできると逆に、機械にはかなり色々なことができるようになるんじゃないかと思っています。

ＡＩとの対話可能性

水谷　以前、僕も『ＡＩと憲法』（山本龍彦編、日本経済新聞出版社、二〇一八年）で政治とＡＩについて書いたことがあります。ＡＩに政策立案を代替させて、結局、誤った政策をやった、計算がミスっていた、なのに人間が誰も説明責任を果たさない、というのはやっぱりマズいんじゃないか。それこそが「人間が主役」である民主政治にとって規範的な意義をもつものではないか、という含意を込めた話をしたことがあります。一方で、西村さんと成原さんの今のやり取りで、機械との対話可能性が出てきました。その点で、ちょっと違った視点から見てみると、機械的に単純なコードにせよ、より複雑なＡＩにせよ、そこにはプログラムを組んだ「デザイナー」が存在し、間違った（エラーがあった）場合には、「書き換え」ることができるということが前提になっているように思います。要するに、こうした書き換えと、西村さんのいう「対話」は異なるものなのかどうか。バグって論文を消してしまったソフトやPCがあったとしたら、確かに最初は機械のせいにしたくなるけれども、冷静になればそれを設計した人（企業）を恨みますし、バグを直して原稿を復活させてほしいとサポートデスクにクレームを入れて責任をとらせようとしますよね（笑）。となると、AIがデザイナーの存在を必要とせずに自律的に機能しはじめれば「対話」が可能になると考えてよいのでしょうか。

西村　コンピュータプログラムを変えるということと、人に対して非難をするということとの間には、無視できない相違があると考えています。いずれも相手の行動を変容させるための記号を使った営みであるという点では確かに類似しています。しかし、プログラムを書き換えるというのは、これは「相手」が反抗できないわけですよね。どちらかというと脳操作に近い。それに対して非難というのは、一定の指示はだしていますが、違反の余地がある。どれだけ力関係に差があって、現実的でないとしても、理論上は違反の可能性があるというところが、言語的な介入の特徴です。なので、責任が云々という話ではなくて、相手への介入の仕方がそのような仕方であるというところに「対話」ということのポイントがあるのではないかと思っています。

AIはヒトかモノか

瑞慶山　AIが対話能力をもち、自律的に観察し、かつ人間の介在が不要なほどに自力執行力をもつようになったとき、これまで法学の世界で語られてきた自由論の背後にあるヒト／モノの二元論が動揺しはじめるのではないでしょうか。そこでは、人間は自由をもつけれどもその代償として責任を負って生きる一方で、モノはヒトに支配される対象でしかないからそれが責任を負うということはない、ということになっています。このなかにAIはどう位置づけられてくるのかといえば、AIが西村報告のいう対話能力を有するに至れば、責任能力と同義ではないにせよそれに類する説明責任の履行を求められるようになるでしょう。AIはヒトに近づけて遇するべきか、あるいは、モノだけれども動物愛護法がそうするような特別な保護や規律の対象となるものとして扱うべきなのか。ヒトとモノの二元性のなかでAIをどう位置づけるかという点に見通しがあれば教えてください。

西村　ＡＩに可能な活動の幅を広くしようとすればするほど、それと同じだけ、人間に近い取り扱いが必要になってくる、ということがあるのではないかと思っています。極端な話をすると、ＡＩに人間と同程度の権限を与えるのであればＡＩに人権を認めるべきだ、という話になるのではないかと思います。なので、ご指摘いただいた整理の通りです。ペットロボットの例になってしまいますけれども、ＡＩＢＯに不具合――言うことをきかない等――があったときに、プログラムで修正するというのはＡＩＢＯに対して何かすごく良くないことをしている気がするので、しつけで対応しようという飼い主がいたとすると、それはＡＩＢＯというロボットに対して一定の「権利」を認めているようなものだと思います。その限りであれば瑞慶山さんがご指摘のような動物愛護のレベルにとどまるかもしれませんが、その話をさらに推し進めていけば、ある段階からはヒトの側に置かれるということもあるのではないか、と思っています。

行為者性と責任帰属性、再び

駒村　ＡＩに振り回される社会の側からいうと、行為者性はどうであれ、とりあえず責任を問えればいいんだ、とはいえないでしょうか。ＡＩであろうがエンジニアであろうがプラットフォーマーであろうが、誰かに帰責できればよくて、行為者性とそれが必然的に結びついている必要はない。が、他方で、ＡＩに帰責するのであれば、自由と責任はワンパッケージだという観念は広く普及していることに照らせば、責任の反転としての自由の保障をＡＩに関して考えていく必要があるのではないでしょうか。行為者性があるので責任を問うというのは、なんとなく片面だけのように思われます。そのあたりはどうお考えですか。

西村　実際のところやはり、意思決定の代替に関する問題というのが重要なポイントになってくるように思います。本報告はもともと、意思決定の代替を検討するには行為者性を論ずることが必要なんじゃないかという流れで組み立てようとしていたのですが、そもそも一般に行為者件が問われる局面には、自動化可能な作業と、単なる自動化ではダメだという作業の二種類があって、後者の《単なる自動化がダメなもの》というのは、実は、その作業主体の意思とか自由というものがそこで発揮されることが想定されていた作業なのではないかということに思い至り、そうすると、「自由」の問題まで行くなあと思いつつ、整理をしてみた、という感じになります。

駒村　代替させている人間の責任を問えばいい、ということにはならないのでしょうか。

西村　それで問題が解決するならばよいのですが、それでは解決しきれない部分があるのではないか、というのが今回論じてみたかった点です。

瑞慶山　この問題の典型事例はＡＩ搭載自動運転車ですよね。ＡＩが自律的に思考して運転しており、そのアルゴリズムやプログラムはもはや自動車会社が製造したものとは異なっています。ならば、自動車会社の責任は問えないし、運転者の責任を問うのも何かおかしい気がします。この場合、責任主体は関係者たる人間ではなく、自動運転をしているＡＩそれ自体ではないのでしょうか。

西村　そうですね。駒村先生のような解法でみんなが納得するのであれば話は簡単なのですが、おそらく納得しないし、それはなぜなのか、という問題の分析をしています。ですので、実は、それが問題になることを前提にしてしまっているところがあったと思います。ただ、いま瑞慶山さんが説明してくださったように、それだと解決にならないだろうと多くの人がたぶん思うのではないかと私は思っています。それはなぜかといえば、そこに「行為」の面影を人が見ているからだと思うのです。

駒村　ＡＩを作った人や利用している人の責任ではなく、ＡＩそのものの責任を問うのはどうしてなのかというのが、やはりよくわかりません。自由と責任がパッケージであれば、瑞慶山さんのいう「自律的に思考して運転した結果」というのはＡＩが《自由に運転した》という意味なのでしょうか。帰責点としての行為者性を問うことは、自由の余地を認めることとつながらないのでしょうか。

間違えるＡＩ

小久保　人間は結構間違えますよね。自動運転なども、運転は人間の方がよほど間違えるから、たまにしか間違えないＡＩの方がまだマシで、責任はグーグルとか製造元が負えば事足りるのではないか、という議論が出てくると思います。また、ＡＩの複雑性やブラックボックス性も、突き詰めて考えれば、実は、人間そのものにも当てはまるのではないかという議論も出てくるのではないでしょうか。

西村　気になっているのは、間違えるか間違えないかではなくて、間違えた場合にどういう処理がありうるかという点です。そこにはやはり人間と機械の差があるのではないか、と。その点を超えていければ、人間と同じようなこともできるようになる、人間と同じようなことを任せていけるようになるのではないか、と考えているところです。

駒村　素朴な社会意識のレベルでは、自動運転もそうですが、間違いを起こさないというおよそ人間には不可能事をＡＩだけに一方的に要求しておいて、かつ責任をとらせようというふうに聞こえないかという感じがするんですがね。

西村　まさにその不釣合いが気になっていることです。そして、なぜＡＩにはそんなに間違えないことが過剰に要求されるのかと考えると、やはり責任をとれないからじゃないか、というのがひとつの筋道なのかなと。ここは大屋の議論が説得力をもっている点だと思います。

小久保　だとすると、使用者責任とか製造物責任とか、従来の枠組をうまく使い、その延長線上で解決できるのではと思うのですが、自動運転もグーグルとかが今は十分利益が出るから責任とれますよ、という話になっているような気がしていて、だとすると、理屈は通っていないかもしれないけれども、問題は解決しちゃうんじゃないかという気がするんですよね。

駒村　なんとなく、ＡＩに行為者性を付託したいというのがあるんじゃないですか、人間の方に。

西村　たぶん一定の類型の作業に関してはやはりそこに「行為」があるように見えてしまうから、「行為者」もいてほしいと思うんじゃないでしょうか。

駒村　ＡＩが搭載されたクルマやカメラと搭載されていないそれらとでは、同じ位置づけにならないということなんでしょう。この話をするときにいつも思い出すのは、鉄腕アトムという漫画がかつてありまして、アトムという〝知恵と力と勇気〟をもったロボットを天馬博士という天才が作ったわけです。その天馬博士が、大要、≪失敗する機械こそが完璧な機械なのだ≫というんですよ。失敗をおかす可能性のあるロボットが完璧なロボットだと。一九五〇年代後半に漫画家の手塚治虫はこのようなことをキャラクターに託して喝破していたわけです。もし、行為者性を付託できるような理想化された人造人間を作るのであれば、そういう話が出てきますよね。無謬で万能な機械ではなく、可謬性や可傷性を負い、失敗も冒すサイボーグを作れないと、完璧な人造人間にはならない。だからこそ、西村さんのいうように、責任ではなく対話可能性が重要になるのかもしれません。

（二〇二一年八月一七日収録）

オートノミー

生き物の自由と、社会－技術システムを作る自由

河島茂生

はじめに

本章のテーマは「自由」であり、「自律」（オートノミー）である。

序章でいわれているように、かつて日本語の「自由」は、法を破り「勝手気ままに振る舞う」といった否定的な意味で使われていた。法と対立し、思ったまま独断的に行為することであり、非難されるべきことであった。しかし、それが近代となって法の下の自由（liberty, freedom）という意味に変わっていき、日本国憲法がそうするように、法によって自由が保障されるようになった。社会科学では、一般的にこの法の下での自由――たとえば思想信条の自由――が語られることが多い。

そして、それに呼応するかのように個人の精神面での「自律」が「自由」との関係で

注目され、それが人間の尊厳の根拠となっている。ドイツ連邦共和国基本法や世界人権宣言のように、多くの憲法や条約、宣言に人間の尊厳が謳われているのは、この精神面での自律に由来している。

けれども改めていうまでもなく、この精神面での自律には疑問が呈されるようになってきた。人が本当に自由意志をもち自律的に決定しているのかという疑問は、ますます強くなっている。一方で、コンピュータの技術が高度化することによって、人間だけでなく機械も自律的に動くのではないかとまでいわれるようになった。確かに人工知能（Artificial Intelligence、以下「ＡＩ」という）やロボットのような機械の特徴を表す語として自律という言葉が使われている。機械も自律しているならば機械自体の尊厳も守られるべきではないか――。人間だけに尊厳を与える根拠は大いに揺らいでいる。

そのため本章では、自由を深堀りするためにも、また現代社会における自由の意義の輪郭を描くためにも、いささか奇抜に思われるかもしれないが、まずは「生物学的自律性」（biological autonomy）について確認したい[1]。この生物学的自律性は、人間の精神面での自律性の基底をなすと考えられるからである。そのあと、機械の自律性との比較を行う。

そうした議論を踏まえたうえで、社会のなかでの自由と、いま、自由を語る意義について考えたい。これまで自由の「敵」としては、様々なものが想定されてきた[2]。他者やインフォーマルな世論、市場、国家、共同体などである。しかし本章では、近年の多く

（1） Francisco J. Varela, *Principles of Biological Autonomy* (North Holland, 1979).

（2） 齋藤純一『自由』（岩波書店、二〇〇五年）。

の文献が行っているようにコンピュータ技術と自由との関係に目を向ける。コンピュータ技術は高度化しネットワーク化し遍在化してきており、この先もこの傾向は続く。自由との関係でいえば、機械の自律性も重要だが、そればかりではない。というのも、自由の敵と想定されてきた領域にも次々とＡＩを含めたコンピュータ技術が入ってきているからだ。コンピュータ技術が高度化したことにより、私たちがじっくり考えて判断するまでもなく、あるいはそれよりも前の時点で、自動的に選択肢が遮断されたり少数に絞り込まれたりしてきている。しかもそうした環境は、私たちにとって実に楽に過ごせるものであり、またますます快適になってきており、いまや必要不可欠にもなっている。そうした環境のなかで、特に重視すべき自由はあるのか、あるとしたらそれはどのような自由かを探る。(3)

生物学的自律性と個の自由

人間は、生き物の一種である。生き物でなかったヒトなどいない。そのため、まず生き物の自律性について簡単に述べたい。

生き物は、自らで自らを作り上げる自己制作――オートポイエーシス（autopoiesis）――のメカニズムが内部にあらかじめ備わっており、その結果、生物学的自律性が生じている。たとえば細胞は、自らと環境とを隔てる膜を自ら作り、さらには細胞小器官（オルガ

(3) 詳しく述べる紙幅はないが、本章の立論は、オートポイエーシス理論や二次観察、社会―技術システムといったセカンド・オーダー・サイバネティクスの理論体系を基盤としている。

ネラ）も自ら作り、タンパク質や核酸などの物質も動的に生成している。そして細胞の内側から環境を認知し栄養を摂取して細胞自体を生み出している。このような自らで自らのシステムを形成するメカニズムをオートポイエーシスという。このメカニズムは、細胞だけにあるのではない。多細胞生物であれば、免疫系や神経系のレベルのオートポイエーシスも重層的に積み重なっていることが多い。

生き物は、自他の境界を自ら作り、その内部から環境を認知して行動（behavior）している。動物は行動に加えて動き（movement）も行うが、植物を含めてすべての生き物は行動している。自由は、日本語の字義通りに捉えると「自」らに「由」って行動が生じるということであるが、この意味での自由はあらゆる生き物が有している。

当然ながら生き物は、このような大きな共通点をもちつつも、まったく違いがないわけではない。ウンベルト・マトゥラーナ（Humberto R. Maturana）とフランシスコ・ヴァレラ（Francisco J. Varela）は、感覚と運動とが直接的に連結している場合と、感覚と運動との間に神経系が介在している場合とに分けている[4]。感覚と運動とが直接的に連結している場合は、環境と一対一対応するように行動が行われる。この場合は行動が環境に決定されていると誤解されがちかもしれないが、そうではない。あくまで生き物の内部から環境との一対一対応が作り出されているのだ。たとえば植物のオモダカは、水の中なのか水の外なのかで行動が変わり、水面下に沈むと数日のうちに水に適した形態に変わる。アメーバは、小さな原生動物を認知するか否かで行動が変わり、認知すると偽足（仮足）

(4) ウンベルト・マトゥラーナ&フランシスコ・バレーラ（管啓次郎訳）『知恵の樹』（ちくま学芸文庫、一九九七年）。

を伸ばして摂取しようと行動する。

これと対照的に、生き物のなかに神経系がある場合は環境に対する可塑性（柔軟性）が生じる。神経系はヒドラにもミミズにもあるけれども、脊椎動物のなかでも特に哺乳類ともなれば、ニューロンの数も多くなり行動が構造的に変化し柔軟性も大きくなってくる。どのような生き物でも生物学的自律性はあるのだが、神経系が発達してくると「ほかでもありえた」「ほかの行動をとりうる」余地が大きくなってくる。代表的なのがヒトである。ヒトは、環境とは隔てられた内面があるからこそ、SFなどの虚構の作品を作ることができる。環境とは隔てられた内面があるからこそ、批判的精神をもちうる。

神経系を含めた多層的な生物学的自律性の基盤の上に「近代的個人の自律」——自由意志に基づき自分で自分のことを決めること——は存立している。[5] もちろん本章冒頭で述べたように、近代的個人の自律には疑問が呈されている。個人の精神的自律は虚構であり存在しないのではないかという疑義である。ベンジャミン・リベット（Benjamin Libet）の実験や選択盲（choice blindness）の実験が特に有名である。リベットの実験は、意識によって決定する前に、すでに脳内の準備電位が立ち上がっていることを示して話題を呼んだ。選択盲は、意図して選択した結果がすりかえられたとしても、人は気づかず、かつすりかえられた選択をした理由を後付けすることをいう。しかしこのような実験は、直感的かつ自動的で速い反応を見ているだけにすぎず、自由意志について検証しているとはいいがたい。私たちは、重要なことであれば、ゆっくりと時間をとって何を選

（5）近代社会の影響はもちろんあるが、個人と近代社会との関係を論じた文献は多数あり、本章では扱わない。

択すべきか悩んだあげく判断する。進学や就職、結婚など、重要なことはじっくり時間をかけて考える。右のような実験で個人の自由意志や反省性などが否定されたと過大に言い立てるべきではないし、そのような言動は慎まなければならない。選択盲についても、選ぶ相手に大きな金額を投資しなければならないとしたら、じっくり考え、選んだ相手をはっきりと覚える可能性は高い。もちろん私たちは、あらゆることを熟慮しているわけではない。とはいえ、あらゆることを熟慮していないわけでもない。▼【補足】

こうした点は自分だけではなく他者についてもいえる。他者も、自己制作の帰結として生物学的自律性が生じ神経系が発達することで自由の幅が膨らんでいる。自らに由りながら行動することで、新たな可能性を見出し自己を形成していく。そういったプロセスのなかで唯一無二な存在が持続的に形づくられていく。一人ひとりは固有の一人称的な生を生きており、ほかの人に還元することはできない。共約不可能である。それがゆえ、他者を尊重することでパースペクティブの複数性（パースペクティブズ）が生じ、社会全体としてみたときに多くの声（多様性）のある空間が生じる。

もしかすると社会のなかでの人の振る舞いだけに注目し、人は入れ替え可能であるかのように思うかもしれない。人は、複数の社会に属し、それぞれの社会のなかで振る舞っていく。教員／学生、社長／部長など、社会的立場の役割のなかで行動する。こういった視座から人を捉えるとき、それぞれの人はほかの人々と交換可能（共約可能）な存在である。**図1**に観察のレベルによって人や機械の立ち現れ方が異なることを簡略化して示

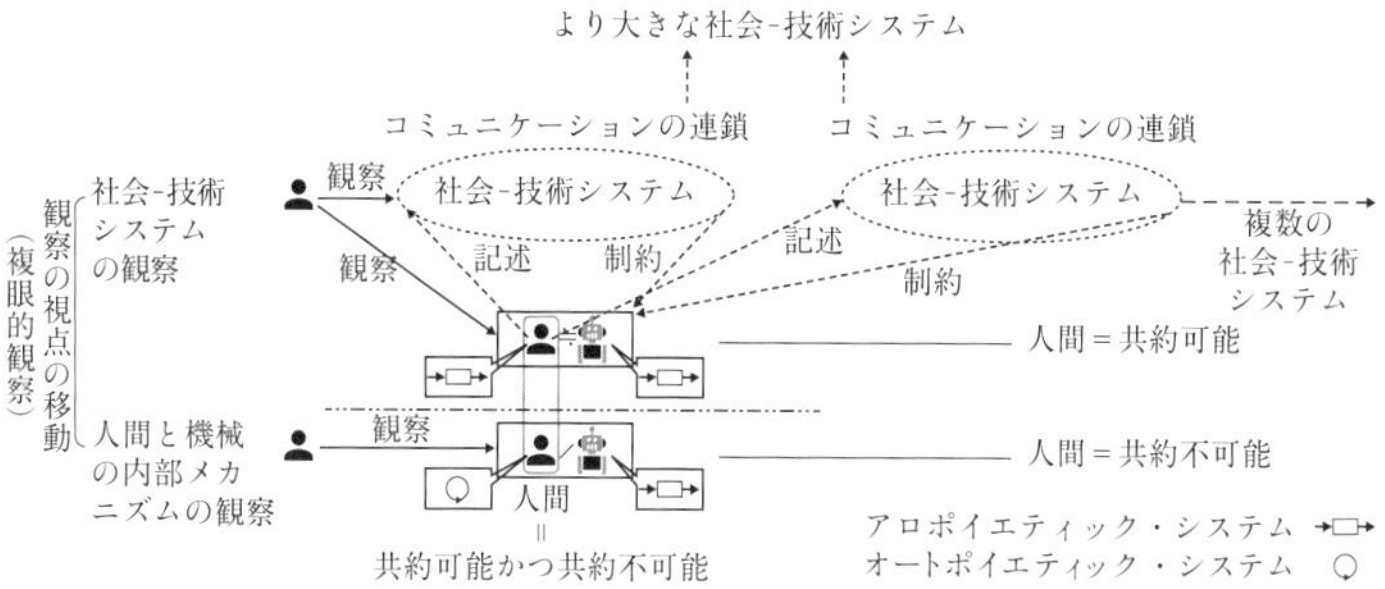

図1　観察の視点と共約可能/共約不可能との関係

したが、そこにあるように「社会―技術システム」――人と人との間に起きる対面コミュニケーションだけでなく、その間に技術が介在したり、機械同士が相互に通信してデータを交換したりしている総体――のなかでの振る舞いに着目する視点からすると、個々の人は入れ替え可能であり、ほかの人が担っても、あるいは機械に置き換わっても構わない場面は少なくない。あとで述べるように個々人には、実に様々な社会の制約が課せられており、機械と同様に社会の機序に合うように振る舞うことが求められ、そのような振る舞いができる存在であれば交換可能（共約可能）である。

　しかし観察の視点を移動して個人の内面を見つめる位置から観察すれば、一人ひとりの生物学的自律性およびそれと連続性のある精神的自律性が完全に観察できないことはない。一人ひとりの一人称的認知は、教員／学生、社長／部長といった社会的役割からはみ出す部分であり唯一性が伴っている。人は、共約可能性だけではなく、共約不可能性をも同時にあわせもった存在である(6)。なおこの観察レベルは、人と機械を個別に捉えその内部メカニズムの形成のされ方を観察するレベルであり、このレベルからみれば人間と機械は明確に違いが見出せる。この点について、次節でＡＩやロボット等の機械の自律性をもとに検討する。

機械の自律性

機械の自律性は頻繁に話題に上る。機械の自律性とは、人が介入せず自動で計算・動作する度合いのことであり、人が細かく操作しなくとも自動的に動く機械の特徴のことをいう場合が多い(7)。こうした意味での機械の自律性は格段に上がっており、今後も向上する。監視ロボットでいえば、人が逐一コントローラーで動かすのに比べ、自動的に障害物や段差を見分けて動き回り異常のあったときだけ人に通報するロボットの方が、自律性は上がっているといえる。

とはいえ、こうした機械の自律性は、生物学的な自律性を土台にしていない(8)。人型ロボットでいえば、開発者がスピーカーやカメラ、バッテリー、関節などのハードウェアを設計・選択して装着しているのであり、それらの部品がロボットの内側から形成されているわけではない。開発者は、実験環境を整えたうえでタスクを担わせて問題点を洗い出し、関節の数や出力の程度、素材などを変えたりしている。ハードウェアだけでな

(6) 観察の視点のレベルと観察対象との関係について詳しくは、河島茂生「人間と機械の連続と非連続、そして倫理」西垣通『AI・ロボットと共存の倫理』（岩波書店、二〇二二年）、ならびに河島茂生『未来技術の倫理』（勁草書房、二〇二〇年）を参照のこと。

(7) ヒトの自律性と機械の自律性について比較検討した文献としては、河島茂生編『AI時代の「自律性」』（勁草書房、二〇一九年）がある。

(8) 長期的にみた場合にロボットに電子的人格を与える可能性があるとした欧州議会の報告案 *Draft Report with Recommendations to the Commission on Civil Law Rules on Robotics* (2016) においても、スマートロボットは生物学的な生き物ではないと言及されている。

く、ソフトウェアにおいてもミドルウェアやニューラルネットワークの選択、およびその有効性の判断を行っている。成原慧が「ＡＩの自律は、あくまでも、人間の与えた究極的な目的ないし規範を前提としており、手段的・道具的なものにとどまる」(9)と指摘しているのは至極真っ当である。「完全自動車にしても、あくまで人間が目的地に移動するための道具にすぎないのであって、自動運転車が自ら行き先を決定することは想定されていない」(10)。機械の自律性は、あくまでも外部から人の手によって設計されるからである。

これは、西村友海の指摘とも重なる(11)。西村は、ＡＩが私たちにとって同意しかねる法的判断を行った場合、私たちはＡＩと論争しようとするのではなく、「そのプログラムの検証や機械の修理」(12)を行うだろう、と述べている。少なくとも現時点では、直観的にもＡＩはその内部で自ら判断したというよりも作り手が別にいてその作り手の意図通り動くことが想定されているということだ。

こうした機械の自律性は、生き物の自己制作の帰結である自律性とはまったく違っている。生き物は、人の場合でいうと、目や耳、内臓、骨などが内部から作り出され、それをもとにして環境を認知して行動していく。病気の場合は医者による介入があるのだが、そうではない場合に目や耳などを外から付けたりはしない。内部に基点があり個が生成され動いていくのだ。赤子であっても決して思い通りにならないのは、これゆえである。

(9) 成原慧「個人の自律とＡＩの自律」宇佐美誠編『ＡＩで変わる法と社会』(岩波書店、二〇二〇年)二六～四四頁。引用は三六頁。

(10) 同前三四頁参照。

(11) 西村友海「判決自動販売機の可能性」宇佐美誠編・前掲注(9)一三七～一五四頁。

(12) 同前一四九頁参照。

したがって現状の機械は、生物学的自律性に基づく「自らに由る」という意味での自由には到達していない。この機械と人間との違いをきちんと捉えない限り、コンピュータ技術の高度化のなかで人は自分や他者に内在している価値を見失ってしまうだろう。というのも、大量に生産でき簡単に複製可能な機械と同じ自律性しか持ち合わせていないのであれば、そこに唯一性を見出すことは困難であるからだ。役に立たなければいつでもスクラップでき交換可能な存在のどこに、かけがえのなさを見出せるのか。社会のなかでの自由を考える根底には、まず個に内在する自由があることを見据えなければならない。

社会のなかでの自由と、自由を語る現代的意義

これまで生物学的自律性等、個人の基底にある自由について論じてきた。それでは、社会のなかで生きる個人の自由についてはどうだろうか。社会科学では、一般に他者との関わりを前提としたうえで自由が論じられる。

個人は、社会から様々な制約を課せられている[13]。先に述べたように市場や国家などである。ミクロレベルからもメゾレベルやマクロレベルからも、様々な制約が多層的に個人に覆い被さってくる。会社に勤めると、人は、その会社の規程や文化、しきたりに制約される。それだけでなく、その会社が属する業界のルールや、法令などにも制約され

(13) 制約という語は、否定的な意味でイメージされるかもしれないが、ここではそのような意味では使っていない。たとえば「赤信号では停まる」という制約があるからこそ、多くの事故が避けられている。

る。さらにはグローバルな規模の動向――為替レートや紛争等――によっても制約される。

そもそも言語を使っている以上、個人に対する社会からの拘束が完全に消え去ることはない。私たちは、相手が理解できる言葉づかいやジェスチャーを求められる。また最初に述べたように近代以降の自由は法の下での自由である。日本国憲法でも「公共の福祉に反しない限り」での自由（権利行使）が認められているのであって、その意味で制約がある。たとえば犯罪の被害者であっても、江戸時代のように直接的な敵討は許されていない。拘束の欠如としての自由である消極的自由は、完全には実現しない。したがって考えるべきは、社会からの拘束のかかり方についてである。つまり共約不可能な個人に対して、いかなる制約を課すことが正統化（legitimation）されるのかということである。

本章では、こうした点についてコンピュータ技術との関連において簡単に述べたい。AIを含めたコンピュータ技術が普及し、社会と技術が合わさって個人に制約を課している。このような「社会―技術システム」のなかでいかなる自由に価値をおくかは、現代的意義をもつ倫理につらなる問いである。

よく知られているように、マス（不特定多数）ではなく、一人ひとりにコンテンツを合わせるマイクロターゲティングが進んでおり、AIの技術等を使うことでこれがより強化されている。クリックや検索語、友人関係などから利用者一人ひとりの属性を分析して、その人の情動（affection）に訴えかける。この手法によって提供される環境は、一人ひとりにとってはあくまでも刺激であり、その人の唯一性を揺るがすまでには至らない。しかし、人が決断する値が「1」だとすると、心の傾向性が「0・8」や「0・9」である人を「1」の側にそっと押す――ナッジする――ような手法である。それは、人の唯一性を保ち、かつ本人が消極的自由を脅かされていることに気づかないほどの技術だ。細やかな、「優しい」権力である。AI等の技術は、個人の細かな意見の表出に影響を与え、それが社会のコミュニケーションの連鎖につながり変化をもたらしていく。

こうした社会において本章で強調したい自由は、「観察の観察（二次観察）」に基づく自由」である。いわば、社会における自由のあり方を考える自由であり、社会―技術システムをいかに設計するかを考え実行する自由である。その自由は、SNSで情動に訴えかけられ先回りされて、それにすばやく反応するような自由ではなく、じっくり時間をかけて社会からの拘束のかかり方を熟議していくような自由である。もう少し言葉を追加すれば、ゲーム内の選択肢を選び、選べなかったらポイントを貯めて選べるようにするといった自由ではなく、あるいはSNSで表示されたコンテンツをスクロールして眺めて、あるアカウントをフォローしたりブロックしたりミュートにしたり、ある投稿に「いいね」したりシェアしたりするような自由ではなく、そうした全体をいかに設計して自由の様相をいかにしていくかを考える自由である。所与の自由を自明とせず、社会―技術システム全体を考えて自由の動態を設計する自由である。

例として、AIエージェントのような自動化された人工物の介在について取り上げる。

よく知られている通り私たちは、あまりにも多くの刺激に囲まれて生活している。ありとあらゆることに関して細大もらさず時間をかけて熟考することは事実上、難しい。そもそも人は、自身の筋肉や骨、内臓の動きなどについて細かく気にしているわけではない。加えて現在、デジタルデータの量があまりにも膨大になっており、私たちがすべてをみることは困難である。そうした環境下にあって、AIエージェントが適切に機能し予測的にコンテンツを絞り込めば、興味関心のあることや身近なことについて簡単に知ることができる。また急に体調が悪くなり焦って冷静な判断ができないときや、病気が進み意識が朦朧としているとき、熟慮しようとしても思考が定まらないこともあるが、そうしたときも、ヘルスデータを蓄積したパーソナル・ヘルス・レコードや希望する治療方針がAIエージェントによって自動的に出力されれば、医師はそれをみて判断できる。あるいはデジタル遺産の扱いなど、熟慮してもらいたい人がすでに亡くなっているケースもある。死後のSNSアカウントの処理について生前に登録しておけば、自動的に登録内容に合わせた対応をとることができる。自動化された人工物の存在は、元気なときや病気のとき、あるいは死後に遺された人の自由に関わっており、いろいろな場面に欠かせない。

しかしそうであるならば、どのような自動化を行うのか自体については、前もって熟慮しておくべきではないだろうか。前に述べたようにAIは、人によって目的をもって作られており、外部からその原理はつくられている。他者とともに熟慮を重ね、自動化された人工物を設計・運営し自由の態様を思考しなければならない。

　現在、責任ある研究とイノベーション（responsible research and innovation）および技術の倫理の議論が活発化しているが、とりわけＡＩ倫理が注目されているのは、まさにこうした理由による。ＡＩの開発・利活用の原則をまとめたガイドラインや報告書、提言は、すでに世界で数百に上る。ＡＩの透明性が求められ、ＡＩの開発者や運営者にはアカウンタビリティが求められている。抽象的な原則から具体的な実践へという流れもあり、ＡＩのガバナンスが盛んに論じられている。倫理委員会を設置したり、e-ラーニング教材などを使って研修が実施されたり、あるいはアセスメントシートの活用やＡＩ可視化ツールの利用が行われている。このほか、保険や監査、認定、標準化などの仕組みも検討が活発化している。こうしたガバナンスのプロセスは、継続的に見直すこととなっていることが多く、まさに熟慮や反省（reflection）を通して自動化された人工物のあり方を対象化して考察する必要性を踏まえたものである。

　設計や運営の場面だけではない。利活用の場面でも反省する機会を作り出すことを忘れてはならない。反省は、観察の観察であり、たとえば自らがどのような認知を行っているかを認知することを指す。画面に流れてくるコンテンツにすぐさま反応するのではなく、あえて時間を遅らせて考える余地を作り出すのだ。[14] 田村哲樹によれば、親密圏での日常的な話し合いは立派な熟議であり、[15] そうであるならば、家族や友人、恋人との間でスマートフォンの使い方について普段から話し合うことも、反省をもたらすだろう。

（14）同様の指摘は西垣通『スローネット』（春秋社、二〇一〇年）、佐々木裕一『ソーシャルメディア四半世紀』（日本経済新聞出版社、二〇一八年）など。
（15）田村哲樹『熟議民主主義の困難』（ナカニシヤ出版、二〇一七年）。

また反省をもたらすコンピュータ・システムも重要である。スマートフォンには使用時間を可視化したり制限したりして、反省を促し使いすぎを防ぐ機能が備えられている。あるいは鳥海不二夫らが開発したエコーチェンバー可視化システムβ版のようなツールを使い、自分のアカウントの画面がいかに偏ったつぶやきで占められているかをみることで反省が促されることもあるだろう[16]。加えて近年、SNSで投稿されようとしているメッセージがガイドラインに抵触している可能性を自動で解析し、可能性が高ければ確認を求め警告を出す機能が付け加わるようになってきた。ごく短時間かもしれないが、利用者の反省を促す機能であるといえる。

まとめ

本章で述べてきたように、生物学的自律性に裏打ちされた個の自由が人間の基盤にある。「自」らに「由」って行動するという自由である。その基盤の上に、社会のなかでの自由(法の下での自由)がある。この領域での自由は、社会が個人に与える制約の内容と度合いが議論のテーマとなる。昨今はコンピュータ技術の高度化・ネットワーク化・遍在化により社会の隅々にまでその影響が及んでいるため、いかにコンピュータ技術を作り利活用するかを熟慮する自由に重きをおく必要がある。現行の自由の様相を熟慮して社会—技術システムを設計する自由であり、二次観察に基づく自由である。

(16)「エコーチェンバー可視化システムβ版」https://torilab.sakura.ne.jp/twitter/echamber/(二〇二一年六月二四日閲覧)。

生き物がいなければ社会や技術は作られず、個の自由がその基盤であることは疑いない。共約不可能な一人称的な生があり、この一人称的な生がよりよい選択肢を見出しそれを利用可能になるように、社会―技術システムを作る自由を忘れてはならない。この自由を大切にしてこそ、未来が切り開かれる。

ＡＩ、ロボット、ドローン、ＩｏＴ等のコンピュータ技術はさらに広く深く社会に入ってくる。これらの技術は、まさにメディアであって、それらに媒介されて私たちは自分自身を知り他者とコミュニケーションし社会の状況を観察する。私たちは、どのように社会―技術システムが生起しているかを観察する際にコンピュータ技術を介して観察する。現行の技術を通じて観察し、未来を構想する。それは、未来の時点においても変わらず、その時点での技術を介してさらなる未来を設計する自由を行使することとなる。私たちは、技術がどのようにあるかによって大きな影響を受ける。

いうまでもなく先端技術のあり方は次々と変わっていく。方程式のように正解が明確にわかるような問題は、一般の人たちを巻き込んで議論しても意義はない。しかし、どのような社会―技術システムを具体的に作るべきかについては、単一の正解が決まっているわけではない。専門家の間でも意見が一致しないことはしばしば起きる。あらゆる先端技術に精通している人も、これまたいない。分野が変われば、専門家は素人となり、素人は専門家となる。一部の人たちだけで決めることに対して、社会のなかで違和感が表明されることも増えてきた。したがって、人々の熟慮を促すような様々な工夫を通じて意思決定しコミットメントを深めていくことは不可避のプロセスである。自由を二次観察しながら社会―技術システムを作る自由を声高に謳う必要性はこれから増していくように考えられる。

もちろん、先端技術にかかわる倫理の構築への参加を重視して社会―技術システムを作る自由に価値をおくのは積極的自由の変種ともいえる。したがってそこには、積極的自由の問題点、つまり単一の価値観を他者へ押し付けることにつながってしまいかねない危険性がつきまとっている。しかし前に述べたように、個人は生物学的自律性に基づく共約不可能な一人称的な生を生きている。こうした個人の唯一性（社会レベルでいうと多様性）が基底にあって、その上に社会における自由の設計があることを看過しなければ、積極的自由の問題は全面化しないに違いない。

※本研究は、ＪＳＰＳ科研費（ＪＰ２０Ｋ-２５５３）の助成を受けたものです。

▼【補足】

自由意志の存在を擁護したからといって、それがすぐさま自己責任論の擁護に結びつくわけではない。一見、その人の自由意志の発露のようにみえることであっても、社会構造の拘束のために否応なしに行動に及ぶことがあるからである。倫理的責任の帰属は、個人的責任／組織的責任／集合的責任の枠組みのなかで重層的に考えていくべきである。河島茂生『未来技術の倫理』（勁草書房、二〇二〇年）を参照のこと。

Discussion

自由の基底にあるもの
——機械と生命の違い

駒村　ご報告（編集注：本書のもととなった研究会での河島報告のこと。以下同じ）の前半は、オートポイエティクなシステムというものがあって、それが自由を語るための生物学的な基盤であるというお話であったと思います。この場合の自由は、憲法的な自由権論の基礎になる自由とは異なり、自己制作的なシステムの有する「自由」ということですね。他方、ご報告の後半はむしろ、社会という観点における自由の問題で、そこでは視点をずらすといろんな見え方が出てくる。上の方から俯瞰的にみると、個々の存在というのは交換可能・共約可能なものとしてみえますが、しかしシステム内在的にみるとそうではなく、独特の存在として共約不能性を主張してくるようにみえる。視点のスイッチによって、見方は劇的に変わってくる。

従来、憲法学や政治哲学が大切にしてきた自由は近代啓蒙的な価値と結びついたものですが、システムの自律性を自由に引き寄せる試みは、脱価値的な、とても機能的な説明のように受け止めております。ただ、後半に入ると、それまで機能的に語られていたものが、社会の次元に立ったとたん、急に

「尊重」のような価値的なモードで行論が組み立てられているように思ったんですね。これも視点のスイッチによるものなのでしょうか。

河島　規範的な価値を伴った個人の尊重の基盤には、生物学的な自律性があるという論を組み立てているわけです。こういう論を組み立てたのは、AIやロボットをヒトと同列に考えようという論——AI・ロボットも権利をもち直接的な配慮の対象である——を立てる前の基底的な次元で考えみると、やはり差があると考えざるを得ない。だからAI・ロボットとヒト（生き物）の規範・価値を同列に論じるというのは、何と申しますか、記述的なレベルが違うものを価値論的に同じレベルで語っていいんですか、という問題意識からスタートしています。

駒村　なるほど。河島さんのお考えの核心には、生物と機械は基底的には異質であるというのがあるわけですね。自己制作（オートポイエーシス）の自律性が「自由」の基礎になる。近代思想や社会科学がいろいろいうけれども、自由の核心はそこにあると。

他方で、憲法学は、自由を、いってみれば心身二元論的な補助線を引っ張ってきて考えるところがあります。小指を失ったり片足を失ったりしたことはそれほどでもないが、人格だとか個性を否定されるのは自由への最大の侵略行為だと。心臓とか腸とか上皮細胞とかじゃなくて、やはり人間が中枢神経系を発達させたことが一大事件であって、生物学的にも規範的にもおそらく大問題なんじゃないか。中枢神経系ということは、要するに「脳」だということになる。そうなると、法学も徐々に生物学に接近してきて、精神的自由の重要性を訴えてきた憲法学と生物学とが、どことなく連結しそうにみえるわけです。もっとも、河島説からすれば、生物個体の「生存権」こそが最も大切な自由かもしれませんが。

さて、脳といっても、その脳もシナプス可塑性をもっていて、神経系に宿っている（はずの）個性や人格も実は確固たるものではなく、うつろいやすいものとなる。誰もが一生かけて抱懐している譲れない一線をもっているという人権論的世界観が動揺をきたす。さらに、脳情報が計算論的に解析可能で、しかも外部からの操作を可能にするようなニューロサイエンス技術が発達すると、自己の脳と他者の脳を情報処理技術と情報伝達技術で接続することなども考えられる。人格の同一性のようなものも脅かされる。手と手をつなぐとか、臓器を移植・共有するという以上のものがある（ように思える）。

そういう事態に対して、そもそもそんなことやっちゃいけないんだ、というべきなのか。それとも、いやそれはシステムの優位性の問題で、ただそういうシステムになったのだと割り切るのか。

基底的な共約不可能性を見極めるために

河島　生物学的な自律性はどのような生き物にも共通して観察されますが、原初的な生物は内部から環境に一対一的に反応しているだけで《他にとり得た》という行動ができないわけですから、基本的にはあまり行動の可塑性（自由度）はないですね。生き物のなかでも人間は、神経系があることによって《他でもあり得た》という自由度が上がってくる。セカンド・オーダー・サイバネティクス（ネオ・サイバネティクス）というシステム論――オートポイエーシス論はその一種――で考えると、脳――非常に多元的なシステムなのですが――が体のなかで動いており、ヒトをひとつの人格のように統合する…というよりも分裂しつつ統合しているという、どちらかというと非常にポストモダニズム的なモデルになっています。これに対して、近代的な個人像は、統合的な意思決定というものを求めて、生物的なシステムの上に、「個」というものを社会制度化させて成立しているのではないかと思います。システム論的に、他の脳との統合はダメというようなことはいえないでしょうが、そもそも、脳のなかにある何十億個というレベルのニューロンのひしめき合いのなかから思考が生まれ、今こうした発言をしているわけです。

社会科学の領域で「自由」を考える前に生物的な自律性が基底にあるんだよと考えておくことは非常に重要なのではないでしょうか。それがなければ自由の基盤である共約不可能な部分というものが見えづらくなり、人を駒のように扱ってしまいかねないのではないでしょうか。その点を私は強調しておきたいと思いました。

駒村　その生物学的な観察というもののインプリケーションを無理やり規範

論につなげることは、素朴すぎて、あまり良くないかもしれませんが、完結したシステムのどこかに一番重要な部分、核心的本質みたいなものを設定したがるのが法学なのですけれども、システム論にはそういう視点はないわけですね。それにしても、神経系はなぜ生まれたのか。環境に直接反応するような生命体にとどまるのでもよかったのに、神経系みたいなものが生まれたために、ヒトの生命の特殊性が膨張して、《特殊性から特権性へ》というような特別なステータスを独占する方向になったのではないでしょうか。

河島　私たちがやっているネオ・サイバネティクスでは、心と生物学的身体とは違いがありつつも深く連動したプロセスであると考え、精神の自由などを強調していきます。他方、法学での核心的本質の設定は、社会的にその設定が要請されてくることによるのだと思います。ただし、その社会レベルで要請される核心と非核心との区別の基底には、生物学的な自律性が潜んでいるんだよと考えておくことは、非常に重要なのではないでしょうか。

個人の共約可能性も視点によって見え方が変わる

瑞慶山　生物としての人間を内的視点から観察すると、そのオートポイエーシス性ゆえに個人間で共約不可能だが、社会という視点からは共約可能な存在であるという、その二重性を指摘されたご報告だったかと思います。ただ、社会科学とりわけ法学などは、社会的な自律性といいますか、社会のなかで生きる人間たちも共約不可能な存在であると考えてきたように思います。そうすると、社会システムのなかの各人間（個人）の自律性はどうみればいいのでしょうか。

河島　個人を個人として尊重する考え方の背景には、人間の尊厳の思想があり、その思想が法制化されたことがあります。セカンド・オーダー・サイバネティクスは、イマヌエル・カントとは違った理路で、個人のかけがえのなさに辿り着いているといえます。

それとは別のレベルに着目すると、つまり社会のマクロなレベルに着目すると、たとえば、大型のチェーン店のレジ係は、入れ替わっても商品が売れさえすればいいわけで、それは人である必要すらなく、支払いという仕組みさえ成立すればいい。大企業では、ある人がやめてしまっても、また別の人がきて組織が継続的に動きます。むしろ、そうなるように属人的な要素を減らしていきます。グローバル経済のレベルでみると、そのような側面はもっと強くなります。

他方で、親密圏のようなミクロなレベルの社会システムは、かけがえのない個人を形成しやすい仕組みとして成立しています。大半の人は家族や親友を入れ替え可能だとは思わないわけです。マクロなレベルとミクロなレベルとでは、個人の位置づけが違いますので、入れ替え可能性も変わってきます。

駒村　そうだとすると、社会システムも多様・多層ですが、親密性の高いミクロなシステムになればなるほど、生物学的な自律性に強い価値を付与する機序がはたらくということなのかもしれませんね。

目的の外在性、家畜とAI

西村　二点ほど気になった点がありますので、お考えをお聞かせください。

まず、目的がシステムの外部に存在するか否かという点がAIと我々の違いだろうとのご指摘があったかと思います。たとえば、創造論のようなものを考えた場合、人間の外部に目的を設定することが――荒唐無稽な話ではありますが――多分できると思います。そうなると、人間には計算論的決定論は妥当しなくて機械には妥当するというような二分論は少し変わってくるのではないか、これが一点目の質問です。

もう一点は、AIのほかにも目的が外在的であるようにみえるようなものはあるのではないか、という点です。たとえば、人間のこれまでの歴史では、一定の環境に適応するような動物を意図的に作り出してきました。つまり、家畜のことですね。そういった動物もまた、動物自身ではなく人間の側に、つまりシステムの外部に目的が存在するような、そういったものであるといえそうにも思われます。加えて、家畜を作り出す過程というのはある種の試行錯誤に基づいたものですから、学習型のAIとの強い類似性があるようにも思われます。こういった類似性を踏まえてもなお、AIと家畜とは本質的に異なっているということになるでしょうか。もしそうだとすれば、その相違の説明においては、どういった要素が効いてくるのでしょうか。

河島　まず一点目についてです。報告で依拠したオートポイエーシス論は、一神教的な世界観とはまったく違った理路を切り開いています。一神教的な神の存在を想定する場合、話はまったく変わってきます。すべてのものは神によって作られた被造物であり、その点で人間と機械は同列に置かれます。また人は、神の似姿でもあるので、神には到底及ばないものの、神が自らに似せて人を作ったように、人も自らに似せて機械を作れるという発想にもつながっていきます。もちろん、その神に迫る行為が不遜と受け取られることもあります。

　二点目についてですが、おっしゃる通り動物や植物は、人間にとって都合が良いように品種改良されてきました。そのことをもって、「生き物って全部作れるんじゃないか」と誤解する人もいるんですけれども、それは違います。たとえば、細胞をゼロから作ることは難しい。生命を操作することはできるといっても、生き物の力をもとに生き物に介入しているだけです。

西村　なるほど、ＡＩは家畜と異なって、目的が外的ではないシステムに介入があるにとどまらず、当初から目的が外的にあるようなシステムとして創出されており、その点が重要だ、ということですね。

人間を「作る」

小久保　まず一点、単純な疑問なのですが、生物が生殖して増えていくということをどう考えたらいいのでしょうか。つまり人間の子供は人間によって作られたとみることも可能だと思います。つまり、他者によって創られたともいえる点をどう理解するのか。

　それから二つ目は、可塑性の話です。脳あるいはシナプスの可塑性が、生物の行動のバリエーションを反映しているし、学習も記憶も蓄積できるということで、重要なキー概念になっていると思うのですが、どんどんニューラルネットワークが進化して、シナプス構造を模した生体パーツを使ったシリコンチップが生産できるようになるかもしれません。そうなると、可塑性という概念が、どこまで機械と生物を区別できるのか、お考えがあればお聞かせください。

河島　一点目についてですが、「子作り」という言葉があるように生殖によって、子供が作られる可能性は高くなります。しかし、変異があって生まれてこないこともありますし、ヒトがヒトとして生まれてくること自体、大変なことです。生殖細胞は、極めて多様なので、同じ親から生まれても、それぞれの親のどの遺伝子を受け継ぐかを制御することはできません。ゲノムの混じり合い方もコントロールできません。父方と母方の細胞が新たな細胞を作っているということでしょう。

二点目ですが、可塑性で分けているわけではなく、オートポイエーシスの有無で分けています。可塑性でみたときには、機械と生き物を区別できないでしょう。

駒村　ありがとうございました。社会あるいはこの世の中を設計する自由が人間にはあり、おそらく人間にしかない。その次元での自由をめぐる問題は、AIやロボットといった技術と人間の対立ではなく、人間対人間の角逐が問題になるということに落ち着くのではないか、と思っています。

（二〇二一年一〇月三日収録）

ニューロサイエンス

ブレイン・マシン・インターフェースの近未来と神経法学

小久保智淳

ブレインテック時代の幕開け

今日、「脳」は「人体最後のフロンティア」と呼ばれている。脳の謎を解くことは、我々の「意識」の神秘に迫ることであり、同時に、人間という存在に迫ることでもある。それらに最も直接的かつ根本的に肉薄しているのが「神経科学（neuroscience）」[1]という「神経系（nerve system）」[2]を研究対象とする自然科学の一領域であろう。本章は、そのような人間と社会に劇的な変化をもたらしうる神経科学――ニューロサイエンス――の最先端を概観し、それに対する人文・社会科学的対応、特に、法学領域の動向について、そのごく一端を明らかにしてみたい。

本章では特に、「ブレインテック」という神経科学の知見を応用した技術、すなわち、

＊ 本章におけるインターネット情報は、二〇二二年一一月一五日現在のものである。

(1) neuroscienceについて、「脳神経科学」と訳す論者もあるが、厳密には「神経科学」と訳するのが原語に忠実である。そのため本章では「脳神経倫理学」のように定訳となった用語を除き、"neuro-"について「神経」という訳語を一貫して採用している。

(2) 脳や脊髄を中心とする中枢神経系と、運動神経、感覚神経、自律神経からなり、身体中に張り巡らされている末梢神経系の双方を含む。

神経科学と社会との邂逅点に立つ技術に注目する。「ブレインテック」は、二〇一〇年代後半以降多くのテック企業が参入したこともあり、急速かつ世界的な社会実装が進んでいる。我々は今まさに、「脳」というフロンティアを開拓者たちが競って目指す「ブレインテック時代」の幕開けに直面しているのである。

この時代を象徴しうるひとつの中核技術として注目を集めるのが、ブレイン・マシン・インターフェース（Brain-Machine Interface. 以下「BMI」という）である。二〇二一年に改訂された神経科学の世界的基本書である『カンデル神経科学（The Principles of Neural Science）』にBMIを扱った章が新設されたことは象徴的といえよう。[3] また、イーロン・マスク氏率いるニューラリンク社や、神経科学者の監修するカーネル社も相次いでBMIデバイスを発表した。わが国においても、内閣府の主導するムーンショット型研究開発事業のうちの目標1に、BMIの研究開発を中心に据えたチームが採択されている。[4] これらの開発プロジェクトと並行して、BMIのELSI（Ethical, Legal, Social Implication）課題についても検討が始められ、[5] 倫理学、法学、人文社会科学が総合して研究活動が進みつつあるが、問題提起にとどまっているのが現状である。[6]

以下、本章では、BMIの来歴と現状を簡単に紹介するとともに、その実装が何を我々にもたらすのか、特にそれが誘導しうる異次元の未来予測も含め、あえて整理することを試みる。そのうえで、それに対応・対抗する法理論的試行として「ニューロライツ（neurorights）」と「認知過程の自由（cognitive liberty）」を紹介することにしたい。

(3) Krishna V. Shenoy & Byron M. Yu, *Brain-Machine Interfaces*, in PRINCIPLES OF NEURAL SCIENCE 953, 953-973 (Eric R. Kandel et al. eds., 6th ed. 2021).

(4) 内閣府「ムーンショット目標1」〈https://www8.cao.go.jp/cstp/moonshot/sub1.html〉。

(5) 駒村圭吾ほか「脳神経科学の挑戦を法学はいかに受け止めるべきか」法学セミナー八〇七号（二〇二一年）五七頁以下。

(6) Walter G. Johnson, *Catching Up with Convergence*, 30 ANNALS HEALTH L. & LIFE SCIENCES 177, 177-186 (2021).

なお、ＢＭＩは実装と研究開発とが並行して進む段階にある技術であるため、本章の記述の多くは未来予測を含んでいる。法学を含む社会科学的考察は、社会実装が現実的な摩擦や問題を生み出す危険性が高まった時点で行えばよいのかもしれない。しかし、後述するようなＢＭＩがもたらす人間と社会への影響の大きさに鑑みれば、現状において未来予測に基づいた対応を想定しておくこと、あるいは技術の発展過程を統制できるようなロードマップをあらかじめ描いておくことには意味があると思われる。本書がその主題に掲げる「自由」への影響という観点からも、同じことがいえるだろう。

神経科学の来歴——ＢＭＩに至るまで

ＢＭＩという技術の実現に至るまでには、神経科学においていくつかの転換点が存在したといえる。以下ではＢＭＩについて説明するための前準備として、それらについてごく簡単に紹介することにしたい。なお、ここでは、神経法学（詳細な紹介は後述する）の分野で採用される代表的な分類法に従い、神経科学技術を「脳測定（brain monitoring）」と「脳操作（brain manipulation）」に分けて説明する。[7]

（7）脳を画像化し、主にその構造や機能を明らかにすることを目的とした「脳測定（brain monitoring）」と化学的、電磁気的、物理的に脳に介入することを目的とした領域である「脳操作（brain manipulation）」の二つの領域に区分する分析手法が神経法学では採用されている。Brent Garland, *Neuroscience and the law : A Report* in NEUROSCIENCE AND THE LAW 3,6 (Brent Garland ed., 2004) ; OWEN D. JONES ET AL., LAW AND NEUROSCIENCE 101-102 (2nd ed. 2021). また日本語の文献として、小久保智淳「『認知過程の自由』研究序説：神経科学と憲法学」法学政治学論究一二六号（二〇二〇年）三七七～三八四頁。

脳測定の発展

古典的に「脳」は観察によって把握されてきた。視覚的な観察により解剖学的な領域区分がなされ、その区分に対応する脳機能が、動物実験や、障害や疾病による機能喪失と照らし合わされる形で経験的に把握されてきた。(8)

第一の転換点は、脳波測定の登場とデジタル化である。(9) ドイツ人のハンス・ベルガーにより初めてヒトの脳波が計測され、一九二九年には論文として公表された。(10) その後、二〇世紀末に発明されたデジタル脳波計によって、脳波データはデジタル化され、コンピュータ上で解析や処理を行うことが可能となった。

第二の転換点は、脳撮像技術の発展と実用化である。たとえばｆＭＲＩは、生きた脳内の活動部位を非侵襲的かつ非常に高い精度で把握することを可能にし、ある精神活動とそれに相関した脳活動との対照関係が把握できるようになった。それによって、特定の機能を司る脳の領域である神経基盤（neural basis）や、ＮＣＣ（Neural Corelate of Consciousness）(11)の特定が進み、認知神経科学が発展したのである。

第三の転換点は、「ニューラル・デコーディング（neural decoding）」の登場である。これは、脳波やｆＭＲＩといった機能イメージング技術を用いることで神経活動を「情報」として抽出し、ＡＩ技術等を用いて解析することで、神経系の電気的な活動の意味を解読することを目指す技術を指す。具体例としては、ｆＭＲＩ画像から個人の視覚情報を

(8) たとえば、フィニアス・ゲージの事例はよく知られている。アントニオ・R・ダマシオ（田中三彦訳）『デカルトの誤り』（ちくま学芸文庫、二〇一七年）三四〜四五頁。

(9) 脳内の神経活動により生じる電位変化を把握する脳波測定の歴史は古く、一八七五年、イギリス人のリチャード・カートンがネコ、サル、ウサギなどの動物の脳において電気活動が存在することを報告している。

(10) Hans Berger, Über das Elektrenkephalogramm des Menschen, 87 Archiv für Psychiatrie und Nervenkrankheiten 527-570 (1929).

(11) NCCとは、ある意識を引き起こすに十分な最小の神経メカニズムのことを指す。Francis Crick & Christof Koch, *Towards a neurological theory of consciousness*, 2 The Neuroscience 263-275 (1990).

再現することに一定程度の精度で成功した研究がある。[12]

脳操作の発展

向精神薬や電磁気刺激（ＴＭＳ、ｔＤＣＳ等）、最近ではオプトジェネティクス（光遺伝学）の開発と脳への活用が進んだことで、神経活動へ干渉する手法が確立された。[13] そして、これらの技術は、脳測定の領域で解明が進む神経基盤やＮＣＣに対して精密に干渉することを可能にしたのである。このことは、認知機能に対する工学的な介入手法が誕生したことを意味していた。さらに今日では、脳操作を人間の手技によってではなく、機械を用いてより精密に行うことが可能となり、ニューロモデュレーションとして総称されている。[14] 当初は精神疾患や外傷による障害の克服といった「治療」分野での使用が主であったが、近年では、記憶力の向上といった「エンハンスメント（enhancement）」分野にまで広がりをみせつつある。[15]

以上のような脳に対する測定と操作の双方の技術発展により実現されたのが、以下に説明するＢＭＩ（Brain-Machine Interface）である。

(12) Guohua Shen et al., *Deep image reconstruction from human brain activity*, 15 PLoS Comput Biol. (2019) 〈https://doi. org/10.1371/journal.pcbi.1006633〉.

(13) 特にオプトジェネティクスは神経細胞単位での干渉を実現したことで注目を集めている。

(14) ニューロ・モデュレーションは、「埋め込み型あるいは非埋め込み型のディバイスを用いて電気・磁気刺激や薬物の投与を行い、神経活動を可逆的に調節する治療」を指すと定義されている。鮎澤聡＝松村明「ニューロモデュレーションの現状と展望」脳神経外科ジャーナル二六巻一二号（二〇一七年）八六五頁。

(15) Brandy Schillace, *A Stroke Study Reveals the Future of Human Augmentation*, Wired (Sep. 12, 2021) 〈https://www.wired.com/story/vagus-nerve-stroke-study-human-augmentation/〉.

BMIの定義

BMIの概念が初めて登場したのは、計算機科学者であり心理学者でもあったジョセフ・C.R.リックライダーによる「人間とコンピュータの共生（Man-Computer Symbiosis）」と題した論文であった[16]。その後、上述したような技術の発展史を経て、二〇〇〇年にはサルで、二〇一二年にはヒトでの実用化に成功した[17]。

世界的な神経科学の基本書である『カンデル神経科学』は、BMIを「電気生理学的活動を測定したり、変化させたりする医療機器」と定義する[18]。また、わが国における代表的研究者の一人である牛場潤一は、「脳神経系の活動と機械装置の動作を実時間的

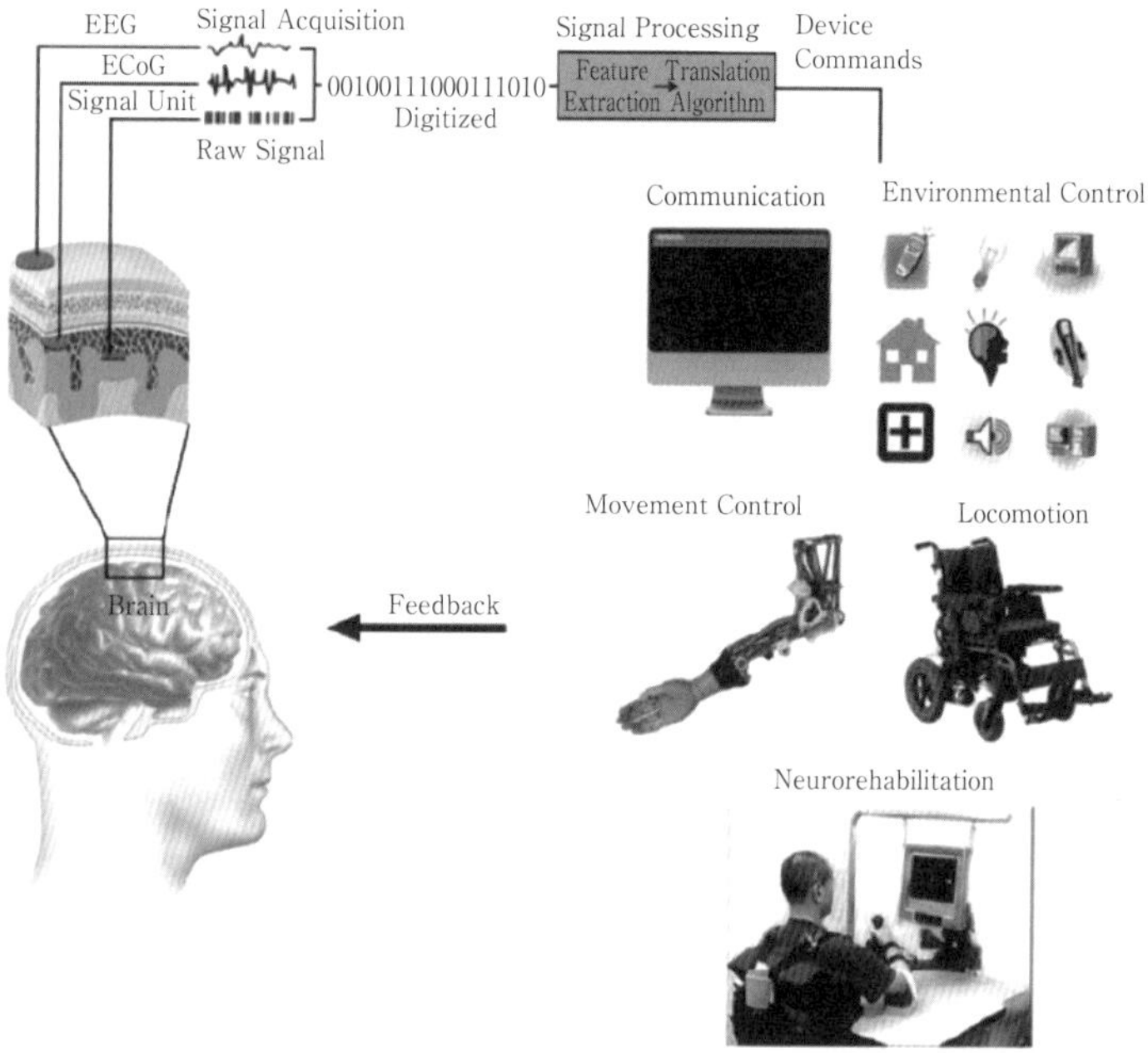

図1　典型的なBMIのモデル

出典：Aleksandra Kawala-Sterniuk et al., *Summary of over Fifty Years with Brain-Computer Interfaces-A Review*, 11(1) Brain Sci. 1, figure 1 (2021) doi: 10.3390/brainsci11010043.（筆者一部改変）

に対応づけて、ひとつのシステムとして機能するようにした計算機構」[19]と定義している。これらの定義からは、BMIが計算論的神経科学の視座に立つ技術であって、神経系をある種の「情報処理システム」として理解していることがわかる。

そのような事情もあって、BMIは「情報」に注目した分類が可能である。まず、神経活動にかかる「情報の取得方法」という観点から、「侵襲型」、「非侵襲型」、「非接触型」の三種類に区分される。さらに、「情報の処理」の観点からは、「入力型」、「出力型」、「介在型」の三種類に区分される[20]。

以上のような定義と分類のあり方を踏まえれば、BMIは「神経系」を機械や他のシステムと「情報的」に架橋するインターフェースとして理解することができる。言い換えれば、BMIとは、人間（神経系）にとって従来は唯一のインターフェースであった「身体」を迂回して外界と情報をやり取りすることを可能にする技術である。

「神経可塑性」の誘導マシンとしてのBMI

BMIの特筆すべき性質として、「神経可塑性」を誘導する点が挙げられる。「神経可塑性」とは、後天的に神経系が物理的・機能的に変化する性質のことをいう。そして、神経可塑性には二つの種類が存在する。同時発火した神経細胞間のシナプス結合が強化される「シナプス可塑性」と、神経細胞の軸索に巻き付くミエリン（絶縁体）の

(16) Joseph C.R. Licklider, *Man-Computer Symbiosis*, HFE-1 (1) IRE TRANSACTIONS ON HUMAN FACTORS IN ELECTRONICS, 4, 4-11 (1960) : doi : 10.1109/THFE2.1960.4503259.

(17) BMIを装着した四肢麻痺患者が、ロボットアームを用いてペットボトル飲料を飲むという動作を実現した。

(18) Shenoy & Yu, *supra* note 3, at 953-954.

(19) 牛場潤一ほか「ブレイン・マシーン・インターフェースのメカニズム、エビデンス、メタアナリシス」日本リハビリテーション医学五七巻一〇号（二〇二〇年）九五六頁。

(20) 使用目的による分類もなされるが、これは結局「情報の処理」（神経系に対する作用）に基づく分類に収斂すると考えられる。Shenoy & Yu, *supra* note 3, at 953-954.

厚みが変化することで信号の伝達速度が変化する「ミエリン可塑性」である。(21) このように神経細胞が物理的に変化し、神経回路における情報伝達のありようが変容する。それによって情報システムとしての「神経系」が果たす機能も変化するのである。(22) このような性質の存在によって、神経系により実現される「情報処理システム」は、生涯を通じて変化しうる柔軟性をもつ。たとえば、新規技能の習得や異なる環境への適応、記憶や忘却、さらには、脳卒中等で失われた機能をリハビリ等により回復することが可能になるのである。

そして、ＢＭＩはこの「神経可塑性」を狙って誘導することが可能なマシンとしての性質を有する。ここで、ＢＭＩがどのように神経可塑性を誘導するのかについても簡単に説明しておくことにしたい。まず、出力型ＢＭＩを用いて神経活動をモニターすることで、特定の神経活動を繰り返し発生させる訓練を行うことができる。これによって、神経回路を繰り返し使用することにより生じる「使用依存的可塑性」を誘導できることが知られている。(23) このほかにも、特定の運動指令を出す訓練を出力型ＢＭＩで行いつつ、正しい運動指令を出すことに成功した場合には、筋電や神経義肢によって対応する身体の部位を動かすことで感覚フィードバックを与えるという訓練がある。このようなＢＭＩを用いた訓練は、運動指令に呼応した体性感覚のフィードバックがタイミング良く与えられることで生じる「タイミング依存的可塑性（ヘブ的可塑性）」を誘導できるとされる。(24) 上述したような訓練、すなわち、リハビリテーションを行うことで機能代償回路(25)を発

(21) R. Douglas Fields, *The Brain Learns in Unexpected Ways*, Scientific American (Mar. 2020) 〈https://www.scientificamerican.com/article/the-brain-learns-in-unexpected-ways/〉.

(22) この神経可塑性は、神経細胞単位だけでなく、神経細胞群単位でもみられる現象であることが知られており、単一の神経回路だけでなく、ネットワーク全体の変化も発生しうる。

(23) 牛場ほか・前掲注(19)九五九頁。

(24) 同前九六〇頁。

(25) 損傷した回路の代替機能を担う神経回路のことを指す。

達させ、たとえば手（上肢）の麻痺してしまった患者であっても、一定の日常動作（物をつかむ等）の再建を見込めることが科学的に立証されている。(26)

BMIの実装事例

続いて、BMIの代表的な実装事例もいくつか挙げておきたい。

まず、先述したように、BMIを使用した訓練によって「神経可塑性」を誘導し、機能代償回路を発達させることを利用したリハビリテーションがある。これをニューロリハビリテーション(27)と呼び、特に脳卒中等によって身体が麻痺してしまった患者への応用が始まっている。(28)

また、BMIによる物の制御も実装が進んでいる。これは、出力型のBMIを用いて運動意図や物を操作する意図を解読（ニューラル・デコーディング）し、それに従って物を制御する事例である。具体的には、ロボットアームや神経義肢の操作がある。(29) ほかにも、機械製の指をあたかも六本目の指であるかのように制御することに成功した事例がある。(30) また、現実空間に存在する物理的な対象物だけでなく、仮想空間上に存在するオブジェクトやアバターの操作も実現している。(31)

そして、発話意図をニューラルデコーディングすることによって、身体を動かすことなく文字入力を行った事例も存在する。近時の注目すべき事例としては、Synchronと

(26) 牛場ほか・前掲注(19)九六〇～九六一頁。

(27) 神経科学の知見に基づいて（それを応用して）行われるリハビリテーションのこと。

(28) 日本脳卒中学会の発行するガイドラインにおいても、BMIを利用したリハビリの有効性が認められている。

(29) Leigh R. Hochberg et al., *Reach and grasp by people with tetraplegia using a neurally controlled robotic arm*, 485 NATURE 372, 372-375 (2012).

(30) Paulina Kieliba et al., *Robotic hand augmentation drives changes in neural body representation*, 6 (54) SCI. ROBOT. (2021) : eabd7935. doi : 10.1126/scirobotics.abd7935.

(31) Ayaka Fujisawa et al., *Acquisition of a mental strategy to control a virtual tail via brain-computer interface*, 10 (1) COGN. NEUROSCI. 30, 30-43

いうベンチャー企業が、侵襲型ＢＭＩ（胸部から導入するステント型のＢＭＩ）を用いることで、ＡＬＳ患者の発話意図の解読に成功したことが挙げられる。実際に二〇二一年末には、ＢＭＩを用いて行ったとされるツイートが投稿された(32)。

このような事例は、情報的に身体を迂回可能なインターフェースとしてのＢＭＩが、疾病や障害の克服や、オブジェクトの制御ツールとして大きな可能性を秘めていることを示している。そのため、ＢＭＩの実装は現時点では広い意味での「治療」目的で進められているが、神経科学研究の最前線はそれだけにとどまらない未来も見据えている。それを端的に示す構想のひとつが、次に述べるインターネット・オブ・ブレインズ（Internet of Brains）といえよう。

到達点としてのインターネット・オブ・ブレインズ（Internet of Brains）

内閣府の主導するムーンショット型研究開発事業のムーンショット目標1(33)のなかでは、ＢＭＩ技術の研究開発が進められていることは先述した通りである。そこで、技術開発の到達点として構想されているのが、インターネット・オブ・ブレインズ（Internet of Brains：以下「ＩｏＢ」）である(34)。その主唱者であり、神経科学者である金井良太によれば、ＩｏＢとは、脳（すなわち神経系）がＢＭＩによってネットワークとつながり、物や機械、さらには人工知能や他者の脳と「接続」されることをいう(35)。これは神経系という情

(2019)：Jane Wakefield, *Elon Musk's Neuralink 'shows monkey playing Pong with mind'*, BBC (9 Apr. 2021) 〈https://www.bbc.com/news/technology-56688812〉.

(32) 実際のツイートは下記リンクより見ることができる。Thomas Oxley (@tomoxl), Twitter (Dec. 23, 2021, 9：00 AM) 〈https://twitter.com/tomoxl/status/1473805676086370304〉. また、SynchronのＢＭＩについては同社のWebサイトを参照。*Restore Fundamental Human Needs*, synchron website〈https://synchron.com〉.

(33) 同プロジェクトについては、ムーンショット目標1 研究開発プロジェクト「身体的能力と知覚能力の拡張による身体の制約からの解放」公式ホームページ〈https://brains.link〉を参照。

(34) ＩｏＢについては、駒村圭吾＝金井良太「第4回 思念クラウドの世界へ［前編：基調報告］」法学セミナー八一〇巻（二〇二二年）四五～五一頁。

報システムにも大きな影響を与える。従前、神経系にとって、その〝ハードウェア〟も〝インターフェース〟も「身体」以外にはありえなかった。しかし、IoBが実現すれば、その両者が「身体」を超えて、BMIによって接続可能な対象であれば縦横無尽に拡大していくことになるだろう。この意味で、ムーンショット目標1は、BMIについて、「人間」(神経系)を「身体の制約」から解放する技術として捉えているのである。

神経系というシステムが担う機能の「増強」

IoBという構想は、未来志向のイノベーション型研究開発事業における到達目標であり、その完全な実現には少なくない時間が必要であろう。しかし、冒頭で述べたように、研究の最前線に立つ神経科学者の目指す近未来がもたらしうる事態に対し、法学的な見地から検討を加えておくことには意味がある。BMIの実装によってもたらされる事態は、「神経系」に生じることに着目して整理すると、およそ三つに分類することができると考えている。(36) 第一に、神経系という情報システムが担う機能の「増強」(augmentation)。第二に、神経系という情報システムの射程の「延伸」(extension)。そして第三に、神経系という情報システムと別個の情報システムとの「接続」(connection)である。以下、それらを順次みていくことにしたい。

まず、神経系という情報システムが担う機能の「増強」についてである。BMIを用

(35) なお、ここでいう「接続」は、物理的な接続ではなく、あくまでも情報的な観点での接続である。

(36) なお、ここで分類された事態は、必ずしもそれぞれが独立して生じるものではない。BMIの使用態様によっては、これらの事態が連動しながら生じうるものである。

いた訓練が「神経可塑性」を誘導し神経系を物理的に変化させることで、情報伝達のありようが変容することは先述した通りである。そのように引き起こされた変容は神経系の司る運動制御や認知機能に影響を及ぼす。あるいは、出力型ＢＭＩとニューロモデュレーションを併用することでもそれらの諸機能は干渉可能な対象となる。これらの手法を用いれば、ある目的に適うように神経系の情報伝達機能の強弱を調節し、あるいは、失われた機能を再建することが可能である[37]。ここではこれを「増強（augmentation）」と総称することにしたい。その代表例のひとつが、先述したニューロリハビリテーションである。最近ではＢＭＩを用いて認知機能を向上させるエンハンスメント事例についての研究も存在する[38]。

なお、神経系の増強は、これまでも向精神薬等の投与等によって実践されてきた。これとＢＭＩによる増強との違いは、後者が神経活動と時間的に同期した操作を可能にする点であろう。ＢＭＩは、リアルタイムで神経活動をモニタリングしながら、それに随時介入することを可能にする技術である。その意味で、時間的な観点からより精密な操作を実現しうることにひとつの特徴があるだろう。

(37) ＢＭＩを用いた訓練によって、（たとえば筋トレのように）神経系を変化させたり、神経系をうまく使う方法を訓練する領域とも表現できるだろう。

(38) 具体例に「脳トレ」の効率向上にかかる研究成果がある。東北大学「脳活動が高い状態でのニューロフィードバック脳トレが認知機能向上に効果的！脳活動をリアルタイムでモニタリングできるニューロフィードバック脳トレの開発」〈https://www.tohoku.ac.jp/japanese/2022/02/press20220202-02-nf.html〉.

❦神経系というシステムの情報的な意味での「延伸」

続いて、神経系という情報システムの〝射程〟の「延伸」についてみていくことにしたい。ＢＭＩは神経系という情報システムにとって、その物理的な接続の及ばない対象にまで、情報を出入力することを可能にする技術である。これは、神経系という情報システムの〝射程〟が擬似的に延長されている事態として捉えることができる。ここではこれを「延伸（extension）」と総称することにしたい。

神経系が担う機能のひとつに、身体の各部へ情報を相互に伝達することがある。これには概して、脳から身体の各部へと指令（たとえば腕を伸ばすという運動指令）を伝達する「フィードフォワード」（これにより身体が制御される）[39]と、身体の制御結果（腕が伸びたという感覚）や身体に伝わる刺激（五感情報等）を脳へと伝える「フィードバック」の二方向がある。これによって完成する情報伝達の〝ループ〟は、神経細胞によって形成される神経回路のネットワークが身体中に張り巡らされることによって成立している。そのため当然ではあるが、この情報のループの射程は、神経回路の及ぶ範囲、すなわち、「身体」に限られてきた。しかし、ＢＭＩは、この神経回路のネットワークが物理的に及ばないもの（義肢やロボット、アバター等）にまで、この「フィードバック」と「フィードフォワード」のループの射程を延伸することができる。

たとえば、出力型ＢＭＩを利用した「フィードフォワード」の延伸は、すでに実装が

(39) たとえば、身体の各部を動かす運動指令などがこれに該当する。大須理英子「運動の制御と学習」認知神経科学七巻三号（二〇〇五年）二一七～二一九頁。

大きく進んでいる分野である。ロボットアームや、神経義肢、エクソスケルトン（外骨格）の制御についてはテック企業やベンチャー企業による製品化が進んでいる[40]。また、現在では、仮想空間上のアバターやロボットなどの、より複雑な制御を必要とする対象についても研究開発が進められている。このほか、先述したSynchronによるツイートの事例も、神経系による制御の対象をスマートフォン（の文字入力システム）に延伸したものとして理解することができるだろう。その意味で、ニューラル・デコーディングに基づいて外部環境を制御すること（文字情報の入力、合成音声の使用等）で実現されるコミュニケーションもここに分類することができるだろう。

これと同時に、入力型ＢＭＩを利用した「フィードバック」についても延伸が進んでおり、たとえば人工内耳や人工網膜はすでに実用化されている。将来的には、「フィードフォワード」の延伸した対象物（ロボットアームやアバター等）にも等しくその射程を延長することを目指した研究が進められている。これが実現すれば、生身の身体とは遠く離れた場所にあるロボットアームの感覚情報（触っている物の肌触りや気温など）を自分の腕と同じように感じることができるようになる。この「フィードバック」の延伸は、神経系の「延伸」にとって重要な意味をもつ。それは、身体所有感（Body Ownership）や行為主体感（Sense of Agency）、いうなれば、〝自分が自分である〟という感覚や、〝ある行為を確かに今自分が行っている〟といった感覚が生じるためには、適切な感覚フィードバックが不可欠だからである[41]。つまり、ＢＭＩによって「フィードフォワード」だけでなく

(40) 歩行や立ち上がりの補助を行う外骨格の実装例がある。*The BCI Project*, clinatec web site⟨https://www.clinatec.fr/en/research/projects/bci-project/⟩.

(41) Ryu Ohata et al. *I Hear My Voice; Therefore I Spoke: The Sense of Agency Over Speech Is Enhanced by Hearing One's Own Voice*, 33 (3) Psycho. Sci. (2022) doi : 10.1177/09567976211068880.

「フィードバック」も同じ対象に延伸することで、制御する対象物を自己の身体のように〝実感〟することが可能になるのである。

もちろん、人類はこれまでにも神経系が直接及ばないものを〝制御〟してきた。しかしそれは、「神経系」からみれば、身体を「インターフェース」とした〝間接的〟な制御にすぎない（つまり、杖や自転車、PCの利用等はここでいう「延伸」には含まれない）。そのため、私たちが実現できる制御の〝限界〟は、身体によって決定されてきた[42]。他方で、BMIは、身体による媒介を必要とせず、対象物を制御する意思（に対応する神経活動）を生じさせることで足りるため、その理論上の限界は、BMIと情報的に〝接続〟できるすべての物へと拡張することになる。

神経系というシステムと別個のシステムとの「接続」

BMIがもたらす事態として三番目に注目すべきなのは、神経系というシステムが、それとは別の情報システムと「接続」（connection）され、ひとつの大きなシステムとして機能する場合である。たとえば、IoBでは、接続対象として、AIや他者の神経系（脳）などが想定されている。ここでいう接続は、物理的な接続ではなく、あくまで〝情報的〟な接続であるため、異なるシステム間で情報の授受、すなわち二つのシステムの統合が成立すればよい。しかし、その実現には、異なる情報処理システムの内部で、固有のルー

(42) たとえば、腕は二本しかないので両手で車のハンドルを操作しながら、同時にカーナビを操作することはできない。

ルに従い暗号化されている情報(43)を相互に理解可能なように「翻訳」する必要がある。つまり情報システム間で用いられる「翻訳技術」の開発が必要になるが、この点については現在、「意識の統合情報理論」やGlobal Neuronal Workspace Theoryに基づいて基礎理論の研究が進められている(44)。このように、「接続」については、未だ研究段階にあるが、脳と脳とを接続する事例では、三名の脳を情報的に接続させ、テトリスゲームをクリアするための統合された〝システム〟として機能させた研究がある(45)。

❦神経系の増強・延伸・接続と「三つの拡張」

このようなBMIによる神経系の増強・延伸・接続は、人類に「身体」、「心」、「世界」の拡張をもたらすだろう。ここからはその「三つの拡張」の整理と概観を試みることにしたい。

まず、BMIによる「身体」の拡張について述べる。先述した神経系の「延伸」は、「身体」の範囲を、〝肉体〟を超えてロボットアームやアバター等にまで拡張しているといえよう。あるいは、神経系の相互接続すなわち脳-脳接続が実現した場合、我々の主観において自己の身体が他者の身体にまで拡張する可能性もある。

このような「身体の拡張」は、これまでは「身体」が〝肉体〟と同義であったために存在した制約から我々を解放するだろう。たとえば、神経義肢やロボットアームの活用

(43) 神経系のなかでやり取りされる情報は基本的に電気信号として〝暗号化〟されているが、これには個人差がある。また、コンピュータ上での情報処理はバイナリ形式に変換（暗号化）され行われている。

(44) 紺野大地＝池谷裕二『脳と人工知能をつないだら、人間の能力はどこまで拡張できるのか』（講談社、二〇二一年）一〇〇～一〇八頁、二〇〇～二〇五頁。

(45) 一ビットという極めて少ない情報量ではあるが、BMIによる情報共有に成功した"Brain Net"という研究事例が存在する。Linxing Jiang et al., BrainNet: A *Multi-Person Brain-to-Brain Interface for Direct Collaboration Between Brains*, 9: 6115 Sci Rep 1-2 (2019) 〈https://doi.org/10.1038/s41598-019-41895-7〉.

によって、失ってしまった身体機能の代替も可能になる。また、ロボットにまで身体が拡張すれば、肉体では耐えられない極限環境（深海や宇宙）での活動が可能になるだろう。このほかにも、遠く離れた人同士であっても、まさに互いがそこに〝存在する〟かのように触れ合うことも可能になるかもしれない。

次に、ＢＭＩによってもたらされる「心」[46]の拡張についてみていこう。今日では認知神経科学の成果を中心に、様々な認知（思考、感情、記憶等）の基盤が神経系にあることが明らかになっている。その意味で、神経系における情報処理に干渉するＢＭＩは、個人の認知過程に干渉する技術とみることができる。

この干渉を、「拡張された心（the extended mind）」論のアナロジーで捉えればＢＭＩの使用はまさに「心の拡張」といいうるだろう。[47]「拡張された心」論とは、我々の認知機能の基盤たる「脳」（神経系）と同等の機能を果たしている限りにおいて、道具として使用される外部環境をも「心」と同視する理論である。[48]この視点からみれば、外部環境と我々の脳（神経系）とを情報的に接続する技術であるＢＭＩという〝道具〟それ自体が、神経回路と同等の機能を担っており、〝拡張された心〟といえる。[49]また、ＢＭＩによって情報的に接続される対象物（外部環境）が道具的に使用され「脳」と同等の機能を果たす場合には、それら外部環境もまた、〝拡張された心〟とみなすことができるだろう。

これとは異なる段階に、ＢＭＩが神経系と情報システムとを「接続」する場合がある。このときＢＭＩによって接続されている外部環境は、個人の神経系と情報的に統合され

(46) 「心」という概念のもつ論争性があるため、さしあたりここでは神経系により司られる「認知機能」にその意味を限定することにしたい。

(47) Andy Clark & David Chalmers, *The Extended Mind*, 58 ANALYSIS 7, 9 (1998).

(48) 「拡張した心」の典型例としてはメモや日記が挙げられている。脳内に記憶を蓄えるのと同等に、そこには記憶が蓄えられているからである。

(49) たとえば、神経義肢を操作する際のＢＭＩは運動指令の伝達を行う神経系と同等の機能を果たしているといえる。

ており、道具的な使用を超え、ひとつのシステムとして〝一体化〟している。その意味で、神経系の「接続」は、情報システムとしての神経系に、それとは異なる情報システムがもつ強みを取り込む可能性をひらくものである。たとえば、機械に記憶を貯蓄することが可能になれば、脳の容量の限界に由来する記憶量の制限や、老化やアルツハイマー等の疾病による記憶の劣化を回避できるかもしれない。脳とＡＩとの接続により実現される〝融合知性〟は、従来では不可能であった量と速度での情報処理能力を人間に与えるだろう(50)。あるいは、他者の脳との接続では、他者との記憶の共有や知見の共有、感情の共有——すなわち主観的な経験の共有を可能にするかもしれない(51)。これは、文字通りに相手の立場に立つことを可能にすることで、異文化や他者への理解を深めることにもつながる可能性がある(52)。このように、認知過程が個人の神経系によって実現されているがゆえの制約から解放されることになるだろう。

以上のようなＢＭＩによる接続がもたらす心の拡張を、あえて「拡張した心」論と区別するのであれば、「接続された心（the connected mind）」論と表現できるかもしれない。

第三に、身体、心の拡張のその先に、「世界」の拡張が起こりうる。この現象は、ＢＭＩとメタバース（VR技術、AR技術、MR技術）との〝相性の良さ〟に由来する事態である。従来、コントローラーで操作してきたアバターは、それに代えて出力型ＢＭＩによる神経系制御の「延伸」が実現することで、文字通り〝思うまま〟に操作可能になる。また、メタバース技術の抱える課題ともいえる五感情報の再現にもＢＭＩが使用されう

(50) 河島茂生（監修）「シンギュラリティはおきるか？」ニュートン六一巻一五号（二〇二一年）五一～五三頁。ユルゲン・シュミットフーバー「『人間は既にサイボーグのような存在』スイスAI研究所シュミットフーバー氏に聞くAIの未来」Swissinfo.ch（2018/2/5）〈https://www.swissinfo.ch/jpn/人工知能_人間は既にサイボーグのような存在-スイス ai 研究所シュミットフーバー氏に聞く ai の未来 /43870860〉。

(51) これは、私たちが日常的に行う意味での共有、すなわち、体験の言語化を通じた〝情報交換〟はなく、ある個人が想起している記憶や胸中の感情をそのままに体感する、そういった意味での共有である。

(52) 現時点においても、他者の視点をVR技術によって体験することで、他者（特に認知症患者）についての理解を深めようとする試みが研究されている。

る[53]。仮想空間での感覚情報を疑似的に再現し、入力型ＢＭＩによって神経系に入力することができるようになれば、〝もうひとつの現実〟を手に入れたといってもよいほどに〝リアル〟な仮想空間の体験が実現するだろう。

これを応用して、メタバース世界に〝生きる〟アバターが念じるだけで操作可能になり、我々が現実世界と遜色のない五感のフィードバックを得られるようになれば、現実世界との区別がつかない〝もうひとつの世界〟が生まれる。これは、川原礫によるＳＦ小説『ソードアート・オンライン』シリーズの喩えを借りれば〝フルダイブ〟の実現ということになろう[54]。将来的に、より優れたセンサーの情報をもとに再現された疑似刺激を受容できるようになれば、むしろ、仮想空間の方がより〝リアル〟に感じられることさえもありうるだろう。

このような世界の拡張は、物理法則の支配する現実世界とは異なる世界を手に入れることにつながる。まさに、〝物語の世界〟や〝ゲームの世界〟に生きることが可能になるかもしれないのである。また、現実世界では疾病（ＡＬＳ等の難病）や老化現象によって身体が思うように動かなかったとしても、仮想世界ではそこから解放されることも可能になる。語弊を恐れずにいえば、ＢＭＩが世界を拡張する時、〝もうひとつの人生〟を手にすることが可能になるのである。

以上のようなＢＭＩによる三つの拡張は、我々の精神が「身体」によって実現され、それに宿っているがゆえに内在する制約から（そのすべてからではないにせよ）我々を解放

(53) 聴覚と視覚はＶＲゴーグルによって、触覚はハプティクスによる再現が行われているが、依然として〝リアルさ〟には難がある。また、味覚、嗅覚の再現は研究段階であり、未だ実用化されていない。

(54) 同シリーズに登場する「アミュスフィア」や「ナーヴギア」はまさにここで想定するＢＭＩの姿に近いものがある。

することになるだろう[55]。

BMIによる人格の〝変容〟、〝融解〟

BMIの使用によって神経可塑性を誘導された場合、神経系が物理的、機能的に変化しうることは先述した通りである。もちろん、このような〝変化〟が起こりうるからこそ、ニューロリハビリテーション等の「増強」が可能になるのであって、それ自体を一概に問題と断ずることはできない。しかし、ある個人にとって都合の良い効果を神経系に定着することが可能であるのだとすれば、場合によっては「不都合」な効果を定着される可能性も（それが不可逆な変化になりうるリスクも含めて）考慮に入れておかなければならないだろう[56]。

そして、我々の認知（記憶、思考、感情、判断）を実現する基盤が、神経系（特に「脳」）である以上は、その（不可逆的な）変化は、認知機能の変容をもたらす可能性がある[57]。そしてそれは、個人の判断のあり方や思考内容、ある事象に対して生じる感情の変化につながることがある[58]。これはまさに、「ものの見方や考え方」すなわち、「人格」が〝変容〟したことを意味するといっても過言ではないだろう[59]。もちろん、人格は優れた芸術に触れたり、感情が揺り動かされる経験をしたりすることによっても変容しうる。しかし、それらとは異なって、本人や他者の意思や目的に合致するように、ある種工学的に「人

(55) だからこそ、先述したムーンショット型研究開発事業のなかでもBMIの開発を進める金井プロジェクトは、「身体の制約からの解放」を掲げているのである。

(56) もちろん、日常生活においても神経可塑性は誘導されている。BMIによる誘導の特色は特定の効果を狙って可塑性を誘導できることにある。その場合、そこには自己または他者の意思が介在することになる。

(57) 脳は認知機能だけはなく、身体制御や生命の維持を司っている。そのため、神経系の物理的変化が直ちに認知機能の変容を意味するわけではない。

(58) 物理的な外傷によって神経系が〝変化〟した場合、その外傷の部位によっては性格が大きく変容することがある。その象徴的な事例がフィニアス・ゲージの症例といえる。ダマシオ・前掲注(8)三四〜四五頁。

格」を変容させうることがＢＭＩを使用したケースの特徴といえるだろう。

さらに、拡張という事態が常態化した場合、「身体」や「心」の境界線が融解することも見逃すことができない[60]。「身体」の拡張は、皮膚の内側を「自己」とし、その外側を「外界」（あるいは「他者」）とする、自他の物理的な境界線を揺るがすものである。これに対して「心」の拡張は、自己にとっては〝他者〟となる存在と情報的に接続され、ひとつの認知過程が他者（機械、ＡＩ等）にまたがって実現される現象とみることができる。つまり、「心の拡張」は、認知過程が複数の人格や知性にまたがって展開される事態を指している。そうなった場合、ある認知（すなわち感情や記憶）をどの特定の個人に帰属させるか（あるいは、帰属させられるのかそれ自体）が問われることになるだろう。そこでは、複数のシステムが統合してひとつの認知過程を実現しているため、認知過程（心）の境界線がシステムのネットワークのなかに「融解」しているからである。ＳＦ的な想像力に喩えを求めるのであれば、身体は個別性を保ちながらも、各自の人格はクラウド上で融合している「シザーズ」（『マルドゥック・ヴェロシティ』）や、複数の脳を接続し高度な知性を実現する「SYBIL System」（『PSYCHO-PASS』シリーズ）がある。あるいは、「身体」と「心」双方の境界線が融解した事態としては、ソラリスの海（『ソラリス』）やL.C.L.の海（『エヴァンゲリオン』シリーズ）が挙げられる。

もっとも、〝海〟の喩えが描くような「身体」の個別性を不可逆的に失わせる事態は引き起こされない可能性が高い。なぜならば、ＢＭＩによる〝身体の拡張〟は、使用の中

(59) 小久保智淳「Washington v. Harper 事件判決再訪」法学政治学論究一三二号（二〇二二年）七七〜八一頁。

(60) 「世界」についても同様であるが、そのような事態の到来はメタバースに関連する技術の進展に依存する。ここではＢＭＩという技術それのみによって引き起こされる「身体」と「心」の境界線の融解について焦点を当てる。

断によって解除可能だからである。つまり、身体の境界線の動揺はBMIの使用中に限られた〝一時的〟かつ〝可逆的〟なものであろう。

しかし、「心」の境界線の動揺は事情が異なる。〝他者〟と接続されていた時に主観的に経験した記憶や感情は、BMIを外した後も（おそらくは）個人のなかに残る。そして、記憶がもつ人格への影響力は、たとえそれが一片の記憶であっても軽視できないだろう。(61)さらに、他者と接続が繰り返された場合、その経験に適応するように神経可塑性が誘導されることも想定できる。つまりBMIの使用を中止したとしても、接続されていた人格の境界線は引き続き曖昧なものであり続ける可能性が十分にある。

自己の「身体」や「心」と、〝他者〟のそれとの境界線が曖昧になり揺らぐという事態は、自他の物理的ないし精神的な境界線が「融解」するという事態を示唆している。これは、法学がその議論の前提に据えてきた概念が動揺することも、また意味している。特に「心」（人格）の境界線の融解は、それが不可逆かもしれないという点に鑑みれば、個人の同一性や人格の自律に対して深刻な問題を提起することになる。

(61) 一片の記憶が個人の人格や人生にもつ大きな影響力については、フィクションではあるが、『ブレードランナー2049』が参考になる。

BMIの規範的統制――「神経権」と「認知過程の自由」

これまで述べてきたような、BMIがもたらしうる未来を前にして、その実装を受け止める社会には、BMIの研究開発について、促進と規制とのバランスをとりながら、あるべき未来をデザインすることが求められている。そして、その実現には、BMIの研究と実装とを適切に統制できる足場、ないし指導理念の構築が必要であろう。そしてこれこそが、「神経法学（neurolaw）」という総称で展開されている法学の新領域に課せられたひとつの使命であると考えている[62]。他方で、残念ながら今のところ神経法学に上述の拡張現象や人格変容を体系的に論じた研究は存在しない。しかし、これまでの議論の蓄積のなかで、それらを受け止めうる可能性のある問題提起として、「ニューロライツ（neurorights）」と「認知過程の自由（cognitive liberty）」の二つが指摘できる。

まず、ニューロライツとは、ラファエル・ユステ[63]らが主導する議論であり、ブレインテックの実装を検討する際に考慮すべき五つの倫理的な優先目標を指す。具体的には、認知過程の自由（cognitive liberty）、精神的プライバシー（mental privacy）、精神の不可侵性（mental integrity）、精神の連続性（mental continuity）そして差別や不平等の問題である。これに対しては、体系性の欠如や、新規性がなく既存の枠組みに解消可能であり、神経法学固有の問題を論じているというよりも、科学技術一般にもかかわる論点を羅列したにすぎないのではないか、といった批判が差し向けられている。しかし、BMIの実装を受け止めるうえで、問題提起と問題把握のフレームワークとしては有用かもしれない。

次に、「認知過程の自由」であるが、これは、先に紹介したニューロライツの一要素として挙げられていたが、沿革的には、ニューロライツ以前から主張されており、独自の展開をみせている[64]。「認知過程の自由」は、以下にみるように、二つの独立しつつも相互

(62) 神経科学の知見や技術の実装を受け止めるべく登場した、学際的な性格をもつ法学の新領域である。初めて神経法学（neurolaw）という名称が用いられたのは、一九九一年に刊行された論文においてのことであった。J. Sherrod Taylor et al., *Neuropsychologists and Neurolawyers*, 5 (4) Neuropsychol. 293, 293 (1991).

(63) コロンビア大学教授。専門は神経生物学。Brain Initiative の創設メンバーのひとりである。

(64) 小久保・前掲注(7)三八五～三九七頁。

に関連する自由論の系譜として展開してきた

認知過程の自由は、その初期の議論においてまず「神経科学技術への自由」として登場した。具体的には、向精神薬の自由な使用を要求するという文脈のなかで、「独立して思考し、また、自らの精神領域を自由に使用し、さらに、薬剤の使用等について自律するすべての人にとって基本的な権利」[65]や、「各個人が独立してかつ自律的に思考し、自らの精神の全領域を使用し、かつ、複数の思考モードに従事するという権利」[66]として議論されてきた。これらは、大要、自己の神経系に対する自律的な操作を容認せよ、という主張であるといえる。つまり、技術の使用を要求する「神経科学技術への自由」として整理できる。

他方で、比較的近時において展開されている議論では、これとは真逆の「神経科学技術からの自由」としての側面が強調されている。実際に、代表的な論者のひとりであるニータ・ファラハニー[67]は、「脳の周囲の隔絶した要塞」をプライバシーとして保障することを要求する権利としてこの自由を表現している[68]。これは、技術による介入や干渉を拒否する「神経科学技術からの自由」といえるだろう。

体系性のあいまいさを指摘される「ニューロライツ」に比較して「認知過程の自由」は、神経科学技術「からの自由」と「への自由」の双方を広く射程に置きつつ、一定の体系化をほどこしながら、神経科学とその技術の実装を議論するプラットフォームとして機能しうる可能性を有しているとも考えられる。このような理由から筆者としては

(65) Wyre Sententia, *Neuroethical Considerations*, 1013 ANN. N.Y. ACAD SCI. 221, 223 (2004).

(66) CCLEウェブページ〈https://www.cognitiveliberty.org/ccle1/faqs/faq_general.htm〉。

(67) デューク大学ロースクール教授。専門は刑事法と科学政策。

(68) Nita A. Farahany, *Searching Secrets*, 160 PENN. L. REV. 1239, 1308 (2012) ; Nita A. Farahany, *Incriminating Thoughts*, 64 STAN. L. REV. 351, 406-408 (2012).

「認知過程の自由」に期待を寄せるものであるが、自由概念としてどのような展開をみせるのか引き続き注視していきたい。

おわりに――ＢＭＩを超えて

　ここまで神経科学についてＢＭＩという技術に注目した検討を行ってきた。ＢＭＩは基本的に計算論的神経科学ならびに工学的知見に支えられて発展してきたものである。もちろん、神経科学それ自体は、これらの学問にとどまらない広がりをもつ学問領域であることはいうまでもない。たとえば、認知神経科学、行動科学、精神医学や分子生物学等の観点から脳に迫る知見は、ここで描いたのとは異なる問題を社会科学に提起するように思われる。この点についてはまた別個の検討が求められることになるだろう。

　さらに、計算論的神経科学が目指す未来も、ＢＭＩによるＩｏＢの実現だけではない。最近注目を集めている目標に、神経系という情報システムをコンピュータにアップロードすること、すなわち、「マインド・アップローディング」がある。(69) その実現可能性は未だ不透明であるが、もし実現したとすれば、それは、神経系の物理的な実体（あるいは身体それ自体）が〝消失〟することを意味する。つまり、そのような未来では、もはやＢＭＩというインターフェースさえも必要とされないのである。しかし、「身体所有感」には適切な体性感覚のフィードバックが不可欠であることが示唆するように、我々の精神は

(69) マインド・アップロードの実現した未来の予測として、ミチオ・カク（斉藤隆央訳）『フューチャー・オブ・マインド』（NHK出版、二〇一五年）三八〇～三九二頁。また、技術的可能性の説明としては、「人の意識のデバイスへの移植」株式会社 Mind in a Device ホームページ 〈http://mindinadevice.com/mind-upload/〉。

「身体」に依存するところも大きいことが徐々に明らかになってきている。それにもかかわらず、マインド・アップローディングにより身体という〝くびき〟から解放された場合、それは、拡張でも、変容でも、融解ですらなく、「人間」という存在それ自体の「変質」あるいは「消失」を意味するのかもしれない。

※本研究は、JST、ムーンショット型研究開発事業、JPMJMS2012の支援を受けたものです。

Discussion

それは「私の脳情報」なのか？

駒村　BMIによって測定される脳波は、果たして「私の脳情報」なのか、ということをお聞きしたいと思います。正確に脳波を測定するには、脳の深部に電極を装着しないといけませんが、それだと侵襲性が当然高くなる。なので、粒度が粗い脳波でもかまわないので、測定した脳波をAIによる深層学習で処理すれば、この人の意図はまあこれだろうと計算できる。が、これが正確な意味でその人の脳情報といえるのか。他方で、いわゆるリベットの実験が示唆しているように、意識下の脳活動というものもあるわけで、本人にとっては無意識の層に眠っている脳活動であっても、機械は読み取れるわけですよね。これも、その人の脳情報といえるのでしょうか。

小久保　まず大前提として、現在、脳波はかなり正確に測定可能になってきていると思います。脳波は微小な電気現象なため、微妙なことでノイズがたくさん入ってしまうのですが、基本的にＡＩがやっていることは、外部環境によって生じたこのノイズの除去です。その処理の結果として出てきたものが「本人のものでない」といえるレベルで変質してしまうことは基本的には生じないと思います。

他方で、クラカウアーらの実験によれば、少なくとも運動制御という局面において、個人の脳のなかには意識と無意識が競合的に存在していて、意識的な戦略を、無意識的な反応が場合によってはオーバーライドするという現象が知られています。そのためＢＭＩが、相克している意識と無意識のうちの後者の方を拾ってくることも、十分にありうると思います。それをニューラル・デコーディングで本人の意図として推定してしまい、本人の「意思」に反することを実現させてしまったらどうするのか、ということは科学界でも課題として認識されていますね。また、そもそもニューラル・デコーディングそれ自体が、神経活動と本人の意図や意思等との相関関係をＡＩに捜索させ、それに基づいて行う推論という側面があります。その意味では、絶対に確実といえる精度には未だないことには注意が必要だと思います。ただ、そういったある種の「エラー」が生じないように研究が進められているというのが、ＢＭＩの現状というところかと思います。

個人の〝消滅〟をめぐって

駒村　脳科学問題の極相は、ご報告（編集注：本書のもととなった研究会での小久保報告のこと。以下同じ）のなかにあるように、マインド・アップロードまで行けば、「身体の拡張」ではすまなくて、「身体の消滅」に至る可能性があるということですよね。そして、身体性が「自分が今ここにいる」という自己意識と張り付いているとするなら、「身体の消滅」は「自己（意識）の消滅」に行きつくのではないか。もうひとつの極相は、脳を機械に接続すると、ＡＩが脳をリプレースする、あるいは乗っ取るということが起きるかもしれない、ということでしょう。

要するに、「自己（意識）の消滅」や「脳ジャック」という危険な地点が遠くに見えている。しかも、それらがある種の「誘惑」を放っている。だから、そこに至る前に、あらかじめ規範的な防御線を引いておこう、自由という防波堤を築いておこう――。こういうことだと思いますが、そういう人格融合や人格消滅のような地平が、新人類の規範や生活価値になる可能性もあるわけですよね。そういうものに対抗していくという法学らしいスタンスをどうやって正当化しようとされているのでしょうか。

小久保　マインド・アップローディングはまだ研究のごく初期の段階にあるため、それが「自己の消滅」や「個人の消滅」につながると言い切っていいのかはわかりません。むしろ、現在リアリティをもって直面している問題は、脳の可塑性によって、いわゆる「三つの拡張」に適応するように神経回路それ自体が変容していくということかと思います。そして、この可塑性ですが、一度適応するとなかなか元に戻らないという厄介な性質ももっています。身体、認知、そして世界が拡張して、それに脳が適応して不可逆な変容が起きた場合、「やってみたけどイヤだな」とはもう、いえないのではないか。そうだとすると、やる前に防波堤を築かなければならない。個人が消滅しないまでも、他人の感覚や経験・記憶が流れ込んできて、それに適応した脳のシナプス接続が変化していくことも考えられるわけで、そうすると人格の自律や、自己決定が個人の手を離れ、さらには、他者の手からさえも離れて、ネットワークのなかに茫洋と漂っていることになりかねない。とりあえず自律をぐっと個人に引き寄せておくためにも、「認知過程の自由」を設定して、推移を慎重に見守ることが必要なのではないか、と考えています。

本章でも例示したものに、スタニスワフ・レムのソラリスの海がありますが、私はエヴァ世代なのでそちらで申しますと、L.C.L.の海のイメージです。個性も苦痛もない融合の境地、それで何が悪いんだということもありうるわけですが、しかし戻れないというところはやはり気になる。不可逆である以上、本当にそれでいいのだろうか。どこかでブレーキを踏めるようにしておかないといけないのではないか。デファクト・スタンダードでこれがどんどん進んでいってしまうことを警戒しつつ、技術の進展を見守っているところです。

エンハンスメントは自由を拡大するのか？

宇佐美　確か二〇一七年の日本法哲学

会だったと思いますが、エンハンスメントに関する報告へのコメンテーターを頼まれまして、そのときこういう思考実験をご提案しました。教授への昇進を目指している二人の准教授がいて、一方は非常に優秀ですが、他方は凡才です。ところが、あるときから、凡才の方が素晴らしい論文を次々と書くようになって、先に教授に昇進してしまいます。優秀な側がいぶかしく思って、さり気なく聞いてみると、実は脳にチップを埋め込む手術を受けたおかげで、脳とインターネットが常に直結されるようになって、情報の収集・処理能力が飛躍的に高まったので、論文の生産力がぐっと高まったというのです。このとき、元凡才の准教授というのは教授の座に値するのか。そもそも、エンハンスメント技術を利用するのは、本人の自由の行使として尊重されるべきなのか。あるいは、フェアな競争をゆがめるので禁止されるべきなのか。こういう思考実験を提案したのを思い出しました。

そのうえで質問ですが、ご報告の最後の方で自他の区別の曖昧化ということを強調されていて、それはまったくそうだなと思ったのですが、自由というものを正面から議論すると、どんな話になるかをもう少しお聞きしたいと思いました。たとえば、身体機能の拡張は、ある意味で自由が広がることであるといわれることがありますが、これは確かに非常に良いことだし、それを目指して技術開発が進んでいるのは事実です。しかし、「自由」という言葉でこれまで議論されてきたことと、身体能力が拡張することは、やはりちょっと違うと思うんですよね。ある人間がこれまで何かをできなかったが、それができるようになっても、「自由が拡張した」とは従来いってこなかったわけです。たとえば、飛行機の機内で、背の低い人が座席の上にある荷棚を使うために、一時的に靴底が伸びるような靴が開発されたとしても、これで「自由が拡張した」とはいわないですよね。なので、自由の問題として議論されてきたものに対して、今回のトピックがどういう意味合いをもっているかということを、もう少し教えていただければと思います。

たとえば、哲学では、行為を選択する場面を、信念（世界がどうであるかについての認識）と、自分自身の欲求とに分けてモデル化して、人間の合理性を説明したり、自発的な行為選択を説明したりしてきたわけです。私が今こうやって飲み物を飲もうとする行為について、グラスのなかに水が入っているという認識が信念で、喉が乾いてるから飲みたいというのが欲求である、そんな具合です。ところが今日のお話では、信念をマニピュレイトできるし、場合によっては欲求も間接的にマニピュレイトできるかもしれないということでした。そこで、あらかじめ自由を保障しておく必要があるという小久保さんのお話は、その通りだと思うのですが、では先ほどのエンハンスメントと自由の関係についてはどうお考えなのか、少し敷衍していただけますか。

小久保　脳にチップを埋め込んで能力を向上させてポストを得たときに、その人はポストに値するのかということですね。これはエンハンスメントにいつもつきまとっている問題で、遺伝子改良の時も大きな議論になったように記憶しています。典型的には「ポスト獲得の過程での努力が報われるべきだから、能力増強者はポストに値しないのだ」と、ある種の誠実さに私たちは独自の価値を見出していて、それに報いているのが正当だという主張がある。その一方で、能力主義の社会だから能力増強も別に問題ないじゃないか、という非常にドライな意見もあります。

特に、理工系にも片足を踏み入れている私としましては、科学技術が能力を飛躍的に強化できるとした場合、むしろ、その技術へのアクセスを全員に開く必要があるのではないか。つまり、貧富の差も立場も関係なくすべての人に供給できなければ、その技術は導入すべきではないのではないのか。一部の人や集団による技術（使用）の独占を許せば、脳の格差、知力の格差が生まれ、それを固定化することになるのではないか。こういった議論につながっていくと考えられますが、まだ明確な答えを出せるレベルには至っておりません。しかし、たとえば、認知過程の自由論のイタリアにおける展開などをみてみますと、国家に一定程度の供給義務のようなものを課すという議論も登場し始めていまして、やはり、広く技術を開いていくということは今後ポイントになると思っている次第です。このような方向をさらに押し進めて、科学技術を用いて「エンハンスメントする自由」なるものを認めるべきなのか。もしそのような自由を構想するとしても、その射程はどのように画定すればいいのか等、検討すべき課題は多いように思います。さらには、エンハンスメントする自由を広く認めた社会において、「エンハンスメントしない自由」が可能であるのかも問題になると思います。ある種の完璧主義を招いてしまい、映画「ガタカ」の描くような社会になってしまわないか、という点も気になっています。

駒村　そうなると、論文執筆能力増強チップが准教授Ａ、Ｂの双方に対等に開いているのであれば、その利用は許容されるということですか？　〝執筆格差〟は、今でも現実のものとしてありますよね。判例検索ソフトあるいは文献データベースにアクセスできる研究環境にあるかどうかとか。そういう問題と脳内チップの装着とは同じレベルの議論なのかどうか。宇佐美さんの後半の質問にも関わってきますが。

小久保　今日においてもデジタル技術を使いこなせるのか、によって様々な格差が生じていることは指摘されています。こういったことをヒントに考えるのであれば、脳と脳とが接続されてシームレスに情報がやり取りされる時代が来るのだとすれば、belief や desire のように従来は個人の認知過程のなかで完結していて干渉を間接的にしか受け付けなかったものが、ＢＭＩによって相互接続され、ダイレクトに干渉を受けて、どんどん変わっていくようになる。そうなったとき、それは個人の望みなのか、集団の望みなのか、ＡとＢの間の両者共通の望みなのか、Ｂの望みに影響されたＡの望みなのか、そういったことが判然としなくなり、自由の前提が切り崩されると直観的には思います。これについてはもう少し勉強したいと思います。

駒村　ある種の正義論は、自由を何か独我的な状況として想定するのではなく、やはり他者を受け入れるということを自由の条件にしてきたと思われます。だから、気に入らない奴とも応接するとか、異なった価値に対しても敬意を払うとか、コミュニケーションが重要だといってきたわけですよね。そうすると、脳のレベルで他者と接続するというのは、ある意味で従来の前提を本格的に実現に移しましょうという話になる可能性がある。自分が勝手に都合よくイメージした他者ではなく、イメージを媒介せずに脳のなかに他者が入ってくる。問題は、その際に他者と自己のある種のインタラクションが成立するかどうかであって、融合というのはそういう相互作用それ自体を失ってしまうことになるのではないか。そこのところが、従来の自由論と結びつく、ひとつの論点になるのかなという気がします。自己と他者の相互交換というものを自由の条件と考えてきた主張に対して、脳科学技術は、これを充実・実質化させるものなのか、融合的に消去するものなのか、そのあたりが論じられる必要があるのではないかと思いました。

生命システムの重層的境界はそう簡単に乗り越えられない

河島　かつてポストヒューマン論を勉強していたので、ご報告を懐かしく思いながら聞いていました。まず「拡張」についていうと、マーシャル・マクルーハンのメディア論では、すべてのテクノロジーが人間の拡張であるという捉え方をしています。また、マインドを人間の個人の内に限定しない考え方は、ソラリスの海やエヴァンゲリオンの話が出ましたけれども、これは学術的にもよくみられることでありまして、たとえば、グレゴリー・ベイトソンのマインドはまさにそれにあたりますし、あるいはジョン・サールの「中国語の部屋」に対する反論にも部屋全体が思考しているとする考え方があります。このあたりの学問的蓄積を踏まえて「拡張」という概念を使った方がいいのではないかと思いました。

次に、テクノロジー・シンギュラリティの考え方を広めたレイ・カーツワイルの予想のなかではBMIはある程度、実現可能な部類に属するのでしょうが、BMIがうまくいくのと、マインドアップロードがうまくいくのとではまるで話が違います。小久保さんも両者の間には距離があるとおっしゃいましたが、生きた細胞を基盤にした身体や意識が、生きた細胞がまったく存在しない機械に突然アップロードできるというのは、現時点ではおとぎ話にしかすぎないのではないでしょうか。身体の消失と個人の消失は、本当にそれができるのであれば、それこそ個人のエゴなんかを全部捨て去るということができるのですが、生き物は自他の境界を細胞レベルから重層的にもっています。これを乗り越えることはそう簡単ではなく、こうした議論はあくまで思考実験であることを明確にしておく必要があると思いました。

小久保　「拡張」についてですが、おっしゃる通り、「心の拡張」論はかなり昔から提唱されてきた議論であるというのは承知しておりますので、その点は慎重に言葉を用いる必要がありますね。また、境界の融解とはいっても、生物には細胞レベルで他者との区別が内蔵されているとのご指摘ですが、これはその通りで、医学系の方との議論ではよく論点として挙がる問題でもあります。おそらく、ひとつの応答としては、BMIが成し遂げようとしている境界線の消失というのは、物理的実体のそれではなく、情報の授受についてのそれであろうということになると思っています。電気信号を含む情報の授受について、従来ハードウェアに備わっていた制約を取り払うということなのかなと。もちろん、今現在も情報の授受というのは個人の境界を越えてやり取りされていたものではあるのですが、回路のありようそれ自体を変更させるような情報授受を追求しているといいますか、身体というインターフェースを通さずに情報の授受ができるようにする。これは細胞レベルでの生命体の境界とは異なる、それとは別の境界の融合なのではないか。いずれにしましても、ご指摘を踏まえて検討したいと思います。マインド・アップロードについてもおっしゃる通りですね。完全に思考実験レベルのもので、現時点では実現の見込みも立っていません。そこはしっかりと区別しておく必要があると思います。

内的視点と外的視点

駒村　脳科学に対する信頼というものが論点として出てくるように思います。今、脳科学はとてもポピュラーですよね。が、一部には、心理占いのようなものもある。少なくともそう見えてしまう。なので、そのような印象をもたれないようにしないといけないので、論理と実証に基づいて、しっかりとした節度をもって語らないといけない。まあ、小久保さんには「ぶっとんだ話をしてほしい」とお願いしていた経緯もありますが（笑）。

それから、これはむしろ河島先生にうかがいたいのですが、要するに、システムとしての完結性によって外部と内部を区別する、こういう仕組みを生物はもっているわけで、そのシステム自体の自律性を維持できれば、身体とか心の融解とか消失は起きないから心配しないでいいという話なのか、そのあたりはどうなんでしょうか。

河島　私が依拠しているシステム論はちょっと複雑で、観察の視点によって見えてくるものが違うとしています。生き物としてのわれわれ人間についていいますと、物質レベルだけでなく情報現象のレベルでも、自他を区別しています。細胞もそうですが、免疫系でも自と他を分けて作動しています。たまに誤作動して自分自身も攻撃してしまうことがありますが、生物個体のなかでも多様な自他の境界がみられます。けれども観察者の視点をより広くとって、人間個人とその環境との関係を対象とする視点からすると、人は環境とともに考えているといえます。この視点からすると、身体や心の融解は人が誕生した時からすでに起こっています。たとえば、私たちが、時間を忘れてＳＮＳや動画コンテンツに没頭しているとき、スマホと一体になっていて、自分のマインドが広がっているというふうにいえるわけですよね。

人間と環境とが一体となって思考するからこそ、その環境のあり方が問題視されます。一九九〇年代からすでに出てきている議論ですが、もう少し人工的な環境をスローにしようという提案があり、徐々に広がりをみせていると思います。

ＶＲゴーグルをかけたり脳に電極を埋め込んだりするＢＭＩが広く活用される際に、私が危惧しているのは、人と環境との直接的な連動が強くなり、反省する機会がこれまで以上になくなることです。これらの装置の大半は企業が作り、広告も多数流れ込むでしょうから、自分自身の内面から湧き上がってきたものなのか、それとも環境から提供されたものなのかの区別がますますつかなくなり、ゆっくり考えず買いたくないものをどんどん買ってしまうといった事態になってしまうのではないか。これまで消費社会論で語られてきたことが加速してしまうのでないか。そういったことを危惧しています。

駒村先生からのご質問に粗っぽく回答すると、完全に自他の境界が消えることは考えにくいけれども、広い視点からみると個人の精神面での自律性が揺らぎその存在が薄まっていくことが予想されるということです。

小久保　たとえば、SNSに対してスローボタンをつけようとか、一〇秒で脊髄反射的な反応を促すような議論が、アーキテクチャはよくないという議論が、バイ・デザインの議論が始まったあたりからありましたね。

思考実験の魔力

駒村　これまでの河島／小久保間のやり取りをうかがっていて思うのは、思考実験が描いているイメージに人間は惹かれていくということです。たとえ、それがユートピアでなく、ディストピアであってもです。その際、BMIやIoBの世界がもたらしうる社会イメージを、ユートピア／ディストピアとして想像するのは楽しいことは楽しいのですが、さて、手近なところでどういう良いことがあるのか、とあらためて考えてみますと、どうもそこが腑に落ちない。人格や身体の拡張――この「拡張」も用語として気をつけなければなりませんが――そういう拡張的世界を目指して何か良いことがあるのか。より精度が高い義手が手に入るとか、ALS患者をサポートするというのは理解しやすいのですが、脳と脳を接続することで何か良いことがあるのか、と問われると今ひとつよくわからないし、開発されている技術者も実は返答に窮するようなことがある。技術開発の誘因は、想像力が描き出すユートピア／ディストピアであって、それを見てみたいという「思考実験の誘惑」が主になっているのではないか、という気がします。そういう欲動のうねりに対して、まあとりあえず認知過程の自由を設定しておくというのは意味があるのではないか、という感想をもちました。

小久保　「何か良いことがあるの？」という点については、神経系のフィードフォワードとフィードバックのループを今まで及ばなかったところまで延ばせますよ、というのは間違いなくBMIの良いところであろうと思います。今回、あえて論争的かつ未来の展望も含めてをお話ししたのは、その怒涛の進展を目の当たりにして、今からでも論点を想定しておいて、対応を次々と考案していくことが大切ではないかと思ったからです。ただ河島先生がおっしゃるように空想科学読本になってしまったら意味がないわけですよね。今回の報告では、そうはならないよう、今ある技術の延長線を描いたつもりです。今後の議論でも、その両者はきっちりと区分けをしつつ、しかし科学技術プロジェクトが目指しているる先に何があるのかを先取りで考えておくことにも、意味はあるのかなと思っています。

駒村　空想科学になってしまうのは問題だというけれども、空想科学自体はとっても魅力的なんですよね。ありがとうございました。

（二〇二二年二月一五日収録）

プライバシー

プライバシー1・0、2・0、3・0、そしてその先のプライバシー

成原　慧

はじめに

ウォレン＝ブランダイスによりプライバシー権（プライバシー1・0）が提唱されてから すでに一三〇年あまりが経過している。この間、プライバシーの情報的転回（プライバシー2・0）や構造的転回（プライバシー3・0）が唱えられてきた。近年では「新たな」プライバシー観とされてきた「情報プライバシー」（「自己情報コントロール権」などプライバシー2・0）がAI・ビッグデータ時代にそぐわない時代遅れのプライバシー観として批判されるようになっている。このような状況を踏まえ、プライバシー概念をさらに革新すること（プライバシー4・0）は可能なのだろうか、また必要なのだろうか？　革新が可

能かつ必要だとして、どのように革新すべきなのか。本章では、このような問いに回答するために、ささやかな考察を試みたい。

古典的プライバシー（プライバシー1・0）

サミュエル・ウォレンとルイス・ブランダイスは、一八九〇年にハーバード・ロー・レビューに公表された論文「プライバシーに対する権利」において、プライバシー権の保護の必要性を説いた[1]。彼らの議論の背景には、写真機などメディア技術の発展とイエロージャーナリズムを含むマスメディアの発達という文脈があった。彼らは、従来の英米のコモンローにおいてプライバシーに相当する権利利益の一部が実質的に保護されるようになってきたことを確認しつつ、技術発展や社会構造の変化を踏まえ、プライバシー権を承認する必要性を説いたのである。彼らは、プライバシー権を、さしあたり「放っておいてもらう権利」(the right to be let alone) として把握した[2]。また、彼らは、プライバシー権の原型となるコモンロー上の権利として、「自らの思想、感覚および感情が通常どこまで他者に伝達 (communicate) されるのか決定する権利」を析出した[3]。このことは、プライバシー権が、初期の段階から、他者との関係性やコミュニケーションの契機を含んでいたことを示唆している。また、このようなプライバシー権の原型は、第二世代のプライバシー権である情報プライバシー（自己情報コントロール権）と連続的な側面も示し

(1) Samuel Warren & Louis Brandeis, *The Right to Privacy*, 4 (5) Harv. L. Rev. 193 (1890).

(2) なお、let alone は、一人ないし家族など特定の親密な人々だけで放っておいてもらうという意味で用いられる語であり、必ずしも「一人で」放っておいてもらうことだけを含意しているわけではないように思われる。この点でも、古典的なプライバシー権（プライバシー1・0）は、必ずしも個人主義的な契機にとどまるものではなく、共同体形成的・関係的な契機を含んでいたといえよう。

(3) Warren & Brandeis, *supra* note 1, at 198.

ているように思われる。

日本でも、「宴のあと」事件において、一九六四年に東京地裁は、「近代法の根本理念のひとつであり、また日本国憲法のよつて立つところでもある個人の尊厳という思想は、相互の人格が尊重され、不当な干渉から自我が保護されることによつてはじめて確実なものとなるのであつて、そのためには、正当な理由がなく他人の私事を公開することが許されてはならない」と述べたうえで、「私事をみだりに公開されないという保障が、今日のマスコミユニケーションの発達した社会では個人の尊厳を保ち幸福の追求を保障するうえにおいて必要不可欠なものであるとみられるに至つていること」などを考慮すれば、プライバシーの尊重は「もはや単に倫理的に要請されるにとどまらず、不法な侵害に対しては法的救済が与えられるまでに高められた人格的な利益である」と述べ、「私生活をみだりに公開されないという法的保障ないし権利」と定義されたプライバシー権が法的に保護されることを認めた(4)。

米・日のプライバシー権の起源とされるウォレン＝ブランダイス論文も「宴のあと」判決も、プライバシー権がそもそも、技術やメディアの発展とともに必要性が認識され、生成してきた権利であり、また発展していく余地のある権利であることを示唆している。

(4) 東京地判昭和三九年九月二八日下民集一五巻九号二三一七頁。

❦情報プライバシー（プライバシー2・0）

——自己情報コントロール権　二〇世紀後半になり、監視技術やコンピュータが発達すると、個人に関するデータの収集や利用に伴う権力の台頭（ビッグブラザー）への懸念が広がっていった。このような時代背景のもと、一九六〇年代後半の米国では、プライバシー権を個人、集団または組織が自らに関する情報をいつ、いかに、どの程度まで他者に伝達するかについて自ら決定することのできる権利として捉える、情報プライバシー権が提唱された[5]。米国の一九七四年プライバシー法も、プライバシー権が合衆国憲法により保護された個人の基本的権利であることを確認したうえで、連邦政府機関による個人情報の収集・保有・利用・提供が個人のプライバシーを脅かすようになっているとの認識を踏まえ、個人に自己に関するいかなる記録が連邦政府機関により収集・保有・利用・提供されるのかについて決定する権利を一定の限度で認めている。

　なお、米国連邦最高裁は、修正一四条のデュープロセス条項等の解釈に基づいてプライバシー権の一環として避妊具の使用や中絶などについて自己決定権を認めてきた[6]。しかし、保守派の判事が多数を占めるに至った連邦最高裁は、二〇二二年の判決において、プライバシー権の一環として中絶するか否か決定する権利を認めたロー対ウェイド判決を覆し、憲法上中絶する権利が保障されることはないと判示した[7]。同判決では、合衆国憲法上明文の根拠のないプライバシー権に依拠していることがロー対ウェイド判決に対

(5) ALAN F. WESTIN, PRIVACY AND FREEDOM 7 (1967). *See also*, Charles Fried, *Privacy*, 77 YALE L.J. 475, 482 (1968).

(6) Griswold v. Connecticut, 381 U.S. 479 (1965); Eisenstadt v. Baird, 405 U.S. 438 (1972); Roe v. Wade, 410 U.S. 113 (1973).

(7) Dobbs v. Jackson Women's Health Organization, 597 U.S. __ (2022).

する批判の理由のひとつとして挙げられている。連邦最高裁による判例変更は、情報プライバシーに対しても影響を及ぼす可能性がある。もっとも、アメリカでは、かねてより憲法上の情報プライバシーの保護は限定的であり、また、刑事手続上のプライバシーは修正四条に基づき保障されてきた[8]。このことに鑑みると、自己決定権としてのプライバシー（の一部）が憲法上保障されなくなったとしても、情報プライバシーへの影響は限定的であるように思われる。他方で、自己決定権としてのプライバシーと自己情報コントロール権としてのプライバシーには、自らの人生または情報について個人の自己決定を保障しようとしている点で理論的に通底する側面があり、前者の判例上の主要な根拠が失われることは、後者にとっても理論的な影響は少なくないであろう。

日本では一九七〇年に佐藤幸治が、同時代の米国の議論を参照して「自己情報コントロール権」を提唱した。佐藤は、プライバシー権を自己についての情報をどこまで他人に開示するのかコントロールする権利として捉えたのである[9]。そして、佐藤において、自己情報コントロール権は、「高度に複雑な相互依存的社会」において、他者と愛・友情・信頼などの関係を取り結ぶために不可欠の前提として理解されていた[10]。

他方で、日本の判例・実務では自己情報コントロール権は、少なくとも明示的には採用されなかった。もっとも、後述する早稲田大学江沢民講演会名簿提供事件の最高裁判決[11]など、自己情報コントロール権説と整合的に理解可能な判例も見出せる。また、個人情報保護法においても保有個人データの開示、訂正等および利用停止等の請求権など自

(8) See, e.g., Katz v. United States, 389 U.S. 347 (1967).

(9) 佐藤幸治「プライヴァシーの権利（その公法的側面）の憲法論的考察―比較法的検討（一）」法学論叢八六巻五号（一九七〇年）一二～一三頁。

(10) 佐藤・前掲注（9）一三～一五頁参照。

(11) 最判平成一五年九月一二日民集五七巻八号九七三頁。杉原則彦「判解」最判解民平成一五年度（下）四八八頁も参照。

己情報コントロール権と親和的な規定（同法三三条〜三九条など）も設けられている。

また、近年では学説でも自己情報コントロール権への批判や懐疑が広がっている。たとえば、日々収集される大量の自己情報についてその都度プライバシーポリシーを読んで同意することは困難であるなどとして、自己情報のコントロールの可能性と実効性への懐疑が示されている。(12)また、個人が自己情報をコントロールしているようにみえても、実はコントロールの前提となる構造や選択肢は企業や政府によりあらかじめ設計されているという点で見せかけのコントロールだという批判もある。(13)このような見地からは、個人の自由な選択の前提となる選択アーキテクチャやナッジの適正な設計のあり方が問われることになるだろう。(14)

――データプライバシー　一九七〇年代の欧州では、米国の情報プライバシー論から影響を受けつつ、データベースにおいてコンピュータにより自動的に処理される個人データの保護のあり方に着目した「データプライバシー」ないし「データ保護」と呼ばれる概念が提示され、ドイツ、フランス、北欧諸国などがデータ保護法を制定していく。(15)

そして、プライバシー保護とデータの自由な流通のあり方をめぐる米欧の姿勢の相違を調整するために、一九八〇年にはＯＥＣＤプライバシーガイドラインが策定される。このような背景もあり、同ガイドラインにおいて用いられているプライバシー概念は、米欧のプライバシー概念を折衷しつつ、欧州のデータ保護の発想に接近したものとなっている。一方で、同ガイドラインにおけるプライバシー原則の内容は、米国の情報プラ

(12) 松前恵環「個人情報保護法制における『通知・選択アプローチ』の意義と課題」Info-Com REVIEW 七二号（二〇一九年）三〇頁以下参照。

(13) Woodrow Hartzog, Privacy's Blueprint 21, 42, 57 (2018).

(14) キャス・サンスティーン（吉良貴之訳）『入門・行動科学と公共政策』（勁草書房、二〇二一年）、本書の瑞慶山論稿参照。

(15) Frits W. Hondius, Emerging Data Protection in Europe (1975); Jon Bing, *A Comparative Outline of Privacy Legislation*, 2 Comparative Law Year Book 149 (1978).

イバシー実務において発展してきた個人情報の収集および利用の方法を規制する「公正情報慣行」（ＦＩＰ：Fair Information Practice）と呼ばれる考え方[16]を取り入れた点[17]や、プライバシーを脅かすおそれも踏まえ広く個人データ一般について伝達範囲を制限することなどにより秘密保持の利益を保護しようとしている点では[18]、米国のプライバシー論と連続性を見出せる。他方で、同ガイドラインにおけるプライバシー原則の内容は、本人の同意やコントロールを必須の要素とはせずに、データ管理者があらかじめ特定し、データ主体に通知または公表した利用目的との関係で関連性（relevance）のある個人データを適切に利用することを重視するという点で、一九六〇年代から七〇年代の米国の学説において支持された個人情報のコントロールを重視するタイプの情報プライバシー論とは距離があり、個人データの不適正な利用から個人の利益を保護しようとする欧州のデータ保護法[19]との親和性が高いといえるだろう[20]。

日本では、堀部政男が早くから、ＯＥＣＤプライバシーガイドラインなど国際的な規範形成の動向に着目し日本に紹介してきた。堀部は、同時代の国際的なデータ保護法の発展を踏まえ、日本における個人情報保護法制の形成の必要性を説いていた。堀部は、コンピュータの発達と利用の拡大を見据え、コンピュータを用いた個人情報の収集や利用等による個人のプライバシー侵害と社会の全体主義化のリスクに警鐘を鳴らし、現代的なデータプライバシーの保護のための法整備の必要性を説いていた[21]。

(16) THE SECRETARY'S ADVISORY COMMITTEE ON AUTOMATED PERSONAL DATA SYSTEMS, RECORDS, COMPUTERS AND THE RIGHTS OF CITIZENS (Jun 30, 1973).

(17) HARTZOG, *Supra* note 13, at 59-60 (2018).

(18) Jon Bing, *The Council of Europe Convention and OECD Guidelines on Data Protection*, 5 MICH. YBI LEGAL STUD. 271, 277-280 (1984).

(19) *See, e.g.*, Bing, *supra* note 15, at 170-173 ; HONDIUS, *supra* note 15, at 115-158, 209-210, 215-231.

(20) Bing, *supra* note 18, at 275-277, 285. 高木浩光＝小泉真由子「高木浩光さんに訊く、個人データ保護の真髄─いま解き明かされる半世紀の経緯と混乱」情報法制レポート三号（二〇二二年）四七頁以下も参照。

(21) 堀部政男『現代のプライバシー』（岩波書店、一九八〇年）同『プライバシーと高度情報化社会』（岩波書店、一九八八年）参照。

❦構造的・関係的プライバシー（プライバシー3・0）

――構造的プライバシー　二一世紀に入ると、インターネットなど情報通信技術の発展を踏まえ、米国では、ダニエル・ソロブらによりプライバシー保護のあり方を構造的に捉え直そうとする議論が展開される。すなわち、現実空間やサイバースペースにおいてプライバシーを実質的に保護し、または制限するアーキテクチャのあり方に焦点が当てられることになる[22]。

同時代の日本でも、情報通信ネットワークによる個人情報の管理の拡大に対応するために、プライバシーの構造的な把握が試みられるようになる。最高裁も、住基ネット事件において、憲法一三条の保障する個人の私生活上の自由のひとつとして「何人も、個人に関する情報をみだりに第三者に開示又は公表されない自由を有する」としたうえで、住基ネットのシステム技術および法制度上のリスクを審査し、「住基ネットにシステム技術上又は法制度上の不備があり、そのために本人確認情報が法令等の根拠に基づかずに又は正当な行政目的の範囲を逸脱して第三者に開示又は公表される具体的な危険が生じているということもできない」と判示した[23]。山本龍彦は、このような判例のアプローチから、「構造審査」と呼ばれる、個人情報を取り扱う情報システムの構造上の堅牢性や健全性に着目する判断枠組みを抽出している[24]。

構造審査は、プライバシーの実質がアーキテクチャにより左右されるようになってい

(22) Daniel Solove, The Digital Person (2004); Neil Richards, *The Information Privacy Law Project*, 94 Geo. L. J. 1087 (2006).

(23) 最判平成二〇年三月六日民集六二巻三号六六五頁。

(24) 山本龍彦『プライバシーの権利を考える』（信山社、二〇一七年）五四～六二頁参照。

る今日の社会においてプライバシーを実質的に保護するうえで有用な審査方法といえよう。しかし、構造審査が「私生活上の自由」ないしプライバシーへの構造上のリスクを審査する判断枠組みなのだとすれば、それに先立って、プライバシーないし「私生活上の自由」の内実を問う必要があるだろう。構造審査が、構造上のリスクを問題にするとしても、何に対するリスクなのかを明確にする必要があるだろう。そもそも、構造は自由を守るための手段であるのだから、構造審査の前提として、そこで守られるべき自由の内実やその根底にある価値を明らかにする必要があるはずである。実際、最高裁は住基ネット事件で、私生活上の自由を「個人に関する情報をみだりに第三者に開示又は公表されない自由」として具体化していたが、この定式のもとでは、構造審査において、漏えいのリスクは審査できても、データに基づくプロファイリングによる個人の選別のリスクなど漏えい以外のリスクを十分に考慮することは困難であった。

この点で注目すべきなのは、近時のマイナンバー訴訟における一連の裁判例である。住基ネット訴訟における判決の一部は、住基ネット最判を参照して、構造審査に依拠してマイナンバー制度の合憲性を審査しつつも、私生活上の自由の内容を拡充している。たとえば、東京地裁は、個人の私生活上の自由を「個人に関する情報をみだりに収集若しくは利用され、又は第三者に開示若しくは公表されない自由」として具体化し[25]、情報をみだりに開示・公表されない自由のみならず、情報をみだりに収集・利用されない自由の保護を認めている。こうした私生活上の自由の拡大に対応して、構造審査において

(25) 東京地判令和二年二月二五日判タ一四八五号二一二頁。

も、漏えいなどにより個人に関する情報をみだりに第三者に開示・公表されない自由が侵害される危険のみならず、情報連携に基づく人格プロフィールの作成などにより個人に関する情報をみだりに収集・利用されない自由が侵害される危険についても審査されている(26)。名古屋高裁も、個人の私生活上の自由として、何人も「個人に関する情報をみだりに収集又は第三者に開示若しくは公表されない自由を有するとともに（……）、控訴人らが主張するように自己情報コントロール権と呼ぶかどうかはともかく、個人に関する情報をみだりに利用されないという法的保護に値する利益を有するものと解される」と判示し、それに対応して構造審査の射程も拡張している(27)。

——信託・信頼としてのプライバシー　近年ではプライバシーを信頼または信託として捉える議論も有力になっている。たとえば、駒村圭吾は、プライバシーを、自分の情報を相手に預けるときに取り結ぶ一種の信託関係として捉え直そうとしている(28)。そこでは、情報プライバシーは「情報の適切な管理についての合理的な期待」に応じて保護されることになる。そして、個人情報の信託関係が成立する範囲や程度に応じて共同体が構成されることになる(29)。

駒村の議論はプライバシーを他者に開く構想として魅力的だが、いくつか疑問も思い浮かぶ。たとえば、信託の相手方はどこまで広がるのだろうか。家族、友人、恋人、「親しい人」だけではなく、プラットフォーム事業者や地方公共団体も含まれるのだろうか。私たちは、こうした様々な主体との間で広い意味で信託ないし信頼関係を結んでいると

(26) 成原慧「マイナンバー制度の合憲性」ジュリスト臨時増刊令和二年度重要判例解説（二〇二一年）一一頁参照。

(27) 名古屋高判令和三年一〇月二七日判例秘書掲載参照。

(28) 山本理顕ほか「復興の原理としての法、そして建築」駒村圭吾＝中島徹編『三・一一で考える日本社会と国家の現在』（日本評論社、二〇一二年）二〇二～二〇三頁〔駒村圭吾〕参照。

(29) 駒村・後掲注(45)二八五頁参照。

いえるとしても、たとえば、相手が家族や友人の場合とプラットフォーム事業者の場合とでは、信託ないし信頼関係の実質は大きく異なるのではないだろうか。関連して、信託としてのプライバシーに基づく共同体をどこまで拡張できるのだろうかという問いも投げかけられるだろう。家族やサークルのような小規模な共同体だけでなく、地域社会やプラットフォームのような仮想空間にも共同体を広げていくことができるのだろうか。このようにして、信託としてのプライバシーの内実を問うことは、それが依拠しているように思われる共同体主義の魅力とその限界を問い直すことにもつながるだろう。

また、齊藤邦史は、信頼としてのプライバシーの意義を説いている。齊藤は、日本のプライバシー判例において保護されてきた対象を「プライバシーに属する情報（事実）」と「プライバシーに係る情報」に整理している。両者は、佐藤幸治説におけるプライバシー固有情報と外延情報におおよそ対応しているとされる。そして、「プライバシーに係る情報」の適切な管理についての合理的な期待が保護された早稲田大学江沢民講演会名簿提供事件（以下「早稲田大学事件」という）における違法性の本質は、消費者に対する説明義務違反であり、信義則あるいは信認義務に基づくものとして理解される[30]。すなわち、齊藤は、最高裁が「このような個人情報についても、本人が、自己が欲しない他者にはみだりにこれを開示されたくないと考えることは自然なことであり、そのことへの期待は保護されるべきものであるから、本件個人情報は、上告人らのプライバシーに係る情報として法的保護の対象となるというべきであ」り、「本件個人情報を開示すること

(30) 齊藤邦史「プライバシーにおける『自律』と『信頼』」情報通信政策研究三巻一号（二〇一九年）七九～八二頁参照。

について上告人らの同意を得る手続を執ることなく、上告人らに無断で本件個人情報を警察に開示した同大学の行為は、上告人らが任意に提供したプライバシーに係る情報の適切な管理についての合理的な期待を裏切るものであり、上告人らのプライバシーを侵害するものとして不法行為を構成するというべきである」と述べる点に着目するのである。[31]

齊藤の議論は、従来のプライバシー判例を緻密に読むことにより、プライバシー保護の根拠を整理しようとするものであり、重要な問題提起を含んでいるが、齊藤の見解には、以下のような疑問を投げかけることもできる。まず、事実として私たちは様々な相手に多種多様な期待を抱いているが、それらがすべて法的に保護されるとは限らない。たとえば、放送事業者による番組編集の自律性への配慮もあり、取材対象者の番組内容に対する期待はきわめて限定的な場合にしか保護されない。[32]それでは、なぜ「プライバシーに係る情報」に対する期待は法的に保護されるべきなのだろうか。その理由を探求するのであれば、やはり「プライバシーに係る情報」に対する期待が保護されるべき実質論が問われるのではないだろうか。早稲田大学事件の最高裁判決も、「このようなプライバシーに係る情報は、取扱い方によっては、個人の人格的な権利利益を損なうおそれのあるものであるから、慎重に取り扱われる必要がある」と述べ、プライバシーに係る情報が保護されるべき理由として、人格的な権利利益が損なわれるリスクを考慮しているように思われる。

齊藤は、「日本法における『信頼としてのプライバシー』の実践的意義は、人格的自律

(31) 最判平成一五年九月一二日民集五七巻八号九七三頁。
(32) 最判平成二〇年六月一二日民集六二巻六号一六五六頁(NHK番組改変事件)参照。

権説を置換・代替するものではなく、人格的自律権説では自己情報コントロール権の枠外とされるプライバシー外延情報について、私人間における手段的・予防的な保護法益を補完的に提供するものと位置付けられ」、「核心としての『自律』の侵害を予防するため、その外延において『信頼』の保護を充実することが望ましい」と述べている。[33] そうだとすれば、「自律としてのプライバシー」と「信頼としてのプライバシー」の間で対象領域を峻別するのではなく、両者の連続性を認め、後者の領域においても、信頼の保護のみに依拠するのではなく、自律の侵害へのリスクに応じた保護を図ることが求められるのではないだろうか。つまり、早稲田大学事件の最高裁判決も示唆するように、「プライバシーに係る情報」についても、自律の侵害へのリスク、すなわち、「個人の人格的な権利利益が損なわれるおそれ」が考慮されるべきではないだろうか。[34]

プライバシーを関係的に捉える傾向は、近年の米国においても顕著である。ジャック・バルキンらは、プラットフォーム事業者と利用者らの間の権力の不均衡や情報の非対称性を踏まえ、従来の英米法において信託者と受託者の間の信託関係や、医師や弁護士など専門職が依頼者に対して負う義務が問われる場面において用いられてきた信認義務（fiduciary duty）論をプラットフォーム事業者に適用しようとしている。すなわち、プラットフォーム事業者を受任者（fiduciary）として捉え、利用者との関係で個人情報の取扱いに関する忠実義務、守秘義務、注意義務を含む信任義務を負わせようとしているのである。[35]

(33) 齊藤・前掲注(30)九〇頁参照。

(34) 成原慧「データの世紀におけるプライバシー」法学セミナー七八九号（二〇二〇年）七〇頁参照。

(35) Jack M. Balkin, *Information Fiduciaries and the First Amendment*, 49 UC Davis L. Rev. 1183 (2016).

しかし、信認義務に依拠したプライバシー保護論には疑問も提起されている。たとえば、米国法において、プラットフォーム事業者を含む会社の役員は、会社およびその株主に対して信認義務や忠実義務を負うため、利用者に対しても信認義務や忠実義務を負うことになれば、両者の間で義務の衝突が生じうることなどから、信認義務に依拠したプライバシー保護には限界があるとの指摘もある[36]。もっとも、このような指摘に対しては、従来から会社には公益や消費者の利益を保護するために株主利益の最大化を制約しうる様々な法的義務が課せられており、データを提供する利用者に対する信認義務をプラットフォーム事業者に課したとしても、役員の株主に対する信認義務との関係で固有の問題を生じさせることはなく、利用者に対する信認義務と株主に対する信認義務は調整可能であるとの反論もある[37]。だが、プラットフォーム事業者は、そのビジネスモデルゆえに、信認義務について固有の利益相反のリスクも抱えているように思われる。プラットフォーム事業者は二面（多面）市場と接しているため、二種類以上の異なる顧客と取引をしている。したがって、プラットフォーム事業者は複数の主体に対して信認義務を負う可能性があり、それゆえ、異なる主体に対する信認義務の間で利益相反が生じやすいのではないだろうか。たとえば、ソーシャルメディアの場合であれば、ユーザーに対する信認義務と広告主に対する信認義務の間の利益相反、就活サイトの場合であれば、就活生に対する信認義務と求人企業に対する信認義務の間の利益相反が生じうるのではないだろうか。こうした利益相反状況においても、消費者・データ主体のプライバシー

(36) Lina Khan & David E. Pozen, *A Skeptical View of Information Fiduciaries*, 133 Harv. L. Rev. 497 (2019).

(37) Neil M. Richards & Woodrow Hartzog, *A Duty of Royalty for Privacy Law*, 99 Wash. Univ. L. Rev. 961, 1014-1016 (2021).

を保護する信認義務が優先されるべきだとすれば、やはりプライバシーがなぜ保護されるべきかという実体論を明らかにする必要があるだろう[38]。

また、期待に応じてプライバシーが保護されるのだとすれば、期待が存在しない場合にはプライバシーが保護されず、期待が低い場合にはプライバシーの保護の程度も弱まるのではないかという疑問もある。たとえば、プラットフォーム事業者が消費者に見えにくい仕方で個人データを収集・利用・提供している場合には、消費者が個人データの収集・利用・提供について期待を形成することは難しく、したがって、プライバシーに対する法的保護も期待しにくくなるという問題が考えられる。

――適正な自己情報の取扱いを受ける権利としてのプライバシー　近年では、プライバシー権を適正な自己情報の取扱いを受ける権利として再構成するアプローチも試みられるようになっている。たとえば、音無知展は、従来の通説である自己情報コントロール権説を批判したうえで、アメリカの学説などを参照しつつ、プライバシー権を「適正な自己情報の取扱いを受ける権利」へ再構成することを試みる[39]。その際、音無は、適正手続を受ける権利（憲法三一条）をモデルに「適正な自己情報の取扱いを受ける権利」を構成している[40]。そこでは、対国家の関係における憲法上のプライバシー権に議論の射程が限定され、私人間の問題はさしあたり対象外とされている[41]。

自己情報コントロールの限界が顕在化するなかで、音無の議論はひとつの説得力のあるオルタナティヴを示すものといえよう。もっとも、音無の議論にも若干の疑問を示すこと

(38) 成原慧「プラットフォームはなぜ情報法の問題になるのか」法学セミナー七八二号（二〇二〇年）五九頁参照。
(39) 音無知展『プライバシー権の再構成』（有斐閣、二〇二一年）参照。
(40) 音無・前掲注(39)二〇〇頁以下参照。
(41) 音無・前掲注(39)二一～三頁参照。

ができる。「適正な自己情報の取扱いを受ける権利」の前提となる「適正」さはどのようにして判断されるべきなのだろうか。適正さを判定するための実体論がやはり必要となるのではないだろうか。また、刑事手続という特定の文脈を念頭に置いた適正手続を受ける権利（憲法三一条）をモデルにして、官民による個人情報の多様な取扱いにおいて「適正な自己情報の取扱いを受ける権利」をいかに構想することができるのかという疑問もある。

また、音無の議論には、主観的な権利論から客観法的な保護に接近している側面も見出せるように思われる。実際、音無の議論は、自己情報の取扱いの自己決定から、自己情報の取扱いの客観的な適正さへの転換を企図している[42]。しかし、客観的に適正な自己情報の取扱いという「適正な配慮を求める権利」[43]を保障すれば個人のプライバシー権は十全に保障されたといえるのだろうか。個人が、単なる配慮の客体として扱われるのではなく、自律的な行為主体として尊重されたといえるためには[44]、プライバシー権においても、個人の自己決定という契機を万能視すべきではないとしても、何らかの仕方で尊重する必要があるのではないだろうか。

その先のプライバシーの構想

以上で明らかにしてきたように、プライバシー権はすでに何度も「革新」されてきた。そうだとすれば、プライバシー権について、新たな革新を急ぐよりも、これまでの革新

(42) 音無・前掲注(39)二三九頁参照。

(43) 音無・前掲注(39)二四〇頁参照。音無の見解を功利主義の立場から正当化する議論として、小川亮「情報提供に対する同意はなぜ必要なのか」情報法制研究一一号（二〇二二年）五一頁以下参照。

(44) 大屋雄裕「情報化社会における自由の命運」思想九六五号（二〇〇四年）二二一～二二八頁参照。

を統合するようなインテグリティのある物語を描くことが先決ではないのだろうか。その際には、いくつか視点や対抗軸を設定することが有用であろう。そして、そのような作業を通じて、本書で論じられる他の権利・自由の革新（liberty 2.0）を試みる際の示唆を与えられるかもしれない。

まず、空間系のプライバシー（私生活上の自由、私生活上の平穏）と情報系のプライバシー（情報プライバシー、自己情報コントロール権）とを区別する駒村圭吾の議論が重要な手がかりとなるだろう。[45] 空間系のプライバシーは、消極的自由ないし防御権的構成になじみやすいが、現実世界とサイバー空間の融合が進み、様々な空間の境界が一層流動化するなかで、境界線をいかに設定するかが課題となるだろう。一方、情報系のプライバシーは、積極的自由ないし作為請求権に近い性質を有しており、データの収集や利用に伴い生じうる様々な問題に積極的に対応できる可能性がある。もっとも、空間プライバシーも、純粋に空間を保護していたというよりは、一定の空間における情報を保護していたように思われる。ウォレン＝ブランダイス論文においても、プライバシーの砦としての家屋（house）、小部屋（closet）における私的な情報の保護に目が注がれていた。[46] また、情報プライバシーも、実効的な保護を実現するためには、一定の（擬似的な）空間とその境界設定を必要とするだろう。[47] このように考えていくと、サイバースペースあるいはCPS（Cyber Physical Systems）における家や私室の機能的等価物を見出すことが求められるように思われる。この点で、プラットフォーム事業者が消費者からデータを搾取して消費

(45) 駒村圭吾『憲法訴訟の現代的転回』（日本評論社、二〇一三年）二七七〜二八一頁参照。

(46) Warren & Brandeis, *supra* note 1, at 195, 220.

(47) Julie E. Cohen, *What Privacy is for*, 126 Harv. L. Rev. 1904 (2013).

者の行動を予測・誘導する「監視資本主義」に対抗するために「聖域に対する権利」を説くショシャナ・ズボフの見解は注目に値するだろう(48)。

次に、実体論と関係論という区別も手がかりとなるだろう。先にみた信託ないし信頼としてのプライバシー論のように、近年のプライバシー論においては、プライバシーの関係論的転回（relational turn）ともいうべき潮流を見出すことができる(49)。もっとも、先述したように、実体論的だとされる従来のプライバシー論（放っておいてもらう権利、自己情報コントロール権）にも他者との関係論的な契機は胚胎していた。また、信認義務など関係論的プライバシーを採用するとしても、なぜ一定の他者へのプライバシーの期待が法的に保護されるべきなのか説明するためには、やはり実体論（自律へのリスク、「個人の人格的な権利利益を損なうおそれ」）を考慮する必要があるだろう。

また関連して、権利論と客観法という対立軸も設定できるだろう。プライバシー1・0（放っておいてもらう権利）とプライバシー2・0（自己情報コントロール権）においては、おおむね権利論的な構成が支配的であった。一方、プライバシー3・0（信認義務論、構造審査、自己情報の適正な取扱いを受ける権利）においては、客観法的な志向が有力になっているようにみえる。プライバシー2・0の段階においても、米国流の自己情報コントロール権が自己に関する情報についての個人の主観的な決定権を重視していたのに対して、欧州のデータ保護ないしデータプライバシーは、自己に関するデータに基づく決定から個人の自由を事業者に対する客観法的な統制により保護しようとする姿勢をもっていた(50)。

(48) SHOSHANA ZUBOFF, THE AGE OF SURVEILLANCE CAPITALISM 475-492 (2019)［ショシャナ・ズボフ（野中香方子訳）『監視資本主義』（東洋経済新報社、二〇二一年）五四六～五六六頁］.

(49) Neil Richards & Woodrow Hartzog, *A Relational Turn for Data Protection?*, 4 EUROPEAN DATA PROTECTION L. REV. 1 (2020); Woodrow Hartzog & Neil Richards, *The Surprising Virtues of Data Loyalty*, 71 EMORY L.J. 985 (2022).

(50) Bing, *supra* note 18, at 275.

しかし、客観法的な側面が重要になっているにしても、それだけでプライバシーという名の下に語られてきた個人の権利利益を十全に保護することができるかどうかは疑問もある。何が本人の利益を脅かす個人データの利用なのかについては、一定の範囲では客観的に判定し統制することが可能であろうが、あらかじめ客観的に一律の判断をすることが困難で、本人の判断と決定によるべき問題もあるだろう。もちろん、本人の積極的な権利行使が必要な場面があるとしても、データが見えないうちに収集・利用される状況では、個人がそれを認識し訴訟を通じて権利の救済を求めることは容易ではない。しかし、個人が単独でプライバシー権を行使することが困難であったとしても、個人情報保護法等によりデータの収集や利用の透明化を図ることで、個人が認識できるようにして、データの流通や利用により自らの権利が侵害されたと思われる場合に訴訟等を通じて権利救済を求めることの前提条件を整備することは可能であろう[51]。

また、米国のプライバシー権論が個人に対する萎縮効果など主観的リスクを重視しているのに対して、欧州のデータ保護論はデータによる不当な選別など客観的リスクを重視するようになっているようにみえる。両者の姿勢の相違の背景には、想定されている規制手法（事後規制か事前規制か）[52]、権力のモード（規律訓練か環境管理か）[53]、個人像（事後的な制裁を予期する個人[54]か「先回りされる個人」[55]か）、脅威のイメージ（オーウェルの描くビッグブラザーかカフカの描く個人に不当な決定をもたらす不可解な手続か[56]）の相違を見出すこともできるだろう。すなわち、プライバシー権をいかに構成するのかという問いは、今日の社会

(51) 成原・前掲注(34)七一〜七二頁参照。

(52) Jack M. Balkin, *Old-School/New-School Speech Regulation*, 127 HARV. L. REV. 2296 (2014).

(53) 東浩紀「情報自由論―データの権力、暗号の倫理③規律訓練から環境管理へ」中央公論一一七巻九号（二〇〇二年）二二頁以下等参照。

(54) 宮台真司『権力の予期理論』（勁草書房、一九八九年）、大屋・前掲注(44)二二六〜二二七頁参照。

(55) 宍戸常寿「通信の秘密に関する覚書」高橋和之先生古稀記念『現代立憲主義の諸相(下)』（有斐閣、二〇一三年）五二〇〜五二一頁。

(56) ダニエル・ソロブ（大島義則ほか訳）『プライバシーなんていらない!?』（勁草書房、二〇一七年）二七〜二九頁等参照。

における規制や権力のあり方、それに接する個人をいかに理解するのかという問いと不可分の関係にあるといえよう。

さらに、自己に関する情報のコントロールとその前提となる情報環境の形成の関係についても考える必要があるだろう。近時の自己情報コントロール権批判が説くように、個々の自己情報をその都度コントロールすることに限界があり、自己情報のコントロールの実質が環境により左右されているとすれば、前提となる環境を形成する自由の重要性が増すことになるであろう。自己情報のコントロールは困難だとしても、個人が主体的に自己に関する情報の収集・利用・提供の前提となる情報環境を形成に関与することは可能であり、また必要であろう。すなわち、プライバシー権によるコントロール・決定の対象となる焦点を、個々の情報の流通から、それを支える環境のあり方へと移すことが求められるように思われる(57)。このように考えていくと、プライバシー権を、個人が自らの情報に関する環境を主体的に形成するとともに、既存の環境に挑戦する権利として捉え直していくという方向性が見出せる。個別化されたデフォルトを形成する権利や、自己に関する情報をマネジメントするＡＩを形成し調整する権利を、そのような方向性を実現する権利の具体例として挙げることもできるだろう。もっとも、ネットワーク化され相互依存の進む環境では、多くの場合、環境の形成は一人では困難である。そうなると、人々が環境の形成に参加する自由という、ある種の参政権的・手続的権利が求められることになるといえるかもしれない。

(57) 浜田純一の提唱した「情報に対する権利」の根底にある、情報動物である人間が「自己の情報環境を主体的に形成していく権利」というアイディアが参考になるだろう。浜田純一「情報メディア法制」公法研究六〇号（一九九八年）三九～四二頁参照。

他方で、デジタル社会において個人の自律を保障するためには、個人が自己の情報環境のあり方を自律的に決定するという積極的な権利のみならず、個人を自己のデータに基づく他者による評価・決定、すなわち、他律的な決定から保護するための権利[58]も必要になるだろう。後者をデータプライバシーと呼ぶのかデータ保護の権利と呼ぶのかはどうかはともかく、デジタル化とともに重要性が高まっていくのは確かであり、かかる権利とプライバシーの関係について検討を深めることは他日を期することとしたい。

(58) GLOCOM六本木会議「デジタル社会を駆動する『個人データ保護法制』に向けて」(二〇二二年一二月二二日)参照。

※本研究は、JST、ムーンショット型研究開発事業、JPMJMS2012の支援を受けたものです。

Discussion

客観法による主観法支援へ

宇佐美　ご報告(編集注:本書のもととなった研究会での成原報告のこと。以下同じ)のなかで、主観法と客観法という話がありましたけれども、前者については、特定の個人が、ある場面で自分の権利が侵害されたと考えて、その救済を求めて訴訟を提起すると、この個人を保護するのが主観法ないし法的権利ですね。他方、こういう裁判例が蓄積されて判例化してゆき、あるひとつの仕方で客観法化するのだと、こういうイメージで理解しています。ただ、情報プライバシーの場合には、秘匿したい情報の範囲などは人によって非常に異なるし、時代によっても変わってくる。そうしますと、情報プライバシーにおける主観法と客観法という問題設定の場合、成原さんはどちらの方向を基本線とされるのか、客観法化の流れというものは主観法的なものを切り捨てないとうまくいかないと考えられているのか。そのあたりを敷衍していただけますか。

成原　主観的権利の侵害事例に関する判例が蓄積されて客観法化されていくというのがひとつの理想的な姿なのかなと思いますが、プライバシー侵害の場合、主観と客観がきれいに結びつけられないところがあるように思います。たとえば、あからさまに行われていて目に見える監視や、公表されたプロファイリングであれば、訴訟等により権利侵害を争うことが可能ですが、見えないところで行われている監視やプロファイリングは、本人の不利益になっているかもしれませんが、肝心の本人が気づくことができません。そうすると、訴訟を通じた救済という伝統的な方法に頼れません。こういう場面では、やはり客観法の役割が大きくなっていかざるを得ないと思います。確かに、その意味でいうと、客観法的な方向に近年のプライバシー論が近づいていることには納得できるところはあります。他方で、プライバシーの主観的な側面が切り捨てられてしまうと、個人の主体性が損なわれていくことになりはしないか、また、社会における人々の意識が法に反映されにくくなってしまうのではないかという懸念もあります。どこかで本人が主体的に異議申し立てをしたり、環境にチャレンジをしていく、やはり、一定の場面で、そういう権利を認めていく必要があるのではないか、と考えています。客観法により主観的権利の行使を支援することも可能かもしれません。ひとつの手がかりとしては、たとえば、個人情報保護法によって、個人情報の取得時に利用目的を本人に通知したり公表しなさいと要求したり、保有個人データについて透明性を確保せよというルールが設けられています。そのことを前提に、自分の情報がどのように使われているかについて、本人が把握できるようになります。そのような経路により、ある意味で、制度的に権利の救済可能性を支援していくということが、考えられるのではないでしょうか。

アレントの自由論とプライバシー

吉田　政治学的にいうと、private とは、ハンナ・アレントがいっているように、もともとは「欠損している」こと、deprivationから派生したもので、そこから彼女なりの公共性論が出てきます。そして、そこでの公共性は自由とセットになって議論されています。これは、フーコー的な権力観の反転にもなっていて、介入されない自由、介入してくる権力という捉え方ではなく、権力を構成的に捉えてはどうか、というのがアレント的な自由の見方です。今日のご報告をうかがっていて、プライバシーにはその両方が入っているのかなという感じがします。言い換えると、「○○からの自由」つまり消極的自由と「○○への自由」つまり積極的自由という古典的な自由論がありますが、それを接合する可能性がプライバシー4・0の議論にはあると考えることは可能なのでしょうか。

成原　ご指摘の通り、アレントがいうように、伝統的には、privateは「欠損」を意味していて、むしろ公的、publicな活動の方が価値があると考えられることが多かったのではないかと思います。自己情報コントロール権を提唱した佐藤幸治先生もそのあたりのことを意識された発言をされていたように記憶しております。確かにprivateな生活は欠損状態であるけれども、それを放棄したり、あからさまにするのではなくて、privateな側面について「仮面をかぶる」ことによって、公的な生活を可能にするのだと。だから公的生活を可能にするためにもプライバシーの保護が必要なんだ、というロジックをとられていたのではないかと思われます。その意味で、従来のプライバシー論においても、他者から放っておいてもらう自由としての消極的自由と、そのことを前提として公的生活に関われる自由という積極的自由を結びつける契機がもともとあるのではなかと思います。自己情報コントロール権説に限界が生じているのだとすれば、新たな仕方で消極的自由と積極的自由を結びつける議論が必要なのではないでしょうか。

駒村　アレントについてはワシントン大学（セントルイス）のシンポジウムで“Privacy's Past”と題して報告したことがありますので一言。アーレントはアテナイの自由を“卓越性の発揮の自由”と捉え、その発揮の場を公的領域に求めました。要するに、衆目に晒されること、つまり「見られること」が自由と卓越性を保証する。不自由を宿命づけられた生命的必要による束縛や奴隷状態は、すべて「見られないこと」にしておかなければならないので私的領域に封印する、こういう構図でした。ここでは、ご指摘のように積極的自由の優位が前提となっています。ところが、近代産業社会の出現によって家族を中心とする私的領域が解体されてはじめて、実は、プライベートな空間には欠損状態としてのプライバシー以外の、もっとポジティブな非欠損的価値が「再発見された」というのがアレントの所説です。それは生命の神秘や、公的活動からのシェルターとしての親密圏の意義といったものです。ただ、アレントの思想の重要なところは、近代においても依然としてプライバシーの欠損的性格は残っている、それは自由や卓越性の欠如でなく、「他者の欠如」である、と彼女は述べています。要するに、他者を欠いた自己はリアリティをもてず、そのままではファンタジーにとどまるのだ、というわけです。こうして、プライバシーはある種の「関係性の理論」として再定位されるというのが私の見立てです（*See*, Keigo Komamura, "Privacy's Past : The Ancient Concept and Its Implications for the Current Law of Privacy," *Washington University Law Review*, vol. 96, issue 6（2019））。

成原　ありがとうございます。従来のプライバシー論における他者の欠如としてのプライバシーを関係性の理論として再構築していく必要があるとのご指摘は重要ですね。その点はまさに私の報告のなかで取り上げた「プライバシーについて実体論と関係論のいずれをとるのか」という点に関わってくると思います。私見では、関係性の理論として再構築していくうえでも実体論は必要になってくるとの見方をとっておりますが。

対象情報の区別と相対化

瑞慶山　プライバシー固有情報と外延情報の区別は消えゆくのでしょうか。固有情報の方が主観的な自己情報コントロール権の対象になじみ、外延情報の方はフルスペックの自己情報コントロール権は及ばないにせよ、適正な管理を求めようということになって、前者に主観的権利、後者に客観法原則がそれぞれ親和的と整理できると思います。しかし、外延情報からも固有情報に肉薄できる技術が生まれている現在、この区分は動揺しているかにもみえます。こうした情報のセンシティブ性に応じて議論を展開していくことがどういう末路を辿るのか、ご見解があれば教えてください。

成原　一定の場面では固有情報と外延情報の区別の意義はあるはずで、判例においても、「プライバシーに属する情報」（長良川推知報道事件、グーグル検索結果削除請求事件）と「プライバシーに係る情報」（早稲田大学江沢民講演会名簿提出事件）という概念の使い分けがなされています。この区別は、情報法の齊藤邦史先生も指摘されているように、固有情報と外延情報の違いに対応しているところがあります（齊藤邦史「プライバシーにおける『自律』と『信頼』」情報通信政策研究三巻一号（二〇一九年））。ただ、前者を人格権として手厚く保護することにあまり異論はない一方、問題は後者の扱いです。私法上は信義則により保護して、公法上は公権力の統制に固有の根拠により客観法的な統制をするというのが齊藤先生の整理かと思いますが、私としては、後者についても、前者ほどではないにしても、人格的価値と関わりがあり、プロファイリング等により人格的な権利利益が損なわれるリスクがあるはずで、客観法的に保護するとしても、その点はやはり考慮する必要があるのではないかと思います。

救済プロセスにおける個人情報保護法の位置づけをめぐって

瑞慶山　最近は、関係性論や客観法原則での説明も有力化していますが、関係性として理解すると個人が関係の規範のなかに埋没してしまうおそれがありますよね。自分に合うように関係性をカスタマイズできる契機が失われる可能性があります。そうすると、自由との緊張関係が出てくる。その関連で気になるのが、先ほどの質疑でなされた個人情報保護法のなかの「制度としての救済」を考えていくという方向性です。これも個人情報保護法という大きな制度枠組のなかに個人の自由が埋没していくということにはならないでしょうか。

成原　前半の問題意識は私のものと近いように思います。後半の方のご質問ですが、個人情報保護法が提供する救済制度によって権利侵害を争えるという側面があることは確かですが、私が先ほど申し上げたかったことはやや微妙にそれとは異なり、訴訟等を通じて権利侵害を争うための「事実上の前提」を個人情報保護法が準備してくれているのではないかという点なのです。数日前も報道で、JRが顔認識技術を用いて出所者や不審者の情報を検知していることが話題になりました。個人情報保護法上は、このように顔認識技術を用いて個人情報を利用しているのであれば、利用目的を通知するか公表することが求められるわけですね。また、保有個人データであれば原則として開示請求に応じて開示に応じないといけないわけです。このような規定は、憲法上のプライバシー権の制度化・具体化なんだと考えることもできるかもしれないですが、私が指摘したいのは加えて、個人情報保護法上の制度を通じて自分の情報がこういうふうに使われていることを知ることができる、知ることができれば私法上の権利侵害を争う余地が出てくる。個人情報保護法上の通知・公表の制度がなかったとしたら、見えない監視やデータベース化にはそもそも争う可能性すら事実上剝奪されてしまう。そうした、自分の権利侵害に気づくための手立てを個人情報保護法が用意してくれている面があるんじゃないか。そのうえで、権利侵害を争うのであれば、不法行為法上のプライバシーなど個人情報保護法上制度化された権利以外の権利を根拠に争う余地も出てくると思います。

保障根拠としての「自律という価値」

瑞慶山　もう一点。プライバシーの保障根拠論では、自由や自律とプライバシーとが分かち難く結びついていると思います。プライバシーが1・0から3・0へとバージョンアップするなかで、保障根拠論には変化があったのでしょうか。

成原　そこは一番本質的なところですが、ウォレン＝ブランダイスにしろ、自己情報コントロール権の論者にしろ、第三世代の論者にせよ、個人が自らの意思に基づいて行為選択をすることができるという意味での自律という価値は、おそらく前提にあるはずです。

また、自己が他者と関係を結んでいくことの価値、さらにいえば、そこから広がって公共社会を作り上げていく、という価値もある程度共有されているように思います。民主主義的な価値についても、ウォレン＝ブランダイスの論文ですでに言及されています。ゴシップが新聞にあふれるようになると、重要な情報を国民が見なくなってしまうので民主主義にとって問題であるというようなことが述べられています。もちろん、どの要素を重視するかは時代や論者によって違うのではないでしょうか。また、表現の自由を含む自由に対する萎縮効果の回避がプライバシーの保障根拠として重要であると、ソロブをはじめ、現代のアメリカの論者はいうことが多いのですが、ヨーロッパにおいてデータ保護がいわれる際には自由の萎縮よりも、データによる不当な選別など、もう少し客観的なリスクが重視されているような気がします。

プライバシーのアーキテクチャ

河島　これからもっとＡＩやロボット、ＩｏＴが社会に入ってくることを考えると、情報プライバシーを保護する擬似的なアーキテクチャが必要となるのではないか、というような話がありましたが、この点、もう少し教えていただきたいと思います。現実空間と似たようなサイバー空間をデジタルツインで作り上げるというようなことなのか、そのあたりのイメージがわかなかったので、教えてもらえると嬉しく思います。

成原　ウォレン＝ブランダイス論文のなかでも、現実空間におけるプライバシーの砦として家や小部屋（closet）に言及されていたわけですが、サイバースペースに、あるいはサイバー・フィジカルの融合空間に家や個室の機能的等価物をいかに構築するのかということを、アーキテクチャ論の観点からは考えないといけないのかなと思います。とはいえ、やはりサイバー空間と現実空間が融合する社会で、空間の境界を明確に区切るのは簡単ではありません。ＬＩＮＥやフェイスブックメッセンジャーのように、限られた相手とだけ情報を共有して、それが技術的にも保護される場、そういった秘密が守られる媒体を確保するというのがひとつ考えられます。それでは、もう少し広い相手とのコミュニケーションを行う場合に、情報を守るためのアーキテクチャをどのように設計すべきなのでしょうか。アプリやウェブサイトで情報を共有する場合も、デフォルト・ルールや選択アーキテクチャに異存している面がありますので、そうしたアーキテクチャをプライバシー・フレンドリーに作っていくことが考えられます。

　こうしたプライバシー・バイ・デザインのような発想は、どちらかというと第三世代のプライバシー論の方向性に沿うもので、客観法的な思考方法が強く、個人がどういう志向をもっているのかはとりあえず措いておいて、制度的・客観的にプライバシーを保護しようとするものです。そこに、サンスティンの「個別化されたデフォルト」のような発想を取り入れて、個人がこうした環境を形成できる自由を一定程度確保するという方向が考えられるのかと思います。

河島　自己情報をマネジメントする環境をＡＩエージェントのようなものに託すようなことがしばしば語られていますが、エージェントではなく空間で発想する方向は面白いですよね。

成原　そうですね。空間の機能的等価物を作ることともに、ＡＩエージェントによる保護という方法も考えられるかと思います。

一括的保護の重要性

駒村　空間系と情報系の区別についてですが、ご報告のなかで指摘がありましたように、確かにマイ・ホームという空間のなかに散在するアイテムも、その情報的価値はそれぞれ異なり、したがって他者の視線を排除する理由や程度も異なると思います。そのような見方は今後おそらく私的領域のなかに外部の視線が闖入してくる時代では大切だと思います。パソコンと炊飯器は違うし、本棚とタンスも異なるでしょう。でも、その複雑で多様な情報価値を、〝自宅の壁〟で一括して空間的に保護することにはやはり意味があって、情報価値が多様で複雑であるからこそ、空間系による防壁が役に立つように思いますね。

成原　そこに含まれる情報の質を問わず一定の空間内の情報を一律に保護するという発想は、示唆がありますね。空間系のプライバシーとはやや異なりますが、通信の秘密も、一定の媒体で伝達される情報を一律に保護しようとしている点で、同じような姿勢をとっているといえるかもしれません。

プライバシーの利活用

西村　プライバシーに属する情報は、現代においては保護の対象となりますが、もともとは日常生活において当然に取得・利用されていた情報であって、我々の生活はもともとそういった情報を利用できることが前提となって成り立っていたのではないでしょうか。

ここで他の法律に目を転じてみると、たとえば著作権法や個人情報保護法などの目的条項では、著作物や個人情報についての権利や利益の保護と並んで、それらの情報が利活用されることへの配慮についての言及がありますね（「公正な利用に留意」（著作権法一条）、「個人情報の適正かつ効果的な活用」（個人情報保護法一条））。こうした法律のように、その利活用の有用性・重要性についての考慮を組み込んだ形でプライバシーのことを考えることはできないか、というのが最近気になっていることです。というのも、他分野の研究者や事業者の方々と話していると、まずプライバシーに属する情報を利用するとどういった利益が社会にもたらされるのか、という話から議論が始まり、次いで、そうした利益の側面をプライバシー権の保護に関する議論のなかでどう位置づけたらよいか、という話へと進んでいくことが多いからです。こういった点について、たとえば著作権法における権利制限規定のように、利活用の有益性を踏まえながら権利侵害性を検討するような議論をすることはできないでしょうか。

成原　イエロージャーナリズムへの対抗から始まったのがプライバシーですから、表現の自由という対抗利益との調整という図式で語られることが、アメリカでも日本でも、特に第一世代のプライバシーにおいては強かったと思います。これが、情報プライバシーを軸とする第二世代以降のプライバシーになりますと、対抗利益は必ずしも表現の自由に限られず、営業の自由や学問研究の自由など、様々な権利や利益との調整が出てきます。判例では、プライバシーと表現の自由の調整法理はそれなりの枠組みができあがってきていますが、ビジネスで個人情報を活用する際の枠組みはまだまだなのではないかと思います。ご存知のように個人情報保護法には様々な例外規定が置かれていて、公衆衛生目的で個人情報を利用することや、人の生命・身体の安全のために個人情報を利用することなどが認められていますが、こうした個人情報保護法の例外規定と不法行為法上のプライバシー侵害の違法性が阻却されるかどうかは一応別の問題ですので、両者の違いも踏まえ、対抗利益との調整のあり方を考えていく必要があるかと思います。ちなみに、早稲田大学江沢民講演会名簿提供事件の最高裁判決は、講演会参加者の情報を警察に提供すると、それだけで期待を裏切ったことになるので、もはや利益衡量をするまでもなく侵害だとも読める書きぶりになっています。もっとも、最高裁は「合理的な期待」を保護しているのかと述べているわけですから、「合理的」かどうかという点で、実質的な利益衡量を読み込むことは可能なのかもしれません。

情報環境をカスタマイズする

小久保　ご報告の最後の方で、自己の情報に関する環境を設計する自由、あるいは、すでに設定されてしまった環境に挑戦する権利というようなお話がありました。先ほど議論がありましたた、空間的な仕切りをＳＮＳのなかに実装することもひとつの方向性としてありうると思いますが、その実装方法が問題になるように思いました。たとえば、ＳＮＳを運営する企業にコンプライアンスやプライバシーの観点から特定の環境の実装を要求することを保障する仕組みのような方向性も考えられるのでしょうか。この点、環境について要求する相手がプラットフォーマーであると、その実効性がボトルネックになるのかなと思っています。具体的には、スケールメリットによって大きな利益を上げているプラットフォーマーに対して、少人数の個別の空間を作るといった丁寧なケアをどう要求したらよいのでしょうか。法制度なのか、あるいは消費者の発言・行動や市場原理によるのでしょうか。

この点に関連して先日、スペーシャルチャットを使ってみたところ、空間的な位置により音の大小が変化したり、バーチャルに作られた部屋を超えると声にぼかしが入ったりと、〝空間〟を意識した会議システムとなっておりとても良い環境設計であると思いました。ああいうものの実装をユーザー側が積極的に要求して、サービスをそういった観点で選択していければ、市場原理も働くようになり、新しい動きになるのかなと思いました。

成原　スペーシャルチャットは、私も学会の懇親会で使ったことがあり、面白かったですね。こうした技術は、環境を形成する権利の具体的なアイディアを考える際の参考になると思います。もっとも、市場でそういう良い技術が提供されているのなら、わざわざ法的な権利として保護しなくても、市場原理に任せておけばよいのではないかということもできそうです。しかし、私人間であればそれでもよいかもしれませんが、対公権力の関係だとまた別途考えないといけませんし、また、市場原理で実現できない場合、どうするのかということも検討しなければならないですね。

これに関連して、アメリカで「修理する権利」という考え方が支持されるようになっていて、既存の製品やアプリを自分で修理してカスタマイズできる権利が一定の範囲で実質的に認められつつあります。おそらく同じようなことは、フェイスブックなどソーシャルメディアやアプリにもいえて、それらを自分流にプライバシー・フレンドリーにカスタマイズする権利を法的に導入するということを立法論として考えてもいいかもしれません。

信託論と共同体

駒村　やはりプライバシーは論争的で重要な概念ですね。その重要性が認知されればされるほど、概念の外延と内包が流動化していく。つまり議論されればされるほど、プライバシーの概念自体は拡散していくところがあるように感じます。

私の所説にも言及いただきましたので、ちょっとだけ弁明させてください。私の〝信託としてのプライバシー〟の共同体主義的な性格についてですが、私としては、すごく濃い中身を伴った共同体主義の実体的共同体概念よりも、もっと機能的な意味で使っているつもりです。親密圏ではいちいち守秘義務契約は結びませんが、自己情報を披歴している相手方は自己のプライバシーの一部を提供しているという意味で、機能的に「共同体」としての性格をもつのではないか。もちろん、同窓会とフェイスブックと銀行は異なるものの、共同体的性格の濃淡で語ることはできるのではないか、ということです。個人のアイデンティティはこういった濃淡のある共同体のインデックスによって形成されると考えています。あと、合意基底的な権利観と信託基底的な権利観という論点もありますが、これは別の機会に。

それから、主観法と客観法の区別ですが、私もよく用いる分類ではあります。が、たとえば、プライバシーの核心とは何かという設問を、このディスカッションも含め、よく立てることがあります。そういうアプローチがなされること自体が客観法の存在を前提としているように思われます。個人の主意主義的なクレームにすべてを投げ出すわけではないからです。とはいえ、プライバシーにおける主観法的意義をどう考えるは大切な視点で、プライバシーなど気にしない人ばかりになってしまうような未来が来る前に、考えておかなければならないと思いますね。

成原　ありがとうございます。駒村先生の共同体概念が機能的に構成されており、プラットフォーム等にも適用可能だということがよくわかりました。

（二〇二一年一〇月二〇日収録）

ポスト・トゥルース

陰謀論の時代における「リアル」な政治を求めて

水谷瑛嗣郎

まるである日突然、虐殺が内戦というソフトウェアの基本仕様と化したかのようだった。

伊藤計劃(1)

われわれは自分の肉体の外へ一ミリも出られない。こんな不合理なことがあるだろうか。

三島由紀夫(2)

(1) 伊藤計劃『虐殺器官 新版』(早川書房、二〇一四年)七二頁。

(2) 三島由紀夫＝東大全共闘『美と共同体と東大闘争』(角川文庫、二〇〇〇年)一七頁。

序

本章に与えられた題目は「ポスト・トゥルース」である。この言葉が世界的に有名になったのは、オックスフォード辞典の二〇一六年ワード・オブ・イヤーに選ばれたことであったろう。同ウェブサイトで、ポスト・トゥルースは次のように定義されている。

> *Post-truth* is an adjective defined as 'relating to or denoting circumstances in which objective facts are less influential in shaping public opinion than appeals to emotion and personal belief'.(3)

ポスト・トゥルースはしばしば、現在、世界各国が対策を苦心している「フェイクニュース（偽情報）」のまん延と結びつけられる。その問題点としては、虚偽のまん延により、それを信じた個々人が非合理的な行動をとることによって、様々な危害（harm）を生じさせることに焦点が当てられている。まず断っておくと、本章でポスト・トゥルースがもたらす「危害」に対する処方箋ないし特効薬を示すものではない。後述するように、この事象は私たちの「表現の自由」および政治体制としてのデモクラシーにかかわるものであり、それに対する効果的でわかりやすい解決策は、むしろ重大な副作用（言論統制、メディアコントロール）をはらみ、本来守ろうとしていた価値そのものを毀損するという

(3) https://languages.oup.com/word-of-the-year/2016/（二〇二二年九月一五日最終閲覧、以下のURLはすべて同じ）。

意味で、本末転倒になりかねない。

代わりに本章では、この事象が今後も私たちの社会のなかに根深く通底するであろうという予測のもとに、その事象を抱えながら私たちの社会を維持していくための、デジタル空間と民主政システムに対する、(少々SF的な面も含む)リデザイン案について検討を行う。そのうえで、そうした案に「足りないもの」が何か、その「足りないもの」こそが、実は私たちの「自由(Liberty)」の新たな形にかかわってくるのではないかという点について、論証を進めていきたい。

ポスト・トゥルースの問題系

さて、ポスト・トゥルースという用語は、以前から存在していたが、イギリスのEU離脱(いわゆる「ブレグジット」)を問う国民投票およびドナルド・トランプ氏が大統領に当選したアメリカの大統領選挙をきっかけにその頻度が急増したことが、オックスフォード辞典ウェブサイトのなかで指摘されている。これら民主政にとって重大なイベントに際しては、ソーシャルメディアおよびレガシーメディア上において、様々な出所不明な偽/誤情報(disinformation/misinformation)が流通し、問題視されたことは詳細に語るまでもないだろう[4]。当選したトランプ大統領は、自身に敵対的な報道を「フェイクニュース」と呼んで名指しして攻撃を繰り返した。四年後の二〇二〇年の大統領選でトランプ

(4) 外国政府による選挙干渉については、土屋大洋=川口貴久編『ハックされる民主主義』(千倉書房、二〇二二年)を参照。

大統領はその座を引きずり降ろされることとなったわけだが、彼はその選挙戦中も投票に「不正」があると主張し、それを後押しするかのような「証拠」がソーシャルメディア上に氾濫した。ところでこの不正投票（Voter fraud）という言説自体は、アメリカでかねてより指摘されてきたものでもあった。ブレナン司法センターによる二〇〇七年の調査では「投票所で他の有権者になりすますことよりも、個人が雷に打たれる可能性の方が高い」とまで指摘されており、不正が大規模に行われることはほぼありえないことがわかる。[5] そして、今回の選挙において不正の「証拠」とされたものの多くは、すでにファクトチェックを受けており、その有効性を否定されている。[6] にもかかわらず、アメリカ国民のみならず、直接投票権のない日本国民の一部においてもなぜか熱心に信じられている状態である。また、最終的には「不正」を信じた人々によってアメリカ連邦議会が襲撃を受けることとなった。このことは、まさにポスト・トゥルース時代の象徴ともいえる出来事といえるだろう。

むろん、「ポスト・トゥルース」はまだ収束していない。本章執筆時点（二〇二二年）においては、ロシアによるウクライナ侵攻を皮切りに、SNSがプロパガンダ戦の「主戦場」の様相を呈している。これに対し、EUが、制限措置の一環として、二〇二二年三月にRTやスプートニクといったロシア国営メディアに対し、あらゆるコンテンツの放送等を提供することを禁止し、また放送免許等を停止する規則を制定したことは、ポスト・トゥルースが「戦時」においても無視しえないことを如実に表している。[7]

(5) Justin Levitt, "The Truth About Voter Fraud," *Brennan Center for Justice*, 2007, p. 4.

(6) BBCリアリティ・チェック・チーム「【米大統領選2020】投票について拡散されたうわさを検証」（二〇二〇年一一月六日）〈https://www.bbc.com/japanese/features-and-analysis-54835283〉.

(7) See, Art. 2f. Regulation (EU) No 833/2014, as amended on 1 March 2022 by Council Regulation (EU) 2022/350.

ただし、こうした誤報、（意図的に流される）偽情報、陰謀論等が表現環境にまん延する現象は、現代になって突然降ってわいたものではないことに注意が必要である。佐藤卓己が指摘する通り、流言は「社会変動にともなう揺らぎの中で人々がストレスと不安の解消を求めて行うコミュニケーションの所産であり、現代社会、すなわちメディア社会の構成要素の一部」であるし、そもそも論として、マスコミュニケーション研究が、総力戦体制において、権力者の側の主観に立った「正しい情報」を効果的に伝達する研究として発達してきたことには注意を払う必要がある。(8)

そして、私たちが享受してきた表現の「自由」のプロジェクトは、上記のような（国家）権力側が「真理」の裁定者として君臨して「真理」を市民社会に押し付けることを良しとせず、「真理」の裁定者を市民社会の「理性」に委ねるという構想であった。表現の自由論においてよく引き合いに出される「思想の自由市場」メタファーは、表現環境に流通する表現を、人々の間でよりよく「競争」させることで、「真理」に到達しうる（あるいは、勝ち残ったものが「真理」と呼ばれるに値する）という意味で、（その提唱者であるオリバー・ウェンデル・ホームズとルイス・ブランダイスとの間で見解に相違があるといわれているものの）やはり「理性」の申し子であった。それゆえに「国家〝からの〟自由」が、この領域では特に重要視されてきた。この観点からいえば、ポスト・トゥルースの問題を解消するために、国家が、偽情報を検閲したり、事後的に規制したりするといった手段は、最も警戒されるべきであり、「真理」の裁定はファクトチェックの仕組みも含め、思想の自由

(8) 佐藤卓己『流言のメディア史』（岩波新書、二〇一九年）二七八頁。

市場に極力委ねられるべきであるということになる。

後景に退く「理性」――『虐殺器官』の風景

私たちの身体には、虐殺を引き起こす「器官」が埋め込まれている。しかも進化の過程からその「器官」を刺激する「文法」があり、その文法に従って放たれた「言葉（情報）」を受けて、まるで自動化されたプログラムのように、人が人を殺し、社会を崩壊させていく――。この筆者の「原初風景」は、今は亡き、日本を代表するSF作家である伊藤計劃が著した『虐殺器官』で描かれた情景である。もちろん、上記は「（サイエンス・）フィクション」にすぎない。

だが、科学哲学者のリー・マッキンタイア[9]は、先に示したオックスフォード辞典の定義について、「ポストトゥルースとは真実が存在しないという主張ではなく、事実がわたしたちの政治的視点に従属するという主張なのだという感覚を抱くだろう。……それは感情がときとして事実よりも重要であるという考えのことだ」と喝破している。それを象徴的に示すものとして、マッキンタイアは、アメリカの元下院議長であるギングリッチとCNN記者の以下のようなやり取りを示している[10]。

キャメロタ：　感じている、そうなんでしょうね。そうしたことを感じている人々

(9) リー・マッキンタイア（大橋完太郎監訳）『ポスト・トゥルース』（人文書院、二〇二〇年）三〇頁。

(10) マッキンタイア・前掲注(9)一九～二〇頁。

がいる、と。けれどもそうしたことを裏付ける事実はありません。

ギングリッチ：政治を志すものとして、わたしは人々が感じていることに寄り添いたい。あなたは理論家たちと一緒にいればいい。

つまるところ、ポスト・トゥルース時代においては、感情のような「非理性」的な要素が前面に出現し、本来ならば理性的に事実に基づいて探求されるべき「真理」が、政治的影響力に劣位してしまうことになる。こうしてポスト・トゥルース時代において、民主政システムは徐々に蝕まれていく。だがそもそも情報が真実か虚偽かについて理性的な判断が優先されにくいのは、（伊藤がまさに「器官」にその因子をもとめたように）「人間」の構造上の問題でもある。こうした「非理性的」な判断についてよく指摘されるのが、二つの心理的傾向である。ひとつは、「バックファイア効果」であり、もうひとつが「ダニン＝クルーガー効果」である。前者は、自信の信念に合致する偽の情報を信じている人に、証拠を示して誤りの訂正を行ったとしても、それがむしろ裏目に出て、より深くの偽の情報を信じ込んでしまうということを示したものである。後者は、多かれ少なかれ人は自身の能力値を過剰に自己評価しており、自身の能力の欠如を認識できていないということを示したものになる。[11]「陰謀論は、世の中はこうあるべきだという認識と現実のギャップを、自分で理解するのに都合のいいように埋める解釈枠組の一つ」なのである。[12]

(11) マッキンタイア・前掲注9）五七頁以下。
(12) 辻隆太朗「陰謀論へのイントロダクション」現代思想四九巻六号（二〇二一年）四四頁。

加えて、道徳心理学者のジョナサン・ハイトは、人間の本性としての理性崇拝は危険であると指摘している。彼は、人間の理性と直観の関係性を、「象と乗り手」に例える。人間は物事の正しさをまず「象（直観）」が判断し、「乗り手（理性）」はその直観的感覚を正当化しようとする。この理性による正当化が失敗したとしても、直観はなかなか判断を変えないという。すなわち、「まず直観、それから戦略的な思考」（道徳心理学の第一原理）というものである。このように私たちの「理性」は、まるで大統領がもつあらゆる見解を無条件で正当化してくれる報道官（日本風にいえば、首相と官房長官？）のような役割を果たしている。そして、私たちの「内なる報道官」は、たくみに「うそ」をつき、他者をだますだけでなく、巧妙に自分自身すら欺いてしまうことがある。特に、ある種の条件がそろった場合、私たちはしばしば集団中心主義的になり、自分が所属するチーム（党派）を支援するためにそれ以外に対して「盲目」になる。[13] つまり私たちのなかでの主従関係でいえば、理性こそが「従」の位置づけにあるのである。

もっともこうした一見すると不合理な、つまり「非理性的」な私たちの心理的側面もまた、（すべてではないだろうが）身体的な「器官」と同じく、実は長い間の進化のもとで形成された合理的な産物である可能性が、進化心理学の分野から指摘されていることに留意する必要がある。たとえば、人間には「行動免疫システム（behavioral immune system）」が備わっているとされている。人間は、進化の過程で病気を回避するシステムを手に入れてきたが、そのうち「病原体との接触を避けるための心理的システムであり、

(13) ジョナサン・ハイト（高橋洋訳）『社会はなぜ左と右にわかれるのか』（紀伊國屋書店、二〇一四年）を参照。

保菌者・罹患者を検知したり、検知した人を回避したりするように動機づける」ものが、行動免疫システムである。[14] しかしながら、当然といえば当然であるが、我々が、実際に誰が保菌者であるかを正確に把握することはできないため、そこに「エラー（誤検知）」が生じるが、特に致命的なエラーを起こさないよう、実際には保菌者でないにもかかわらず、保菌者と検知することが起きやすくなり、偏見などを強めていく場合があるという。[15] ある心理学の研究では、福島県近隣の「安全」が確保されている農作物等に対する「風評被害」の根底に、この「行動免疫システム」が関係しているのではないかと仮説が提唱されている。この研究では、「感染嫌悪傾向が強い参加者の中でも、病気の脅威が顕現化した場合に、より汚染範囲を広く推定していた」ことが明らかになっている。[16]

(14) 樋口収ほか「行動免疫システムと福島県近隣の汚染地域の推定との関連」実験社会心理学研究五六巻一号（二〇一六年）一一五頁。
(15) 樋口ほか・前掲注(14)一一五〜一一六頁。
(16) 樋口ほか・前掲注(14)一一九頁。

ポスト・トゥルースのメディア生態系

だが、上記のような「人間」に由来する構造的問題は、ポスト・トゥルースの要素の一断面でしかない。というのも、「人間」の構造は、（それが仮に進化の過程から得てきたものだとしても）現代においていきなり出現したものではなく、むしろ変化したのは、社会を取り巻き、人間の構造を刺激する、「メディア環境」の構造である。この点、偽情報の流通には「生態系」があると考えられており、そこでは、情報の受領者のみならず、❶様々な意図（経済的意図、政治的意図）をもって情報を生成、発信する「発信者」の存在があり、❷さらにその情報の「媒介者」が存在している[17]。

❶たとえば、「発信者」の観点からみれば、現代のロシア―ウクライナ戦争におけるプロパガンダ合戦をみても明らかなように、戦時の「言葉」は、巧妙に「デザイン」されている。たとえば、「民族浄化」という言葉が、ボスニアに対する国際社会の介入を正当化する世論形成のためにPR会社等によって「デザイン」されたものであるということは、よく知られている[18]。その前提には、ボスニアで行われた虐殺に対して、「ホロコースト」という言葉を用いることへのアメリカ・ユダヤ社会の反発を迂回する必要があったからだが、そもそもこの言葉の英訳には、当初二つの候補があったとされている。ひとつは、Ethnic purifying。こちらは、宗教的意味合いが強く「純化」を意味する言葉だった。そして、もうひとつがEthnic cleansingであり、こちらはより日常的な「汚れ落とし」的意味合いをもつ。そして後者の方が、より非人道的行為をイメージさせる響きをもっていたために、あえて選ばれたのである[19]。ニューヨークタイムズのコラムニストの言を借りるならば、民族浄化とは「具体的な意味がないのに、感情だけをむやみに刺激してしまった」言葉であり、「『ホロコースト』と言わずに『ホロコースト』を思い起こさせる力があったのである」[20]。端的にいってしまえば、感情的に「バズる」(＝メディアに流通しやすい)PRワードを作り、流通させたわけである。これは同時に、ボスニアをめぐる様々な事象を見えなくさせる効果もあった。発信者の意図は、こうした政治的意図に限られない。すでに各所で指摘されていることであるが、アメリカで流通した偽情報

(17) 笹原和俊「フェイクニュースと情報生態系の進化」現代思想四九巻六号(二〇二一年)一七一頁以下を参照。

(18) 高木徹『ドキュメント戦争広告代理店』(講談社、二〇〇二年)を参照。

(19) 高木・前掲注(18)一二〇頁。

(20) 高木・前掲注(18)一二一頁。

のうちのいくつかは、マケドニアの小さな町の「フェイクニュース工場」で広告費を稼ぐために作り出されたものであったことが明らかになっている[21]。このように発信者側に経済的意図が絡んでいる場合も少なくない。

❷そして、こうした偽情報の「媒介者」の存在も大きな力を果たす。ボスニア紛争時代の主流メディアは「テレビ」であったが、現代においてはどうか。先述した通り、現代のプロパガンダ戦の主戦場は、インターネット上のソーシャルメディア・プラットフォームである。

先ほどのハイトは、最近の寄稿で、先にみた「確証バイアス」に加えて、ソーシャルメディアがもたらす政治的な機能不全を指摘している。第一に、それが「善良な市民を沈黙させている一方で、荒らしや挑発者に大きな力を与えている」ことである。もちろん、ソーシャルメディアを利用しているすべての人がそうなるわけではなく、むしろ「少数の攻撃的な人々がより多くの犠牲者を攻撃することを可能にした」。そして、そうした少数の人々に支配されたフォーラムからは、まともな人は離脱してしまうのである[22]。第二に、ソーシャルメディアは、政治的に極端な人々に強力な発言力を与える一方で、穏健な多数派の発言力を低下させてしまう。ソーシャルメディア上では、わずかな割合の熱狂的な保守派と進歩主義的な活動家（前者はアメリカの人口の六%、後者は八%にすぎない）という、「より広範な社会を代表しない二つのエリート層の闘い」によって分断している。しかもこの二つの極端なグループが、「道徳的・政治的態度に最も大きな同質性を

(21) Samanth Subramanian & Guy Martin「マケドニア番外地―潜入、世界を動かした『フェイクニュース』工場へ」WIRED（二〇一七年六月二三日）〈https://wired.jp/special/2017/macedonia/〉.

(22) この点については、日本においても同様の指摘が経済学者からなされている。山口真一は、ネット炎上がネット全体からみれば実はごく限られた少数の「極端な人」によって引き起こされていることを指摘している（山口真一『正義を振りかざす「極端な人」の正体』（光文社新書、二〇二〇年）を参照）。

示している」という。第三に、ソーシャルメディアは、「適正手続きを経ることなく、すべての人に正義を執行させる」ようになっている。プラットフォームのヴァイラル性によって、小さな犯罪や冤罪に対しても「大規模な集団罰」をひき起こす。つまり「私たちは文脈、比例性、慈悲、真実を無視した社会を手に入れる」のである。[23]

他方でシナン・アラルは、近時、ソーシャルメディア・プラットフォームのことを「ハイプ・マシン（誇大広告機械）」と呼び、その構造に着目している。特にデジタル空間に広がるビジネスモデルは、有限かつ稀少な私たちの「注目」をいかに引きつけるかにかかっている。「注目」は「通貨」なのである（関心経済）。そこから、ソーシャルメディアは、二つの手法で私たちの「注目」を引き寄せようとする。ひとつは、大量のデータを収集し、分析することで私たちの選好を「予測」し、それによって広告をはじめとするコンテンツを「個別化（personalized）」してユーザーに届ける「マイクロ・ターゲティング」である。もうひとつは、ユーザー・エンゲージメントを強化するため、いいねボタンをはじめとする「コンテンツのスコア」化のアーキテクチャを駆使し、アルゴリズムの介入を経て「トレンド」を作り出す「トレンド独裁」である。[24] そして重要なことに、こうした手法によって「注目」を集める際に、コンテンツの内容が事実に基づいたものであるとか、根拠があり信頼できるものであるかは関係がない。ただ、私たちを「刺激」し、プラットフォーム上のコンテンツにくぎ付けにすればそれでよいのである。

さらにカリン・ウォール＝ヨルゲンセンは、そもそも「メディアを通じて構築された

(23) Jonathan Haidt, WHY THE PAST 10 YEARS OF AMERICAN LIFE HAVE BEEN UNIQUELY STUPID It's not just a phase, The Atlantic, May, 2022 〈https://www.theatlantic.com/magazine/archive/2022/05/social-media-democracy-trust-babel/629369/〉.

(24) シナン・アラル（夏目大訳）『デマの影響力』（ダイヤモンド社、二〇二二年）三四八～三七九頁。

感情」が、「諸個人の身体をめぐるものとしての感情」とは異なることを前提に、これまで見過ごされてきた政治における「感情」の役割に注目し、そのうち、「怒り」と「愛情」の重要性を指摘する。そのうえで、リアクションボタン（いいねやひどいね等）を検証し、ソーシャルメディア上の感情アーキテクチャが、特定の感情表現を促す構造を有しており、ユーザーの肯定的な感情労働を商業化（「感情経済」）していることを指摘している。そして、「オンラインやソーシャルメディアのプラットフォームの登場により、メディアと政治の理論は集団や個人の言説を通じた感情のパフォーマンスや構築に注意を向けるだけ」でなく、「感情が技術的アーキテクチャやアフォーダンスによりどのように形成されるのかにも注意を払わなければならない」と警鐘を鳴らすのである。(25) そして、いずれはソーシャルメディア上で、資源としての「感情」を政治的、経済的に利用しようと試みる者たちが出現してくることが予測される。

これら関心経済と感情経済に関する指摘は、インターネット上の情報流通の場として機能しているソーシャルメディアのデザインが、（営利企業によって運営されている以上、当然のことであるが）経済的に強く動機づけられていることを示唆するものといえる。

ポスト・トゥルース時代の情報環境とデモクラシー

こうしてみていくと、「ポスト・トゥルース」が、私たちに突きつけてきているものは、

(25) カリン・ウォール＝ヨルゲンセン（三谷文栄＝山越修三訳）『メディアと感情の政治学』（勁草書房、二〇二〇年）二四六頁。

個人間の「理性的な対話（熟議）」の困難性、ひいては従来型の民主政システムの理論的前提（自由で多様な情報流通→市民間の対話→選挙による民意集約→代議制による政治のサイクル）の実現困難性（≠不可能性）ということになるだろう。

むろんこれに対し、一定程度の「国家〝による〟自由」を表現空間に導入し、解決を図ろうという試みもある。典型例でいえば、民主的な熟議とセレンディピティの重要性を説くキャス・サンスティィンは、政府により創設される「パブリック・フォーラム」（そこでは、見解に基づいて意見が排除されることなく、人々が異質な意見に触れることができる場として機能する）を重要視する。特に、インターネットのなかにそれを実現しようとするサンスティィンは、「ここで私がとくに訴えたいのは、実のところ、個人の生活、集団行動、イノベーション、民主主義そのもののための、〝セレンディピティのアーキテクチャ〟である」[26]として、多様な異見と触れ合い、熟議を促進させるための「作為」を、様々な場面で仕込むことを提案する。しかしながら、そもそも、「多様性」という言葉もまた「自分にはわからない、想像もできないようなことがこの世界にはいっぱいある。そう思い知らされる言葉のはず」[27]である。サンスティィンも、パブリックフォーラム論が目指す目標に言及する際、「私は予期せぬ出会いだけでなく望まない出会いも認めるつもり」（強調は筆者による）であると指摘しているが[28]、これは相当に厳しく、困難な道のりである。いうなれば、私たちは、セレンディピティ・アーキテクチャによって、Qアノン、Jアノン、その他の陰謀論者といった人々と向き合い、さらには彼らと「対話」することを

(26) キャス・サンスティーン（伊達尚美訳）『#リパブリック インターネットは民主主義になにをもたらすのか』（勁草書房、二〇一八年）一〇頁。
(27) 朝井リョウ『正欲』（新潮社、二〇二一年）三三七頁。
(28) サンスティーン・前掲注(26)五七頁。

求められる。ポスト・トゥルース時代は、もっとも緊密な「親密圏」にあるはずの家族すら「分断」させている[29]ことを考えるならば、その困難さは推して知るべし、である。

また近時注目され、日本でもいくつか実践も試みられている「討論型世論調査」[30]は、まさに異質な意見をもつ他者同士が対話を試みる営為である。しかしながら、そうした「場」の設定には対立する意見についてそれぞれ見解を参加者に説明してくれるファシリテーターの存在や、参加者のインセンティブ設計（謝礼等）など、相当な「お膳立て」が必要となる。逆にいえば、そこまで「仕込み」をしなければ、異見の交換は（重ねていうが不可能ではないものの）困難を極めるということでもある。

そうすると、ポスト・トゥルース時代におけるひとつの「解決策」として求められるのは、こうした対話困難性を前提にした、表現空間および民主政システムの再設計《リデザイン》ということになるだろうか。それはつまり、そもそも「異質な他者との対話」から「逃走」してしまえばよいということにほかならない。では、こうした「異質な他者との対話」からの逃走にはどのような方法があるだろうか。

「他者との対話」からの逃走——出島社会

成田悠輔は、『出島社会のすすめ』[31]において、「真の敵は私たち自身の認知の歪み、必要なのは歪みを除去するためのもっと徹底した分断だ」と喝破する。彼は、「避けがたい

(29) たとえば、NHK「妻が『ワクチン打たない…』誤情報が生んだ夫婦の亀裂」（二〇二一年八月一三日）〈https://www.nhk.or.jp/gendai/comment/0016/topic030.html〉。これに加えて、読売新聞大阪本社『情報パンデミック』（中央公論新社、二〇二二年）も参照。

(30) たとえば、柳瀬昇『熟慮と討議の民主主義理論』（ミネルヴァ書房、二〇一五年）を参照。

(31) 成田悠輔「出島社会のすすめ」遅いインターネット（二〇二一年二月一日）〈https://slowinternet.jp/article/20210201/〉。

分断を抱きしめながら他者とかりそめの『共生』をする方法」として、①壁、②ホロコースト、③ブランディングの三つを挙げて、そのうちの①壁の建設に希望を見出す。

　ここでいう壁の建設とは、具体的にはソーシャルメディアの改革案を指している。筆者の理解するところによれば、それは、「混ぜるな危険」と判断されたユーザーの間により強度のフィルタリングを施す、つまりは「フィルターバブル」の強化を提案するものである。こうしてフィルタリングはデフォルトとして設定され、隔てられた両者は、自身の意思で壁の向こう側に入ることもできる（オプトイン）が、そのためにはコスト（金銭等）を払う仕組みが設けられる。まさに一七世紀に長崎に築かれた「出島」のようである。成田はいう。「『情報→対話→理解』というバベルの塔にしがみつく人類への新たな一撃のデザイン――それが出島網構想だ」、と。

　この「出島構想」は、いわば「見たくないものを見ない自由」[32]をアーキテクチャで実現するものともいえる。確かに現行の日本国憲法が、表現の自由の「派生原理」として認める「情報摂取の自由には、情報を摂取しない自由（情報を摂取することを強制されない自由）を含む」と解されているところではある。[33] より尖った言い方をすれば、「煩わしい『他者』（との対話）からの自由（ないし解放）」とでもいえるだろうか。まさにサンスティンが目指したものとは、対極に位置づけられる解決策である。

(32) この点を検討するための必須文献として徐東輝「インターネット上における『忘れられる権利』及び『見たくないものを見ない自由』を考える」月報司法書士五九一号（二〇二一年）二四～三五頁を参照。

(33) 最大判平成二九年一二月六日民集七一巻一〇号一八一七頁（NHK受信料判決岡部喜代子補足意見）。

市民的対話から「無意識民主主義」へ

さて、「出島」をつくり、ポスト・トゥルース時代を幸せに乗り切る「分断」を私たちが手に入れたとして、選挙による民意集約や代議制に基づく政策形成はどのように位置づけられるのだろうか。そもそも論として、デジタル空間に意図的に「分断」を作り出し、「他者からの自由」を国民に与えたうえで、民主政システムは維持しうるのだろうか。これについて、「民主主義とはデータの変換である」[34]と喝破する成田が提示する回答が「無意識民主主義」（センサー民主主義やデータ民主主義とも）である。

この仕組みでは、様々なセンサー・チャンネルを通じて「民意データ」を集積する。「インターネットや監視カメラが捉える日常の中での言葉や表情や体反応、安眠度合いや心拍数や脇汗量、ドーパミンやセロトニン、オキシトシンなどの神経伝達物質やホルモンの分泌量……人々の意識と無意識の欲望・意思を摑むあらゆるデータ源から、様々な政策論点やイシューに対する人々の意見が漏れ出している。そこに刻まれているのは『あの制度はいい』『うわぁ嫌いだ……』といった民意データだ」。選挙は廃止されるわけではないが、その過程で、「これまで民意データを汲み取るための唯一無二のチャンネルだった選挙は、数あるチャンネルの一つに格下げされ、一つのデータ源として相対化される」ことになる[35]。

民意データの集約は、「民意への解像度を高め」、万華鏡のように様々な角度から民意

(34) 成田悠輔『二二世紀の民主主義』（SB新書、二〇二二年）一六四頁。

(35) 成田・前掲注(34)一六一頁。

の「表情」を映し出すために行われ、「選挙や Twitter や監視カメラのような個々のチャンネル・センサーへの過度の依存を避け、無数のチャンネルにちょっとずつ依存することで」、なるべく歪みが発生しないように調整される[36]。

こうして多様なチャンネルから集約した大量の民意データと、過去の政策選択・成果指標のデータを組み合わせ、アルゴリズムを介して政策立案が行われる。成田によれば、それは次の二段階で構成される。まず、各課題ごとに、「価値判断の基準や目的関数を民意データから読み取る」。次に、その結果に従って、過去に行われてきた政策の成果指標データに基づく効果検証をはさみ、「最適な政策的意思決定」が選ばれる[37]。まさに実現すれば、SFアニメーションの「PSYCHO-PASS」で描かれた「シビュラ・システム」が敷かれた社会のようになるだろう。そこでは、人間の政治家の意義は、もはや「マスコット」と「サンドバッグ」程度の存在でしかなくなる（そして成田にいわせれば、すでにそうなっている）[38]。SF好きの筆者の目からみて、成田のこのような提案はかなり「魅力」的に映ることは否定できない（もっともこうした成田の構想は「ハイリスクAI」等を規制するEUのAI規則案や日本の「人間中心のAI社会原則」、個人情報保護制度の趣旨と抵触する可能性があるが、この点については、本章では言及せず、別の観点から検討を試みたい）。

(36) 成田・前掲注(34)一七六〜一七九頁。

(37) 成田・前掲注(34)一八五頁。

(38) 成田・前掲注(34)二二三〜二二四頁。

「データ至上主義」の影

ところで筆者のみるところ、こうした構想の背景には、「データ至上主義」の影がちらついている。歴史学者ユヴァル・ノア・ハラリは、近代以降の「人間至上主義」の宗教戦争（vs.社会主義、進化論）を勝ち残った「自由主義」が、情報技術によって脅かされつつあると警鐘を鳴らす。「私たちは、個々の人間に自由意志などまったく許さない、はなはだ有用な装置や道具や構造の洪水に直面しようとしている。民主主義と自由市場と人権は、この洪水を生き延びられるだろうか？」(39)。

ここでいう「データ至上主義」とは、「森羅万象がデータの流れからできており、どんな現象やものの価値もデータ処理にどれだけ寄与するかで決まる」という考えであり、「データ至上主義者は人間の知識や知恵に懐疑的で、ビッグデータとコンピューターアルゴリズムに信頼を置きたがる」という(40)。またデータ至上主義者は、「……二一世紀の今、もはや感情は世界で最高のアルゴリズムではない」と考えており、彼らにいわせれば、「グーグルとフェイスブックのアルゴリズムは、あなたがどのように感じているかを正確に知っているだけでなく、あなたに関して、あなたには思いもよらない他の無数の事柄も知っている。したがって、あなたは自分の感情に耳を傾けるのをやめて、代わりにこうした外部のアルゴリズムに耳を傾け始めるべき」ということになる(41)。

データ至上主義者はまた「生き物はアルゴリズムだ」(42)と考えている。そのため、彼ら

(39) ユヴァル・ノア・ハラリ『ホモ・デウス　テクノロジーとサピエンスの未来（下）』（河出書房、二〇一八年）一三二頁。

(40) ハラリ・前掲注(39)二〇九頁。

(41) ハラリ・前掲注(39)二三九頁。

(42) ハラリ・前掲注(39)二三七頁。

は「一人ひとりが誰に投票するかだけでなく、ある人が民主党の候補者に投票し、別の人が共和党の候補者に投票するときに、その根底にある神経学的な理由もアルゴリズムが知っているのなら、民主的な選挙をすることにどんな意味があるのだろうか？」と問う[43]。もちろんアルゴリズムは、初めは人間によって開発されるのであるが、しかし「成長するにつれて自らの道を進み、人間がかつて行ったことのない場所にまで、さらには人間がついていけない場所にまで行く」ことになる[44]。

成田自身も述べている通り[45]、こうした構想自体は、かつて東浩紀が『一般意志2・0』で構想したデータベース民主主義に類似するものがある[46]。だがそうである以上、「民意」を「データ」に置き換え、その抽出システムたる選挙制度を、アルゴリズムに置き換える（正確にいえば相対化する）という点は、とある側面を否応なしに浮かび上がらせる。「いったん人類を、その中で起きている意識しているかどうか問わない生体反応の塊に還元する。つまり人間が見下している動物の世界にいったん還元してしまう」[47]と成田自身が述べているように、それはつまり、民主主義に参加する国民は、もはや参加「主体」として期待されることなく、ただの「客体」、すなわち民意データの抽出源に成り下がるということを意味する。

無意識民主主義のアーキタイプである「一般意志2・0」において、東はルソーのいう「一般意志」を集合的な「無意識」と重ね合わせている。そのうえで、東は、ルソーが一般意志を「モノ」に喩えたことを挙げ、それと重なる「無意識」もまた「モノ」に

(43) ハラリ・前掲注(39)二三九頁。

(44) ハラリ・前掲注(39)二四一頁。

(45) 成田・前掲注(34)二四六頁第四章注二。

(46) 東浩紀『一般意志2・0 ルソー、フロイト、グーグル』（講談社、二〇一一年）を参照。

(47) 成田・前掲注(34)二二九頁。同時に、これは「他者」の存在を必要としない「動物化」した政治システムの到来でもある（東浩紀『動物化するポストモダン』（講談社現代新書、二〇〇一年）を参照）。

喩えられることを指摘する。そうしてできあがった無意識民主主義は、「市民ひとりひとりにはもはやなにも期待せず、ただ彼らの欲望をモノのように扱い、熟議または設計の抑止力として使うだけ」のシステムと化す(48)。人間至上主義が没落し、データ至上主義が勃興するというハラリの予測と重なってみえるのは、まさにこの点なのである。

そして、その魅力と裏腹に、筆者の脳裏に浮かんだ危惧もまさにこの点に関連している。ポスト・トゥルース時代を幸せに生き残ることはできても、成田の構想を「民主主義」と呼び表すには、その中核的なものが不足しているのではないか。

筆者の管見するところでは、民主政システムはたったひとつの「型」が存在するわけではなく、様々な要素（表現の自由、選挙、代議制、参加、説明責任、利害調整、熟議 etc.…）が組み合わさって構築されている。そのうちのどの要素を重要視するか、または本質的価値を置くかによってその呼び方も変わる（参加型民主主義、熟議民主主義 etc.…）。では、無意識民主主義に足りないものとは何だろうか。そのヒントは、民主政治体制を「参加と責任のシステム」(49)と評する政治学者の宇野重規が新聞紙面上で語った次の言葉である。

同じ先進国でも、欧米の政治学者は「新型コロナウイルス禍は民主主義の危機だ。民主主義に最終的には必須の、街頭での抗議行動などができないから」と言います。日本の場合は、「インターネット上の意見やアイデアを集約すれば……」みたいな身体性抜きの民主主義を考えがちです。身体性は、民主主義や政治とどこか不可分な

(48) 東・前掲注(46)一九三頁。なお東の構想と成田の構想の間には、決定的に異なっている部分がある。東は、集合知は「ゼロからの創造には向かない」ため、「あくまで熟議に対する抑止力としてのみ用いるべき」と語っている（同一九二頁）。つまり東の構想は、民主的統治をすべてアルゴリズムに委ねる成田の無意識民主主義とは異なり、あくまで「未来の統治は、大衆の無意識を排除するのではなく、かといってその無意識に盲目的に従うのでもなく、情報技術を用いて無意識を可視化したうえで、その制御を志すもの」（同一七四頁）であり、非常にバランスを意識したものとなっている。対照的に成田は人間を無意識民主主義における「門番」、いわば緊急ブレーキの役割として位置づけている（成田・前掲注(34)一六三頁）。

(49) 宇野重規『民主主義とは何か』（講談社現代新書、二〇二〇年）を参照。

はずですが。一人で鬱屈したりインターネット上で他人を攻撃したりするよりも、街頭で政治的な意見を叫ぶ方が健全なのは確かでしょう[50]。

民主政システムを構成する「情念」と「虚構」

無意識民主主義に欠けているものとは何か。それは、民主政システムを駆動させ、前進させようと集う人々の「熱情」である。そもそも、人間をデータ抽出の客体に再定位してまで、なぜ私たちは「民主政システム」という「形式」にこだわらなければならないのか。無意識（データ）とアルゴリズムにそこまで統治を徹底的に委ね、政治の主役から人間を退場させるのであれば、それはむしろ「アルゴクラシー（Algocracy）」[51]と呼んだ方が適切ではないだろうか。

ここからは、民主政システムの構成要素としての「熱情」とは何を意味し、それがなぜ民主政に必要なのかについてみていこう。そもそも、私たちの直観に反して、実は民主主義は「（政策的）合理性」だけでは成立しない政治体制である。その「合理的でないもの」こそが、データに基づく合理性を突き詰め、人間をそのための抽出源と見出すことで、零れ落ちた「何か」である。

政治思想家であるマイケル・ウォルツァーは、民主政には「討議」以外の要素が必要であり、政治教育や組織形成などと並び、「動員」と「デモンストレーション」を挙げて

(50) 宇野重規（聞き手：鈴木英生）「民主主義『執行権』の再検討を　宇野重規・東大教授が語る改革案」毎日新聞二〇二一年二月一日〈https://mainichi.jp/articles/20210201/k00/00m/010/104000c〉.

(51) See John Danaher, "The Threat of Algocracy," *Philosophy and Technology* vol. 29, no. 3 (2016), pp. 245-268. ; *See also* Lukas Lorenza, "Albert Meijera and Tino Schuppanb, The algocracy as a new ideal type for government organizations," *Information Polity* no. 26 (2021), pp. 71-86.

いる。彼はまず動員について、「大規模な政治活動は組織形成以上のものを必要とする。個々の男女は、激励され、刺激され、元気づけられ、士気を高められ、武器を取るよう命じられなければならない」[52]。そして、「とりわけ熱心な類のアジテーションとプロパガンダが、構成員の関心を引き、彼らのエネルギーを一つの焦点に引き絞り、彼らをしっかりと一つにまとめるために必要」となる。そうすることで、彼らはスローガンを叫んで闘う戦闘員となる。一見するとそれは反民主主義的であるが、しかし、そうした「スローガンはしばしばデモクラシーを支持するものであった」。政治的な平等や、出版の自由、はたまた公民権を求める闘争の多くが、それを必要としてきたのである。「人々を動員するのが不要になったデモクラシーの政治というものを想像することは、容易ではない」のである[53]。

さらにデモンストレーションについての指摘も示唆的である。静かで冷静な討議と異なり、デモは次のようなメッセージを、自分たちの仲間や、ふんぞり返っているエリート層にぶつけるものである。

私たちはここに決起する。なされねばならないと私たちが信じるものはこれだ。そして私たちはそれを軽々しく信じているわけではない。それは世論調査で捉えられるような類の意見の一つとは違う。今日はそう考えているが、明日はそう考えるかもしれないし考えないかもしれない、というようなものともそれは違う。私たち

(52) マイケル・ウォルツァー(齋藤純一ほか訳)『政治と情念』(風行社、二〇〇六年)一五六頁。

(53) ウォルツァー・前掲注(52)一五七頁。

は勝利するまで何度でも戻ってくる。[54]

このようなウォルツァーの根底には、民主政においては、理性のみならず、熱情（彼はそれを「情念（パッション）」と呼ぶ）が必要であり、それが私たちにとって「決定的に重要な判断」である「同志の選択」と呼ばれる政治的決定において、大きな役割を果たすという考えがある。[55] それと同時に、こうした政治に対する「情念」に駆り立てられた人々の様々な行動こそが、人間を民主政システムの「主役」へと押し上げる。なぜならば、そこで行動している人々それぞれがもつ「動機」こそが、人間を人間たらしめている「自由意志」の発露であり、[56] たとえ少数者の意見がデータ集約により政策実現に反映されたとしても、人間を「ただのデータの客体（＝モノ）」として据え置く以上は、無意識民主主義で放置されることになる要素なのである。換言すれば、民主政に対する「熱情」とは、政治に参加する人々の「動機」を意味する。▼【補足1】

一見するとこうした非理性的な熱情に対するコミットメントは、冒頭で示した通り、ポスト・トゥルース時代においては合理的な理性が後景に退き、それによって民主主義が後退するという懸念と矛盾するようにも映るだろう。しかしながら、民主主義の健全な発展もまた、皮肉なことに「ポスト・トゥルース＝虚構」からしか生まれえない。政治哲学者ハンナ・アレントは、「政治における嘘」を厳しく批判しながら、同時に「嘘を語るわれわれの能力」を奨励している。[57] この一見した矛盾について、社会思想史の研究

(54) ウォルツァー・前掲注(52)一五八頁。

(55) ウォルツァー・前掲注(52)二一二〜二一三頁。

(56) マルクス・ガブリエル『「私」は脳ではない 二一世紀のための精神の哲学』（講談社、二〇一九年）を参照。哲学者マルクス・ガブリエルは、データ至上主義の考え方に反し、「脳」をいくら正確に解析できるようになったとしても、それは「私」ではないとして、人間を人間たらしめるものとしての「自由意志」の存在を強調する。確かに私たちの行動の多くは、神経レベルで無意識に用意されているが、ガブリエルによると、ある出来事を構成するものには、大きく分けて❶誰かが望むと望まざると起きる原因（固い原因）と、❷理由（行動への動機）の二種類がある。そのうえで、ガブリエルは、「我々の行動に必要な条件の多くは固い原因ではないので、我々は自由なのです」と述べている（同三一三頁）。

(57) ハンナ・アーレント（引田隆也＝齋藤純一訳）『過去と未来の間』（みすず書房、一九九四年）三四一頁。

者である百木獏は、彼女が称揚する「活動」と「嘘」が親和的に語られている点に着目し、次のように鋭く指摘している。

「ここで『活動』と親和的に論じられる『嘘』とは、自己の利害のために事実を隠蔽・捏造するような嘘ではなく、世界に新たな『始まり』をもたらすための嘘、あるいは現状の世界にノーを突きつけ、世界を変革するための嘘だ、ということになるだろう」。こうした嘘とは、「一般的にいえば、現実と異なる世界＝虚構《フィクション》を構想する力と近いものであろう」(58)。

百木は、そうした「嘘」の例として、「すべての人間は生まれながらにして平等」であると語ったアメリカ独立宣言を挙げ、そのような言明は、「われわれがそのことを『合意と同意』によって認め、それを実現・実践しようとするときにのみ、現実＝本当《リアル》なもの」となり、そしてこうした「嘘」を、「『活動』のための嘘（構想）とするためには、それを『現実＝本当《リアル》』に変えるための実践《プラクシス》が必要である」と指摘するのである(59)。アメリカ独立宣言で謳われている「嘘」を「現実」にするために、公民権運動やブラック・ライヴズ・マターといった実践が果てしなく続いている。それは今もまだ「嘘」であり続けており、いつになれば「現実」になるか見通すことができないにもかかわらず、である。こうして語られる「虚構」に動機づけられ、情念を燃やし、それを「現実」のものとするべく、私たちの「今現在の社会」に対して拒否を伝える人々の存在こそが、民主政治をより良く発展させるための契機であり、駆動軸となるのである。そうだとすれば、ポスト・トゥ

(58) 百木獏『嘘と政治 ポスト真実とアーレントの思想』（青土社、二〇二一年）九三頁。

(59) 百木・前掲注(58)九六〜九七頁。

ルース時代は、単なる私たちの社会の病症をあらわしたものではなく、福音となる可能性も秘めた現象といえるかもしれない。

肉体への渇望とその可傷性

さらに、こうした情念に基礎づけられた動員やデモンストレーションは、デジタルに作り出される感作的なもの、たとえばソーシャルメディア上の「ハッシュタグ」による共感とつながり等とは、決定的に異なる性質をもつ。その「性質」については、気鋭の政治学者である佐藤信がすでにその一端を見出している。彼は、日本で熱情にかられたかのように学生運動が繰り返された一九六〇年代を振り返り、彼ら学生がなぜ自ら進んで「路上」に出たのか、そこにとある「衝動」が存在していたことを炙り出している。佐藤は、六〇年代の若者たちが求めた革命が、「正当な民主的手続きにのっとって採られた政策への反発」にあることを指摘し、「六〇年代の運動について捉えようとするとき、その本質を政治的な合理性」ではなく、「むしろ彼／彼女らの内からくる衝動によって説明」する必要があると述べている。ではここでいう「衝動」とは何か。それは、「若さゆえの肉体への興味であり、皮膚への執着」である。[60]「若者にとって生きることとは、肉体を生きるということであり、それ以外ではありえない。肉体が若者を突き動かすのだ」[61]。「皮膚」は、私と「他者」を隔てた壁として存在するが、そればかりではなく、私と「他

(60) 佐藤信『60年代のリアル』(ミネルヴァ書房、二〇一一年)一〇四頁。

(61) 佐藤・前掲注(60)九九頁。

者」の間でつながり、他者理解を生むものでもある。[62]このような可能性を秘めた「皮膚」を「ざわめかせ」[63]る「感覚」が、「リアル」で「手触り感のある政治」[64]を実現するのである。それはまさに政治に「所属」することで、「公」のなかから自己（個）を特定するということにほかならない（「政治所属」[65]）。そして、こうした路上と身体に依拠した政治は、単に参加する当人の当事者意識を醸成するもの以上の必然性がある。

　ジェンダー研究者であるジュディス・バトラーは、「人民の集団が今も存在し、空間を占拠し、執拗に生きていると主張することは、既に表現的な行動であり、政治的に重要な出来事であって、それは予期せぬ一時的な集会の直中で無言のうちに起こり得る」と指摘する。[66]その意味では、バトラーにいわせれば、路上で展開されるデモや集会はシュプレヒコールをあげる必要すらない。「集合した諸身体は、たとえそれらが黙って立っていようと、私たちは使い捨てにできるわけではないと『語っている』」からである。[67]そして、こうした身体の集合が、それだけで「行為遂行的」となるのは、身体が「可傷性」という固有の性質をもっているためである。ナイフで刺されれば傷を負い、銃で撃たれれば臓器を破壊され、病気に晒されれば弱り、飢えれば死ぬ。そうしたリスクを抱えた「肉体」を路上に「曝す」ことで、時に煩わしく、時に共感できる「他者」に対して、「私はここに（生きて）いる」という存在証明を突きつけることができる。

　冒頭で引用し、佐藤もまた詳細に分析をしている小説家の三島由紀夫は、肉体について「私は何とかしてその肉体を拡張してみようと思った。それからそれをやってみまし

(62) 佐藤・前掲注（60）九四～一〇〇頁。
(63) 佐藤・前掲注（60）一五四～一五五頁。
(64) 佐藤・前掲注（60）一六二頁。
(65) 佐藤・前掲注（60）一六三頁。
(66) ジュディス・バトラー（佐藤嘉幸＝清水知子訳）『アセンブリ　行為遂行性・複数性・政治』（青土社、二〇一八年）二六頁。
(67) バトラー・前掲注（66）二七頁。

たところが、肉体というものがある意味で精神に比べて非常に保守的、そして精神というものは幾らでも尖鋭に、進歩的になり得るのだけれども、肉体というものは鍛えれば鍛えるほど、動物的な自己保存の本能によって動いている。それがぼくの肉体というものに対するおもしろい発見でありました」と語っている[68]。

そんな三島が、学生運動のただなかで、まったくの対極にあるはずの東大全共闘の学生たちと他者理解を試みた「討論」を催したことは有名である。本来、価値観的に相容れないはずの両者であるが、討論で三島が冒頭に学生たちの「功績」を断言し、学生側が思わず三島を「先生」と呼んでしまい、あげく討論の最後には全共闘の学生たちが三島に「共闘」をもちかけている（三島はもちろん、それを断るのだが）点などは、むしろ敵というよりも同志に近いように映る（三島に討論会をもちかけ、主催者となった木村修は、討論後に三島から「楯の会」に誘われたことをドキュメンタリー内で独白している）[69]。彼らに通底していた共通項とは、特に佐藤も著書のなかで指摘する通り、「肉体」（と暴力）であった[70]。「動物的な自己保存の本能」という脆弱なリスクを抱えた肉体という点が、互いに対極にある「他者」の間をつないだということの現象こそが、私たちの未来（ポスト・トゥルース時代）にとっての希望になりうる。

(68) 三島＝東大全共闘・前掲注（2）一八頁。

(69) 豊島圭介監督『三島由紀夫vs東大全共闘五〇年目の真実』（二〇二〇年三月二〇日）。

(70) 佐藤・前掲注（60）六四〜六五頁。

煩わしい他者への自由

成田が提示する「煩わしい他者〝からの〟自由」（および他者を不要とする政治）と対比するならば、本章が提示するのは、「煩わしい他者〝への〟自由」といえるだろう。それを駆使して、路上で展開されるのは、まさに私はここにいるという他者に対する「存在証明」であり、「人間的身体に固有の必要、さらには死の可能性によって駆動された政治」なのである[71]。佐藤もまた、肉体を通じて実感される「苦痛」を介して、はじめて政治に「リアル」が付与されうることを示唆している[72]。このように、私たちの脆弱な身体の集合が、政治の「リアル」、もっといえばアレント的な「嘘」を「現実」にするための実践を構成するのである。

もっとも、なぜ「皮膚」やそれによって他者と隔てられた「肉体」を公に曝す衝動が、デジタルな共感よりも規範的に価値があるといえるのか。この点について、法哲学者の大屋雄裕は、キャンセル・カルチャーのはらむ問題点を指摘する際に、その「賭け金」という視点を提示している。大屋曰く、キャンセル・カルチャーの問題点は、通常の司法手続きで踏まれるような「検証とそれを可能にする社会的決定のプロセスを無視し、ある程度の多数ではあれ一部の人びとの思い付きをそのまま結論へと結びつけようとする姿勢にある」[73]。しかも往々にしてそのような営為には、「あまりにもわずかな賭け金しか投じられていない」。中世の決闘裁判は、科学捜査技術が発展した現代においてはナ

(71) 佐藤嘉幸「解説」バトラー・前掲注(66)三三九頁。
(72) 佐藤・前掲注(60)一〇九～一一〇頁。
(73) 大屋雄裕「キャンセル・カルチャーが孕む二つの文脈」Voice二〇二二年九月号一五一頁。

ンセンスであるが、しかし、その当時においては、「命を賭けた告発・命を賭けた否定であればそれが真実である可能性を認め、真摯に取り扱うべきだという信念が存在することは疑いえない」[74]。

そのように考えたとき、自らの「肉体」を路上に晒すデモのような行動は、まぎれもなく、その人の有限稀少な時間という資源に加えて、自らの身体が抱える脆弱性リスクという「賭け金」を払う行為であることにほかならない。だが、デジタル空間におけるハッシュタグでのつながりには、こうしたコストを見出しがたいのである。

同時に、「他者」に対する存在証明のための身体の集合には、物理的プラットフォームが必要不可欠である。大衆デモは異なる政治目的がありながら、その本質は「諸身体が集合し、共に運動し、語り、公共空間としてのある空間への権利」（強調点は筆者による）という点において、非常に類似している[75]。であるならば、こうした「他者への自由」は必然的に、社会のなかで様々な属性や社会的機能を背負う「個」同士が、ある共通目標に動機づけられてその身体で「群」を形成し、他者と交わることのできる「場（プラットフォーム）」を自ら創設する「自由」も、含むことになるだろう。

(74) 大屋・前掲注(73)一五一頁。

(75) バトラー・前掲注(66)九五頁。

結語

最後に断っておくと、筆者は、民主政システムにとってデジタル空間は意味がない（あるいは危険だ）とか、若者はもっとデモに参加するべきだとか、スマホを捨てて路上に返ろう（デジタル・デトックス）とかそうした脱デジタルな主張をしたいわけではない。▼【補足2】人によっては、筆者の論証を、単なるノスタルジーとして捉える向きもあるだろう。

もともと集会やデモといった行為は、インターネットがここまで普及していなかった時代において、主流派のマスメディアなどにアクセスできない人々が、自らの意見を表出するための数少ない手段であった。路上や公園といったインフラストラクチャーが、ときに「パブリック・フォーラム」とされ、あらゆる見解をもつ人々を受け入れるよう設定されてきたことも、そうした側面を少なからず有していた。デモや集会の「自由」は、まさに自らのメディアをもたない人々のための自由[76]として消極的に位置づけられ、そしてまさに「身体」が絡むことで、それが時に暴力に発展することが過剰なまでに恐れられてきた（集団暴徒化論）[77]。

表現の自由なんて、インターネットがあるのだし、（迷惑だから）路上からは撤退せよ——。おそらく成田の構想が実際に実現せずとも、（まさに本章執筆の最中に起きた元首相に対する「路上」での銃撃事件も相まって）今後こうした言説は増えていくだろう。ポスト・トゥルース時代において、今後いやおうなしにデジタル空間のなかへと政治も含めた人間の主たる生活基盤がシフトしていくなかで、こうした「身体」性を有する手段はますます警戒され、「肉体」は政治における居場所を失っていくことが予想される。その意味で、本章が提示したものは、ポスト・トゥルース時代において「肉体」が有する「特権

(76) 京都地判昭和四二年二月二三日下刑集九巻二号一四一頁を参照。

(77) 最大判昭和三五年七月二〇日刑集一四巻九号一二四三頁（東京都公安条例事件）を参照。

性」と、その最後の「居場所」を確保するという筆者のささやかな「嘘」にすぎないともいえる。

▼【補足1】

もっともそうした「熱情」すら、センサーによりデータ化し、測定しうるのではないかという懸念はありうる。ただいくらセンサーが発達し、精緻に身体的指標を読み取れるようになったとしても、それが私たちの感情を精緻に読み取れるようになることと同義であるかは、留保する必要がある。最近の「感情」研究では、古典的な本質主義と呼ばれる理論とは異なる「構成主義的情動理論」が登場している。「情動は、外界に対する反応ではない。人間は感覚入力の受動的な受け手ではなく、情動の積極的な構築者」なのである。古典的理論は「直観的で、外界で生じたできごとが私たちの内部に情動反応を引き起こすと考える」が、一方で構成主義的理論は、「『脳はあなたが気づかぬうちに、自分が経験する、情動を含めたあらゆるものごとを構築している』という、日常的な感覚とは合致しない話を語る」ものである（リサ・フェルドマン・バレット（高橋洋訳）『情動はこうしてつくられる』（紀伊國屋書店、二〇一九年）六四〜六五頁）。古典的理論と構成主義的理論の大きな違いのひとつは、「身体的指標」を重視する古典的理論に対して、構成主義的理論には、そうした指標が存在せず、変化を標準とするという点にある。「あなたの怒りの範囲は、必ずしも私のそれと同じではない。ただし似たような環境で育っていれば、重なる部分が多く出てくることだろう」（同六六頁）。また現代でいえば、フェイスブックには「いいね」ボタンのほかに、「ひどいね」ボタンがあるが、ある政治家の汚職を報じた同じニュース記事に、憲法学者である筆者が「ひどいね」を押した場合と、そうではない私の妻が「ひどいね」を押した場合でも、怒りの「論点」が異なることもあれば、「度合い」が異なる場合もある。実際に妻と「対面で会話」してみると、同じニュースに対する観点や熱量が大きく異なっていることをしばしば思い知らされる。そこでは私たちの多彩な「感情」が、まさに「ひどいね」という指標に単純化・一元化されてしまっているのである。センサー類が読み取り、データ化され、析出された「私」と、いまここにいる「私」は、どこまで本当に「同じもの」といえるのだろうか。

【補足2】

これ以外にも一点、注意しておくと、筆者は、民主政治体制の主たる構成要素が「情念」であり、「理性」や「熟議」は不要であるとはまったく考えていない。むしろこれらは、両立可能なものであり、どちらも民主政治体制にとって必要不可欠な構成要素であると考えている。フェイクニュースがまん延するなかで、オンライン・プラットフォーム上での「熟議」を担保したり、その管理に対する「ガバナンス」を検討した筆者の論稿のひとつとしては、拙稿「オンライン・プラットフォームの統治論を目指して—デジタル表現環境における『新たな統治者』の登場」判例時報二四八七号（二〇二一年）一一〇～一一七頁を参照。また直近の日本における「他者への自由」の実践としては、当然のことながら、ＳＥＡＬＤｓによる活動が目に留まる。かつて筆者は『60年代のリアル』の短い書評でそのことに触れたが、ここでも改めて指摘しておくと、「その主張内容の妥当性は別にして、自発的に路上に出たというその一点により、彼らの活動は規範的な価値をもつ」といえるだろう。SEALDsの存在について重要であったのは、「その後」である。冷徹な「合理性」の砦たるべき政策立案・調整機関としての政府に、実際に彼らの「情念」は直接ビルトインされるわけではないことはいうまでもない。筆者の本章での指摘も、あくまで存在証明の自由とその場を確保しておくということにとどまるのであり、デモの主張がそのまま民主政過程に反映されて政策立案に導入されるべきではない。そこには、「情念」を変換する議会における「熟議」が必要であり、それは「大人」の役割であった。「情念」を燃やし、脆弱な「身体」をリスキーにさらした彼ら若者に対して、果たしてあの時自らの政治的宣伝塔のごとく担ぎ上げた「大人」たちは、その責を果たしたであろうか。

Discussion

皮膚感覚、肉体言語は、いかなるコミュニケーションをもたらしたのか

井上　質問ですが、ご報告（編集注：本書のもととなった研究会での水谷報告のこと。以下同じ）の最後で出てきた「肉体」論についてです。私はゲームを研究していますが、私の学部の時の指導教授は小熊英二という人で、彼の本などを読むと、六〇年代は確かにお祭り騒ぎといいますか、お互いに顔を突き合わせて盛り上がるというムードもあったようです。ただ他方で、運動を組織していたコアの層は、皮膚感

覚もあるんだけれども、中長期目標を見据えて、けっこう組織マネジメント的観点ももっていたように思われます。そこの二つのレイヤーをどう捉えるのか。これが一点です。
二点目です。最近「三里塚の夏」というドキュメンタリー映画を観たんですけれども、これは成田闘争の最期を撮った映画でして、当時の若者が映像で残されているんですね。ただ、非常に盛り上がっていたことはよくわかるんだけれども、議論を聞いていると、こっちの方はえらく雑な話もしているなと（笑）。皮膚感覚やセレンディピティもすごくあって、その後の彼らの人生に決定的な意味をもつものだったのだろうとは思いますが、しかし、流言飛語的な世界でもあった。そのあたりをトータルにどう評価していくのか、お考えをお聞かせいただけますでしょうか。

水谷　一点目についてですが、やはり運動というものは、コアな層がいるにしても、その周縁部分にいる人たちがついてこないと成立しないのではないかと考えています。特に、外縁部の人たちがどういう動機で集まってくるのかに着目しないといけないのではないか。僕自身のなかでもそれが前提になっています。
二点目のご指摘は、まさにその当時の学生の実態ですよね。すごく短絡的で直情的な部分があって、佐藤信さんの『60年代のリアル』を読んでいて思ったのは、肉体的な若さゆえの過ちじゃないですけれども、そういう部分で突っ走っていたという面は確かにあるような気がします。ただ、突っ走っていた先に目指すところがある種の虚構（フィクション）だったとしても、その時一緒に肩を並べて機動隊と対峙したというその感覚はたぶん「リアル」で、肩を並べた、皮膚と皮膚をぶつけ合ったというところに可能性を見出すことができるのではないでしょうか。私の論文では、そうした「リアル」がもつ可能性を追求し、ポスト・トゥルース時代の政治においては、「真実」を追求するだけでなく、他者との間の「リアル」を追求する余地を確保しておかなければならないのではないか、その意味で「身体」を特権的に位置づけられるのではないかと考えた次第です。

駒村　六〇年の安保闘争、その後七〇年代に高校闘争というのもありましたが、基本、大学生とその予備軍が「闘争」と呼称された社会運動の担い手だったわけですよね。今の学生と比較すると、やはり違った熱量というものを感じます。まさに熱気という表現が象徴しているように、身体が触れ合うなかで議論をし、感情に突き動かされて暴発する。若さゆえにというご指摘もありましたが、確かにそれはあったと思う。でも、他方で、「俺たちは大学生なんだ」という特権的な階級意識みたいなものに支えられていた側面もあったのではないでしょうか。めちゃくちゃやっているようだけど、マルクスだって読めるぞと。実際に読んでなくても、その気になれば読めると(笑)。知的資源を総動員できるポジションにいるんだという意識が——衝動や暴走をいつでも正当化でき、「造反有理」を気取れるんだという精神的担保が——あったから暴れられたんじゃないかな。労働組合もそうだったように思いますね。戦後解放された社会主義理論、革命理論、運動理論を一所懸命学び、いざとなればそれが正当性を弁明してくれるという。身体の衝動や暴走と理性の熱気が同居していたのが大学であり組合だった。しかし、両方とも空洞化してしまった。あるいは、別なものに代替されつつあるのではないでしょうか。

身体的コミュニケーションというけれど

吉田　いまはネットフリックスで配信されている『三島由紀夫vs.東大全共闘50年目の真実』は、東大の大教室で三島由紀夫と全共闘の学生が対論してその場で意見をぶつけ合うドキュメンタリーです。立場は違っても、真剣にぶつかり合っている臨場感は、今のネット空間では感じられない体験です。確かに、顔と顔、身体と身体とを突き合わせることによって立場の異なる、意味秩序の異なる人と対話することが可能になっていたという側面が、六〇年代に限らず、かつての大学とか都市という空間にはありました。他方で、やはり当時の学生運動においてはセクト間の対立があり、それが時に物理的な暴力を伴うような闘争になり、さらに一部が過激化したことで人々の支持を失っていくわけですが、そのようなプロセスを振り返ってみると、今のネット空間で起きていることとどちらが相対的にマシなのか、どっちが評価できるのかというと、簡単には判断できないところがある気もします。ネットではフェイクニュースが拡散したり、エコーチェンバーが生じたりして、言動が過激になってはいますが、物理的暴力にまで至るケースはそれほど多くない。「ピザゲート事件」や米国大統領選挙のあとのトランプ支持者による連邦議会議事堂への襲撃などは、あくまで例外的な事態だと思いますし、日本では考えられません。他方で暴力の日常性のようなところに目を向けると、暴力を伴うセクト間の対立があった六〇年代と、現在のネット上の分断は果たして決定的に異なるのか。つまり、ネット上の言論の過激化というのは、ネットがあるからとか、プラットフォームやアテンション・エコノミーが煽っているからというわけでは必ずしもないのではないか。そもそも人間のコミュニケーションには暴力がついてまわる可能性は排除できないのではないか。現代のネット上のコミュニケーションと六〇年代の学生のコミュニケーションを冷静に見比べてみる必要があるのではないでしょうか。

水谷　佐藤さんの『60年代のリアル』でも、まさにその三島由紀夫と全共闘の話が出てくるんですよね。三島は、「天皇を天皇と諸君が一言言ってくれれば、私は喜んで諸君と手をつなぐのに」という言葉を発していたわけですが、イデオロギー的にまったく違う両者が、会場での皮膚感覚を共有し、当時の政治に対するリアルな感覚の部分においては共闘していたという瞬間が現れていた気がしています。三島も東大全共闘のことを、「全部は肯定しないけれども、ある日本の大正教養主義からきた知識人の自惚れというものの鼻を叩き割ったという功績は絶対に認めます」と称賛しています。それはたぶん、政治におけるリアルな部分を共有しているということ、僕とあなた方は一緒だといった感覚があってではないか、と思っています。

暴力や有形力についてですが、六〇年代の運動が内ゲバやテロにシフトしていったというのは確かです。そもそも三島と全共闘の間には、一触即発というのがふさわしい「摩擦」を生じさせた側面もありました。「おれは三島をぶん殴る会があると聞いたから来たんだよ」という人もいたし、「楯の会」のメンバーが三島の「護衛」で会場に来ていたりする。「法」が秩序の具現化である以上、一線を超えた暴力は認めるわけにはいきません。その意味では、ネット空間は、フィルタリングやデザイン次第で非常に「なめらかな」世界になりうるし、ポスト・トゥルース時代においてはその「なめらかな」世界の方が魅力的で、非暴力的で、合理的です。ただそこには社会をより理想的な形態へ変革させようという可能性が担保されていない。そのなかで、理想（＝虚構）を「現実化」するための政治の「リアル」をどうやって調達すべきか。憲法の分野ですと、パブリック・フォーラム論という議論もありますし、泉佐野市民会館事件最高裁判決（最判平成七年三月七日民集四九巻三号六八七頁）というのがありまして、そこでは集会のための公共施設は可能な限り自由に使わせましょうという法理が展開されました。ただし、明白かつ現在の危険がある場合は別であると。しかし、その危険も、警察力すらも凌駕するような危険でなければならず、逆にいえば、そこに至るまでは、集会の自由を邪魔するものはむしろ警察力を使って追い出し、集会を守らなければならないと、最高裁はいっているんですね。私たちの「肉の身体」がもつ「可傷性」を受け止め、他者に対する暴力は認められないけれども、それと言論のギリギリの境界を設定することで、はじめて「摩擦」が生じる余地が確保されるし、それが社会にとって必要だということを示唆しているように思います。同時に、ポスト・トゥルース時代に「摩擦」を制度や環境の設計のなかでどう取り込んでいくかということを考えるうえでも参考になるように思っています。

駒村　身体性といえば、水谷さんも引いていた、UCバークレイの哲学者・ジュディス・バトラーの所説がやはり重要です、彼女もウォルツァー同様にとてもデモや集会を重視しています。バトラーの主張をざっくりまとめると、要するに、しゃべらなくていいんだ、ただ立っているだけでいいんだと。単に、群衆が集まり行進している、ステージもマイクもなく、ただそこに集まっているということ自体に意味があるんだと。「生きている人間が今ここにいる」という身体そのものの自己主張が大事だという議論をしているんですね。これは生体情報データの全面的集約による無意識民主主義にはなかなかできない点です。身体を情報に分解し尽くせると考える思考方法は、要するに、人間そのものを情報に分解し尽くすことにより異時空間に再構成できると考える。でも、「生きている人間が今ここにいる」という身体のもつ自己主張をそのような思考方法に完全に還元はできない。

そこで、水谷説に立つにせよ、ではなぜ身体性を前景に出すことが大事なのか、身体を動員するだけで何も語らなくても直ちに行為遂行性を帯びるのはなぜか、を問う視点を提示することが決定的に重要です。シュプレヒコールや横断幕がなくても、黙々と群衆がうごめいている。これに対しては、「明白かつ現在の危険」の法理は適用できません。でも、「そこはかとないジワジワしたキケン」は感じさせるのではないか。沈黙のデモが「ジワジワしたキケン」を発散させるのは、それが身体性を抱えた人間という存在の本質的な可傷性を想起させるからだというのがバトラーの見立てですね。そうなると、デモは「異見を主張する点」に本質的意義があるわけではなく、もっと違った次元においてこそ真価を発揮するということになるわけです。そして、その点をくすぐることにデモ再興の戦略的希望がある。

ネットにおける「祭り」

成原　肉体的なぶつかり合いを直接するのはネット空間では難しいと思うんですけれども、一昔前では2ちゃんねるの「祭り」のようなイベント——ツイッターでも似たような現象はありま す——が起きて、みんなが突発的に反応して投票したりハッシュタグをつけたりすることによって、普段は政治的立場が同じではない者同士が共闘したり、一緒に「祭り」に参加したりするということがありますよね。「祭り」にはいろんな目的や効果がありますので、一概に評価することはできませんが、そうしたネット上の「祭り」的なコミュニケーションについてはどう評価されていますか。

水谷　僕が議論している肉体的感覚は、現実のこの「肉の身体」をベースにしていますが、あえてデジタル空間で近いものがあるとすれば、それは2ちゃんの「祭り」よりも、どちらかというとニコニコ動画のコメント欄ですかね。東浩紀の『一般意志2・0』でも出てきますが、コメント欄で一斉に大量のコメントがガッと流れてくるような、あの同期的な、音楽ライブにも通ずる一体感に近いです。動画だからという部分はあるかもしれませんが。やはり、文字よりも動画コンテンツの方に可能性はあるんじゃないかという気はします。そことうまくアーキテクチャ的なものが組めればデジタル空間でも面白いことはできるのかなと、ちょっと思っています。

成原　水谷さんのこれまでの議論はある種の熟議民主主義的な立場に立ち、理性に基づいて市民が議論をして民主的決定に参加していく、というモデルをとられているのかな、と思っているところがあったんですが、今回のお話は少々意外でした。政治において理性的なコミュニケーションを重んじる立場と、皮膚感覚、あるいは先ほどのニコ動の例でいうとコメント欄での盛り上がりのようなものとの間には、ある種の緊張関係があるような気がするのですが、そのあたりはどのように整理されているのでしょうか。

水谷　ご指摘の通りでして、熟議は自然状態ではできないから、やはり交通整理が必要だと思います。場を万人に開放しただけでは熟議は起きない。他方で、そういった熟議の文脈を追求するだけではだめであって、マイケル・ウォルツァーも指摘していたと思いますが、民主主義には「動員」も必要だと思います。僕はやはりその両輪が重要かなと考えているところです。実は頭のなかでは両輪でずっと考えていたので、今回、もう片方を提示してみた次第です。この両輪をどう整理するかは私にとって今後の課題ですが、デジタル空間と実空間で仕分けるというのも一つだと思いますし、デジタル空間にそれを拡張することもありうるのかもしれません。そうした点で、ひとつ追加でお話すると、GAFAの巨大プラットフォームによって支配されたメディア環境の中で、オルタナティブなプラットフォームが存在しうる余地をどうやって担保していくのかということにもつながると思います。

「制度」への信頼低下とポスト・トゥルースの台頭にどう立ち向かうか

吉田　ご報告の状況認識も、それに対する処方箋も、およそ同じ意見なのですが、そのうえで二点ほどうかがいます。ひとつは、いくつかの調査によれば、制度への信頼や社会関係資本の乏しい人ほど陰謀論やポスト・トゥルース的な世界に向かう傾向があるとされます。ここでいう制度というのは広い意味で、議会、政治家、学者、マスコミ等々のことですが、ポスト・トゥルース的なものは昔からあったにせよ、近年になってそれが大きくクローズアップされている背景には制度への信頼が低下したことがあるのではないでしょうか。いずれにしても、《ポスト・トゥルースをつくり出したものは何か》という、もう一段階上の、構造的な話も求められているように思います。その点についてのお考えをお聞かせください。

もうひとつは、関連して、パブリック・フォーラムや熟議の場を作っても、おそらくそれでおしまいとはならない。その器のなかで熟議がなされなければならないからです。ただ、熟議が成立するには、他者への信頼がなければならない。熟議の意義のひとつは、選好変容が起きるかどうかですから、相手に説得される用意がなければ、熟議をしても意味がありません。この点、ポスト・トゥルースの原因を信頼の低下や喪失に求めるならば、熟議の基盤自体が成立しないということになります。だったら成田悠輔氏のような方法、つまりＡＩとアルゴリズムの民主主義でいいじゃないかということになる。今日の水谷報告だと、器の話は見えるのですが、そこにどういう中身を入れるかもポイントではないかと思うのですが、いかがでしょうか。

水谷　ありがとうございます。制度への信頼低下という点に対してですが、報告で取り上げたジョナサン・ハイトの議論を踏まえて、実はアメリカでは、道徳的直観を刺激する要素をジャーナリズムの現場に活用しようとする動きがあります（The Media Insight Project, "A New Way of Looking at Trust in Media : Do Americans Share Journalism's Core Values?," April 14, 2021, https://www.americanpressinstitute.org/publications/reports/survey-research/trust-journalism-values/single-page/）。人間が理性よりもまず直観を優先させるということは報告のなかでお話した通りですが、ハイトによれば、道徳基盤には五つの要素があるそうです（「ケア（思いやり）／危害」「公正／欺瞞」「忠誠／背信」「権威／転覆」「神聖／堕落」）。このうち、言説のなかで「ケア」と「公正」のみを重視しているのがリベラルで、対して保守派は五つの要素をまんべんなく網羅しており、そのために保守派の言説の方がより多くの人々に伝わりやすい、と。そこでジャーナリズムにおいても、これを意識し、同じニュースでも五つの道徳的要素に満遍なく配慮して書いた記事を出してはどうかというわけです。実験で、「ケア」と「公正」に配慮した標準的な記事の書き方と、これに「忠誠」や「権威」を含めた書き方で、同じニュースに関する記事を比べたところ、やはり後者の方が既存の読者を含め、より多くの人々に評価されたそうです。こういった手法も取り入れることを検討しながら、メディア環境全体を見すえたテコ入れによる既存の制度も立て直しが必要なのだと思います。

　もうひとつ、私の熟議についてのイメージは、すごく小さい、身体を集わせたワークショップ的なイメージから得ています。こういった発想の源泉は、東大情報学環の水越伸先生の研究にあります。水越先生は、メディアリテラシーの新しいツールを作ろうとされていて、それはニュースに対するクリティカル・シンキング的な分析ではなく、むしろ情報やニュースがどういったインフラと経由して流通しているのか、その流通の構造と原理みたいなものの理解したうえで受領しよう、という試みです。ジャーナリストが、ランダムに選ばれた男女と一緒にワークショップをして、たとえば、グーグルの検索エンジンの順序づけがどうやって決まるのかを教えつつ、意外なフィードバックを得る。そういった「場を作る自由」をみんなで行使していくと、すごくいい相互関係ができて、オルタナティブな情報インフラを作ろうというような方向にまでいきます。それがとても面白くて、結局、ＧＡＦＡが提供している「場」は与えられたものにすぎないんだと思えてくるんですよね。ＵＧＣにどのようなモデレーションがされて、どういうアルゴリズムで操作がなされているのかは不透明だし、アクセスする手段もないわけです。私が想定するものは、むしろ草の根——というとたかが知れているような感もありますが——、つまり、ともかく自分たちなりのプラットフォームを一からいろんな人が関わって作っていくもので、そのような過程のなかで、吉田先生が指摘されている、ある種の信頼が生まれてくるのではないかと思っています。

河島　水越先生は、私が大学院生だったときの副指導教官でした。水越先生は、メディアの社会的構築の研究だけでなく、様々な人たちと共にメルプロジェクトやメル・プラッツなどの実践を率いてこられました。メディアを批判的に読み解くというよりも、メディアを共に作っていくメディアリテラシーを一貫して展開されてきました。近年、水越先生がプラットフォーム協同組合主義に着目しているのもその流れでしょう。実は、私がAI倫理等に力を入れているのも、水越先生とまったく同じ理由からです。一握りの企業だけに任せず、情報インフラを含めたテクノロジーと社会との秩序（倫理）を共に考え、作るためなんですよね。

政治におけるバーチャルなものとリアルなもの

駒村　政治が民主主義という制度システムによって支えられているとか、正統性を調達しているとかいいますが、そういうことを今や誰も信じていないんじゃないですか？　選挙とか政策形成とか立法とか、いろいろ面倒くさいプロセスがあるにせよ、公開処刑のような残酷で野蛮なことはとりあえずないだろうし、香港みたいなことも当面は起こらないだろうし、自分がコミットしなくてもなんとなく動いている気もするし、それでいいじゃん、と思っているんじゃないですかね。なので、民主主義の制度システムはみんなバーチャルなもので、ついでに政治そのものもバーチャルなものになるかというと、覇権争いだとか失脚や失言とか濃密な時間を提供してくれる劇的モメントだけはリアルなものになってしまっている。民主主義そして政治は、何といいますか、生活の中心には影も形もないというところがあると思います。

分断されていることも意識せずに、エコー・チェンバーのなかで気持ちよく生きる。で、時々変な奴が出てくると、突然リアルに立ち戻り、まさに人生を賭けた戦いであるかのようなしつこさで排撃する。そういう絶望的な状況で、どうやったらセレンディピティを見つけ出し、身につけることができるのか、が問題になります。

水谷さんがサンスティンを使ってセレンディピティに注目していますが、実は、私も「人権」をいわば公共生活や統治にセレンディピティをバイ・デザインしたものという方向で位置づけたことがあります（駒村圭吾「人権は何でないのか―人権の境界画定と領土保全」井上達夫編『講座・人権論の再定位5　人権論の再構築』（法律文化社、二〇〇〇年）所収）。そこでも引いていたのですが、サンスティンは、セレンディピティを確保するためのひとつのアイディアとして、「インターネット上のサイドウォーク」を提案していました。後に彼はこのアイディアを自著の改訂版でそっと消し去ってしまうのですが、要するに、クリックすれば異見につながることができるアイコンをネットにアップすることを義務づけるというような方策です。私流にいえば、「おすすめボタン」ではなく、「おすすめしないボタン」を置いておく。人間はへそ曲がりだったり怖いもの見たさみたいなところがありますから、「おすすめしないボタン」に食指がのびる。クリックしても「やめるなら今ですよ」みたいなことが表示される。AIが私のログから私の嗜好性を計測して「おすすめ」するなら、「おすすめしない」ような対極的な議論を展開している情報サイトにいざなうこともできるはずです。分断が一層進むかもしれませんが、エコーチェンバーの不気味な安逸は揺さぶることができる。

吉田　「スマートニュース」というニュース配信アプリでは、アメリカではそういうことを意識的に編集しています。要するに、わざと本人の好みとは違うリコメンドをします、というものので、割と注目を浴びました。ちなみに、このアプリを作ったのは『なめらかな社会とその敵』（勁草書房、二〇一三年）を書いた科学者の鈴木健氏です。

駒村　けっこう通用しているんですか。

吉田　評判は良いみたいですね。どれくらいまで広がるかは別ですけど、評判は良くて、アワードをとったりそれでお金が集まったり、ということになっているようです。

駒村　ぜひそういうものを日本でもやってほしいですね。お酒が飲めない人に、ノンアルコール・ビールを勧めてみたり、梅酒のソーダ割とかウイスキーとか徐々に危険水域に近づいていく。最後はメチルアルコールで、そこまでいくと本当に凄まじいものに出会えるのかもしれませんが、そこに行く前に倒れてしまう危険もある。情報空間における「健康」は大切ですが、イージーな信念構築に対しては「毒」を盛る必要があるでしょうね。

水谷　「毒」を盛るとするならば、人間の心理的傾向（バックファイア効果等）も踏まえなければなりませんし、ご指摘の「危険水域」を何らかの形で可視化しなければなりません。その点でいえば、肝心なのは毒の「盛り方」にありそうですね。

（二〇二一年一〇月三日収録）

ベーシック・インカム
正義・自由・尊厳

宇佐美誠

政策論から原理論へ

ベーシック・インカム（ＢＩ）への社会的関心が、近年高まっている。[1] ＢＩとは、無条件・普遍的・定期的な個人単位の現金給付を行うという制度案である。無条件とは、所得条件などを設けないことを意味し、普遍的とは、一国のあらゆる住民が受給資格をもつことを指し、そして定期的とは、一定の間隔をおいて繰り返し支給されることである。たとえば、日本に居住するすべての成人が、所得の多寡を問わず毎月一〇万円を受け取り、未成年は八万円を受け取るという制度を想像できる。ＢＩやそれに似た制度は、トマス・ペインからジョン・スチュアート・ミル、バートランド・ラッセル、そしてマーティン・ルーサー・キングにいたるまで、様々な思想家・運動家によって提唱されてき

（1）入門書として、山森亮『ベーシック・インカム入門』（光文社新書、二〇〇九年）、原田泰『ベーシック・インカム』（中公新書、二〇一五年）。

た。一九七〇年代にアメリカ・カナダで試行された後、インド・ブラジルやアフリカ諸国で数多くの実験的プロジェクトが実施されてきたが、最近はイギリス・オランダ・ドイツ等にも拡大しており(2)、海外には一般向けの啓発書も少なくない(3)。日本でも、いくつかの政党が、ＢＩまたは類似の制度を導入するか検討することを公約として掲げる。学術的な研究・提唱は、一九八〇年代にヨーロッパで本格化し、その後に北米、さらには日本など(4)、世界各地に及んでいる。▼【補足1】

　近年におけるＢＩへの社会的関心の背景には、人工知能（ＡＩ）のめざましい発展・普及がある(5)。ＡＩやそれを実装したロボットが駆動力となって、多くの職場で自動化が進展するならば、ＡＩによって代替されにくい経営者や高度な専門職の地位にある高所得層と、自動化に適さない雑多な職務をこなす低所得層を残して、中所得層を中心に膨大な数の失業者が生じるという見通しが語られている。そのため、失業者や低所得層の所得保障制度として、ＢＩを求める声が高まってきたのである。実際、ＡＩによる大量失業が仮に生じるならば、所得再分配に関する既存理論の見直しが必要となり、ひとつの新たな再分配法としてＢＩを位置づけられる(6)。さらに、二〇二〇年に始まった新型コロナウイルス感染症のパンデミックは、多数の国で深刻な失業や減収をもたらした。そこで、普遍的所得保障の必要性が、ますます多くの人によって実感されるようになった。

　ＢＩの支持者は、社会民主主義から福祉国家論をはさんで新自由主義にいたるまで、様々な政治的陣営にみられる(7)。福祉国家論者は、無条件給付が貧困層への遺漏のない所

(2)　世界各地の印象的事例について、アニー・ローリー（上原裕美子訳）『みんなにお金を配ったら』（みすず書房、二〇一九年）。

(3)　ゲッツ・W・ヴェルナー（渡辺一男訳）『ベーシック・インカム』（現代書館、二〇〇七年）、ルトガー・ブレグマン（野中香方子訳）『隷属なき道』（文藝春秋、二〇一七年）など。

(4)　日本に関する先駆的研究として、小沢修司『福祉社会と社会保障改革』（高菅出版、二〇〇二年）。

(5)　井上智洋『AI時代の新・ベーシックインカム論』（光文社新書、二〇一八年）、波頭亮『AIとBIはいかに人間を変えるのか』（幻冬舎、二〇一八年）。

(6)　宇佐美誠「AI・技術的失業・分配的正義」宇佐美誠編『AIで変わる法と社会』（岩波書店、二〇二〇年）。

(7)　トニー・フィッツパトリック（武川正吾＝菊地英明訳）『自由と保障』（勁草書房、二〇〇五年）第Ⅱ部。

得保障を実現すると主張し、社会民主主義者は、この制度の先に資本主義の大規模修正を構想する。他方、新自由主義者は、先進各国の現行の社会保障制度では行政費用が多額に上ることを強調したうえで、資力調査を伴わない給付制度によって行政費用を節減できると指摘し、そのような給付制度の導入と引き換えに各種の社会保障制度を廃止することを提唱する。(8)

各国の申請型給付制度がはらむ問題点を解決できるという議論も、少なくない。現行制度のもとでは、受給資格があるにもかかわらず受給していない世帯が少なくないうえに、就労による稼得はしばしば給付の中止・減額をもたらすために就労への意欲が阻害され、さらには受給世帯に社会的スティグマが生じやすい。これらの問題はわが国の生活保護制度で顕著であるから、無条件給付制度への転換はこの国では特に必要だといわれる。また、欧米諸国と比べて日本では、家事・育児・介護などのアンペイド・ワークが女性に著しく偏っているため、所得税を原資の一部とした個人単位の普遍的給付は、アンペイド・ワークへの報酬を通じたジェンダー不公正の是正という機能をはたすだろう(9)。その他、可処分所得の増加による消費の活発化が景気を刺激するという指摘や、世帯構成員数が増えるほど世帯全体の所得増となるので、婚姻への躊躇が弱まって少子化に歯止めがかかるという予想、さらには家賃などの生活費が相対的に低い農村部への人口移動が促されて、過疎化を食い止められるという期待もみられる。

他方、BIへの批判としては、次の二つが広く知られている。第一に、働けるが働こ

(8) より多様な賛成論・反対論については、ガイ・スタンディング(池村千秋訳)『ベーシックインカムへの道』(プレジデント社、二〇一八年)。

(9) 堅田香緒里ほか編『ベーシックインカムとジェンダー』(現代書館、二〇一一年)。

うとしない人々も受給する無条件給付は、低所得者の労働意欲を弱めるから、労働の過少供給を招くとしばしばいわれる。この異議に対して、海外の多くの擁護論者は、多様な実験的プロジェクトにおいて、受給者の労働意欲は弱まらずむしろ強まったというデータを根拠に反論してきた。また、勤労所得のゆえに給付の中止や給付額の減額が生じることがないBIでは、低所得層の労働意欲は強まるだろうという推測もある。そもそも、AIの利活用で自動化が進展すると、労働の総需要が大きく減少する可能性を否定できないから、その場合に労働意欲の減退がどこまで問題であるかは、いささか疑問である。

第二に、BIは巨額の財源を必要とするが、大幅増税は政治的に実現困難だといわれる。たとえば、別の無条件給付制度である負の所得税と比較してみよう。負の所得税では、基礎控除額を下回る収入の世帯に対して、負の課税つまり現金給付が行われる。仮に個人単位での負の所得税を想定するならば、それと同一の可処分所得分布をもたらすBIと所得税制の組み合わせを設計することは、理論的に可能である。だが、そのような特殊な制度配置を例外として、BIは一般的に、負の所得税よりもはるかに多額の財源を必要とするとされている。こうした財源問題について、BIの支持者は、可処分所得の増加が経済成長を促し、政府に増収をもたらすと期待している。加えて、特に日本では、必要性が低い農村部での公共事業など、雇用機会の創出を隠れた目的として長年続いてきた大規模な歳出を削減できる点も無視できない。さらに、AIによる自動化の進展が仮に生産の効率性を大きく高めるならば、経済成長による政府の増収が期待できるかもしれない。これらは財源問題への懸念を緩和するだろう。

ここまでみてきたＢＩの政策的な意義と懸念は、いずれも確かに重要である。しかし、この制度案を採用するべきかを広く深く検討するためには、原理的な問いに取り組むことも必要だと思われる。[10] ＢＩは正義に適合するか。平等を促進するか。自由を保護するか。正義に関しては、道徳哲学（倫理学）・政治哲学で、分析的研究が半世紀にわたって著しく発展しており、そのなかに平等も位置づけられている。自由についても数十年におよぶ概念分析の歴史がある。これらの研究蓄積の一部を活用しながら、正義・平等・自由の観点から、ＢＩはどのような意義をどこまでもつかを検討したい。また、ＢＩに関連すると思われる別の理念として尊厳があるので、その観点からも考察する。これらの作業を通じて、ＢＩを支持する原理的理由を探究することが、本章の目的である。なお、本章においては、脚注では邦語文献・邦訳のみを引証し、章末注で近年の主要な英語文献を紹介している。

本題に入る前に、方法論的な注意書きを記しておこう。ジョン・ロールズの『正義論』公刊以来、[11] 理想理論と非理想理論の区別が広く利用され、あるいは論議されてきた。[12] ロールズらの解釈によれば、理想理論は、人々による規範の遵守などの好ましい諸条件が充足されている状況を仮想するのに対して、非理想理論は、こうした諸条件が満足されていない状況を前提とする。他方、別の解釈では、理想理論は、現実社会の様々な具体的

(10) 原理・政策の両レベルでの考察として、武川正吾編『シティズンシップとベーシック・インカムの可能性』（法律文化社、二〇〇八年）。

(11) ジョン・ロールズ（川本隆史ほか訳）『正義論〔改訂版〕』（紀伊國屋書店、二〇一〇年）第二節。

(12) 理想理論と非理想理論の区別については、松元雅和『応用政治哲学』（風行社、二〇一五年）第四章・第八章。

複雑性を捨象した抽象的状況を仮定するのに対して、非理想理論はこれらの複雑性を勘案する。本章では、この二つの解釈を文脈に応じて使い分けつつ、理想理論と非理想理論の両レベルで考察を進めてゆく。

以下の節では、政策論から区別された原理論に定位して、まず正義論のなかの分配目標に着目し、そのなかで平等も扱いつつ、BIをどこまで意義づけられるかを論定する。次に、自由へと目を移し、消極的自由と積極的自由という古典的区別を出発点として、この制度案がもちうる機能を検討する。さらに、尊厳に関する若干の区別を導入したうえで、この所得保障策がはたしうる役割を短く考察する。最後に、原理論から離れて、近未来の社会のあり方を展望する構想論を素描し、そのなかにBIを位置づける。

平等・優先性・十分性

BIは所得再分配のひとつの制度案だから、再分配を求める社会正義にかなっていると直観的に思う読者は、少なくないことだろう。また、誰もが等しく同一額を受給する仕組みだから、平等を具現していると感じる読者も、多いだろう。では、正義や平等に関する学問的蓄積に照らすと、この制度案はどのように評価されるだろうか。一九八〇年代以来、抽象的な状況設定という意味での理想理論において、個人間での便益・負担のいかなる分配が正しいかを分析する分配的正義論が大きく発展してきた。分配的正義論における主要論点のひとつは、初期分配・再分配は何を目指すべきかという分配目標である[13]。この論点をめぐって、平等主義・優先主義・十分主義が三つ巴で対峙している。本節では、BIが平等・優先性・十分性という目標にどこまで合致しているかを検討してゆく。

分配的正義論において、平等主義は論点ごとに異なった意味で語られる[14]。そのなかで、分配目標の平等主義は、ある状態にいる諸個人の福利の格差が小さいほど、その状態がもつ良さはより大きいという立場だとしばしばいわれる。しかし、この定式からは、あらゆる個人の福利が等しくゼロであるときにも、その状態の良さは極めて大きいという反直観的評価が導かれてしまう。この評価を避けられるのは、次の定式である。平等主義とは、ある状態にいる諸個人の福利の格差が大きいほど、その状態がもつ良さはより小さいという立場である。

平等主義によれば、所得格差があるとき、その格差を縮小する所得再分配ほど、より正義にかなう。ところが、BIは、高所得者を含むすべての成人に同一額を給付するから、格差縮小としての平等に反する。確かに、この制度案の実施に必要となる財源を確保するために、極めて累進的な所得税が採用されるならば、徴税・給付後の所得分布での格差は小さくなる。しかし、それは、累進課税の効果であって一律給付の結果ではない。BIは、分配目標の平等主義によっては正当化されえないのである。

優先主義は、デレク・パーフィットによる分析を契機に広く知られるようになった[15]。

(13) 略説として、宇佐美誠ほか『正義論』(法律文化社、二〇一九年)第六章(宇佐美執筆)。より詳細な解説として、広瀬巌(齊藤拓訳)『平等主義の哲学』(勁草書房、二〇一六年)第三章〜第五章。

(14) 平等主義の分析として、井上彰『正義・平等・責任』(岩波書店、二〇一七年)。

(15) デレク・パーフィット(堀田義太郎訳)「平等か優先か」広瀬巌編・監訳『平等主義基本論文集』(勁草書房、二〇一八年)。

彼は優先主義を、ある個人がより悪い境遇にあるほど、その個人に利益を与えることはより重要だという見解として定義した。より悪い境遇とは、他の個人よりも相対的に悪い境遇ではなく、ある尺度上で数値が絶対的により小さい境遇を指す。しかし、パーフィットの定義は、この立場が特定の状態を評価するとき、功利主義と同様に、その状態にいる各人の福利を合算するという集計主義的性格に言及していないという点で、不正確だと言わざるをえない。より正確なのは次の定義である。優先主義によれば、ある状態がもつ良さは、その状態にいる各人の福利がもつ良さを集計したものであり、そして各人の福利の良さは単調増加の凹関数によって表現される。

単調増加の凹関数のひとつとして、平方根関数がある。たとえば、二人が相異なった福利をもつ三つの状態Ⅰ・Ⅱ・Ⅲを比較しよう。（　）のなかの数字は、各人の福利を示している。

Ⅰ：（1、4）

Ⅱ：（2、4）

Ⅲ：（1、5）

二人の福利の総計は、ⅡでもⅢでも等しく6となるから、総量功利主義は、二つの状態が同程度に良いと評価する。また、二人の平均は、ⅡでもⅢでも3だから、平均功利主義も、両状態が同程度に良いと判断する。他方、平方根関数を用いる優先主義によれば、各状態の良さは次のように算出される。

Ⅰ：$\sqrt{1}+\sqrt{4}=3$

Ⅱ：$\sqrt{2}+\sqrt{4}\fallingdotseq 1.414+2=3.414$

Ⅲ：$\sqrt{1}+\sqrt{5}\fallingdotseq 1+3.236=3.236$

したがって、ⅡはⅢよりも良いことになる。平方根関数に限らずいかなる単調増加の凹関数を採用しても、個人間格差があるとき、福利がゼロに近い個人に便益を与える方が、ゼロから遠い個人に同量の便益を与えるよりも、状態の良さをいっそう改善できる。[16]

BIは、無所得に比較的近い低所得者に給付を行う限りでは、優先主義にいくらか適合する。しかし、この制度案では、高所得者を含む全員が同一金額を受給するから、全体としては優先主義に違背している。優先主義にいっそう適合的な再分配制度は、負の所得税である。たとえば、控除額が三〇〇万円で、税率は五〇%だと仮定すると、年収一二〇万円の世帯は、三〇〇万円から一二〇万円を引いた差の五〇%、つまり九〇万円を受け取る。負の所得税を、所得帯が細分化された累進課税と組み合わせるならば、優先主義におおよそ適合した再分配を行えるだろう。

(16) 優先主義の数学的定式を用いた批判的検討として、宇佐美誠「優先主義の解剖学」篠原敏雄先生追悼『市民法学の新たな地平を求めて』(成文堂、二〇一九年)。

十分主義は、ハリー・フランクファートにより提唱され[17]、ロジャー・クリスプらによって多方向に展開されてきた[18]。標準的理解によれば、十分主義は、あらゆる個人が福利の閾値以上にあることを要求する積極テーゼと、閾値を超えた領域での再分配を否定する消極テーゼの組み合わせによって定義される。多くの論者は単一の閾値を想定するが、上下二つの閾値も有力に主張されており、さらには多数の閾値を提案する論者さえいる。だが、複数の閾値を唱える諸見解に対しては、すでにそれぞれ批判が提起されているから、ここでは単一の閾値を想定しよう。

ＢＩは、閾値未満の低所得者に給付を行う限りでは、十分主義にかなっているようにみえる。だが、この外観は誤りである。給付金額が所得の十分主義的閾値を下回ると仮定するならば、無所得かほぼ無所得である個人は、受給後もなお閾値に達しないから、再分配後の所得は積極テーゼに合致しない。たとえば、閾値を所得二〇〇万円だと仮定すると、無所得者は、毎月一〇万円を受給する場合、所得が八〇万円も不足する。他方、閾値に近い個人は、閾値を超えてさらに再分配を受けるから、消極テーゼから逸脱する。所得一五〇万円の個人は、受給によって七〇万円も超過してしまう。さらに、閾値を超えた多数の諸個人への給付は、消極テーゼに明らかに違背している。結局、閾値から所得を差し引いた金額が偶然にも給付額に等しくなる人々の場合を除いて、ＢＩによる再分配は原則として十分主義に合致しない。

以上の検討から、次のことが確認された。理想理論に属する分配的正義論の分配目標

(17) ハリー・G・フランクファート（山形浩生訳）『不平等論』（筑摩書房、二〇一六年）。
(18) ロジャー・クリスプ（保田幸子訳）「平等・優先性・同情」広瀬編・監訳・前掲注(15)。

に関して、ＢＩは、平等主義・優先主義・十分主義のいずれにも合致しない。そこで、次節以降では、分配的正義とは別の理念に依拠しつつ、この所得再分配策を意義づけることを試みたい。▼【補足2】

消極的自由と積極的自由

現実社会には、無収入に陥らないために、低賃金の職に甘んじる人や、長時間労働を続ける人、働き甲斐がないと感じる職場に耐える人がいる。これらの人々が、無条件に毎月一定額を受給するならば、転職や労働時間の短縮がより容易となるだろう。こうした可能性は個人の自由を拡張するようにみえる。では、自由に関する研究蓄積に照らすと、ＢＩはいかなる意味での自由をどこまで拡大するのだろうか。この問いに、望ましい諸条件が充足されていないという意味での非理想理論において答えてゆきたい。

今日の自由論の古典的学説として、アイザイア・バーリンが一九五〇年代末に提示した消極的自由と積極的自由の区別がある。(19) 消極的自由とは、個人が望む行為や状態に対する他者の干渉が存在しないことを指し、「からの自由」とも呼ばれる。それに対して、積極的自由とは、個人がある行為でなく別の行為をなし、ある状態でなく別の状態にあると決定できることであり、「への自由」ともいわれる。私が、ある人を訪ねようと思っていると仮定しよう。誰かが私を自宅に軟禁したり、政府が外出を禁止したりすれば、

(19) アイザィア・バーリン（小川晃一ほか訳）『自由論』（みすず書房、一九七九年）。二つの自由観の区別について、山岡龍一「消極的自由と積極的自由」井上俊＝伊藤公雄編『政治・権力・公共性』（世界思想社、二〇一一年）。バーリンの自由論の紹介・検討としては、濱真一郎『バーリンの自由論』（勁草書房、二〇〇八年）第一部など。

私の消極的自由が侵害されている。他方、私が脅迫者に呼び出されている場合や、麻薬中毒の禁断症状に苦しみながら売人に会おうとしている場合には、訪問は積極的自由の行使ではない。

極貧に陥らないために劣悪な環境で働く人々は、消極的自由を侵害されているか。その通りだといえる事例の典型例は、途上国・新興国に数多くみられてきたスウェット・ショップだろう。典型的には、一〇歳代の少女たちが、薄暗くて暑く不潔な工場のなかで、一日に一〇時間以上も単純作業に従事しており、ときには用便のために持ち場を離れることさえ許されないという。消極的自由を侵害された労働者は、決して途上国・新興国に限られない。日本では、外国人労働者の四人に一人を占める技能実習生のなかに、劣悪な環境で働いている人が少なからず含まれる。なかには、失踪の防止を目的としてパスポートを取り上げられ、あるいは外出禁止を申し渡される例さえ報告されている。これらは消極的自由のあからさまな否定である。こうした技能実習生が、一住民として給付金を受け取るならば、消極的自由を毀損する労働環境から逃れやすくなるだろうから、ＢＩは消極的自由を保護する機能をはたす。

他者からの強制や干渉を受けていない大多数の労働者は、無収入を避けるべく意に沿わない職場に耐えていても、自由を侵害されているわけではない。これこそが、バーリンに限らず、自由を称揚する多くの論者によって表明されてきた見解である。たとえば、古典的自由主義者フリードリッヒ・フォン・ハイエクは、自由な状態を他者からの強制の減少として捉えたうえで、飢餓の脅威のゆえに極めて低廉な賃金で自らが嫌悪する仕事をせざるをえない場合にさえ、個人は強制されていないと注記する。[20] 彼の見解では、自由とは強制の不在だから、極貧に陥らないために嫌々働いている人も、自由を何ら制約されていない。

　このような伝統的自由観に反旗をひるがえし、消極的自由に属する自由観に基づいてＢＩを正当化する議論として、フィリップ・ヴァン・パリースの実在的自由論がある。[21] 彼によれば、リバタリアニズムは、権利保障と自己所有からなる形式的自由を主張している。[22] 自己所有とは、個人が自らの身体への所有権をもつという観念であり、労働の成果物に対する所有権の根拠だとされる。他方、彼自身は、左派リバタリアニズムとロールズ流のリベラル平等主義を統合した立場から、[23] 権利保障と自己所有にレクシミンな機会を加えた実在的自由を提唱する。「レクシミン」（leximin）は「辞書的マクシミン」（lexicographical maximin）の短縮形である。レクシミンな機会は、初めに、最も機会の少ない人が、他のいかなる可能的制度のもとでよりも多くの機会をもつことを求める。次に、その人にとって同程度に好ましい二つの可能的制度がある場合には、二番目に機会の少ない人が、両制度の間でより多くの機会をもつことを求める。以降も同様である。ここから、あらゆる個人が、自らが欲するかもしれない何事も行いうる機会を可能な限り保有する自由な社会を構想できる。そして、このような実在的リバタリアニズムの社会像を実現するための制度が、ＢＩだとされる。

(20) フリードリヒ・Ａ・ハイエク（気賀健三＝古賀勝次郎訳）『自由の条件Ⅱ　自由と法〔普及版〕』（春秋社、二〇二一年）第九章。ハイエクの研究書は数多いが、彼の自由論については、間宮陽介『ケインズとハイエク〔増補版〕』（筑摩書房、二〇〇六年）第三章。

(21) Ｐ・ヴァン・パリース（後藤玲子＝齊藤拓訳）『ベーシック・インカムの哲学〔新装版〕』（勁草書房、二〇〇九年）第一章。その考察としては、立岩真也＝齊藤拓『ベーシックインカム』（青土社、二〇一〇年）第二部。

(22) リバタリアニズムの概観として、森村進『自由はどこまで可能か』（講談社現代新書、二〇〇一年）、同編『リバタリアニズム読本』（勁草書房、二〇〇五年）。

(23) リバタリアニズム・左派リバタリアニズムの略説として、宇佐美ほか・前掲注(13)第七章〔井上執筆〕。福原明雄『リバタリアニズムを問い直す』（ナカニシヤ出版、二〇一七年）も参照。

筆者は実在的自由の理論に対して、自らが欲する何事も行いうるという自由観や、自己所有に基づく財の所有権論などについて、根本的な疑義をいだいている。だが、これらを詳論する紙幅はないから、次の批判を短く提起するのにとどめたい。レクシミンな機会は、個人を能動的存在者としてのみ捉える過度に狭い人間観に依拠しているのではないか。他所でたびたび論じてきたように、人間には、個人が生活や人生のあり方を選択し修正し追求してゆくという主意性と、生存・生活・人生が自然的・社会的な環境によって左右されるという脆弱性がみられる[24]。あらゆる個人は、両者の特徴を様々な程度に備えているが、一部の人々には脆弱性が顕著にみられる。いかなる再分配策も注意を向ける低所得者の境遇は、自分の業種での景気や、家賃・税金、雇用者・上司による勤務評価などに大きく左右される。こうした人々は、自分が望む何事もできる機会よりも、むしろ日々の暮らしの安定やささやかな向上を望んでいるだろう。このような低所得者に無条件かつ普遍的に便益を与えることに、BIの眼目がある。レクシミンな機会を通じて低所得層の潜在的な主意性を最大化しようとする実在的自由の議論は、この人々が特徴的にもつ脆弱性を捉えそこねている。

積極的自由に目を移そう。無収入の可能性におびえて不本意な職にとどまる人々は、自分の行為や状態を決定できていないから、積極的自由を喪失しているか、大きく制約されている。こうした人々が、BIによって一定額の収入を保障されたならば、職業生活上の積極的自由を多かれ少なかれ回復できるだろう。ところが、自由の称揚者の多く

(24) 宇佐美誠「普遍的人権の哲学的根拠」菅原寧格＝郭舜編『公正な法をめぐる問い』(信山社、二〇二一年)など。

は長年、積極的自由の観念を批判するか警戒してきた。バーリンは、積極的自由が、低次の現実的意思に代わる高次の理想的意思に基づいた自己決定という観念を生み、高次の意思に基づく自由のための強制を支え、やがては政治的専制を招くと主張した。また、ハイエクは、自由と決定力の混同が、自由と富の同一視をもたらし、富を再分配する強大な国家につながると警告した。しかしながら、自らの行為・状態を決定することに大きな価値があるという点は、何人も否定できないと思われる。そうだとすれば、こうした価値ある決定を捕捉する何らかの理念が、私たちには必要である。その理念は、自由でなくむしろ自律だろう。英語の "autonomy" がギリシア語の "autos"（自己）と "nomos"（規則・秩序）に由来することに表れている通り、自律とは、自らの規則や原則を決めてこれらに従うことである。[25] 無収入への不安をいだいて嫌々ながら働く人々は、職業上の自律を損なわれているから、転職や労働時間の短縮を容易にするＢＩは、こうした人々の自律を促進するだろう。

以上の考察から、次のことが明らかになった。非理想理論の設定において、少数の労働者に見出される消極的自由の否定に対して、ＢＩは、労働者が無収入を恐れて自由なき労働環境に甘んじるという状況を大きく改善できる。また、はるかに多数の労働者にみられる自律の制約に対して、この制度案は、労働者の相対的地位の向上を通じて自律を促進する。▼【補足3】

(25) 近代自律思想史の概説として、J・B・シュナイウィンド（逸見修二訳）『自律の創成』（法政大学出版局、二〇一一年）。

社会保障と労働環境における尊厳

正義とも自由とも異なる諸理念のなかで、ＢＩに関連すると思われるものとして、尊厳がある。尊厳は、自己または他者による尊重に値する個人の属性を広く意味する。この理念は、いくつかの法体系や国際人権法において、法文に明記され訴訟で適用されている。[26]道徳哲学・政治哲学においては、人権と緊密に結びつけて理解され、また生命倫理学上の諸論点や、より最近には障碍者、移民・難民、受刑者、ジェンダーなどの文脈で、現実問題にそくして考察されている。だが、分配的正義や自由と異なって、尊厳に関する理論的分析は未だ乏しい。

尊厳の分析的研究が未開拓にとどまるという学界状況を踏まえて、この理念の意味を明確化することから始めよう。三通りの区別を導入したい。第一は、道理的（de jure）／事実的（de facto）という二分法である。人権の道徳的基礎として語られているのは、あらゆる個人が人間として保有するはずの道理的尊厳である。他方、ある人が、価値ある存在者として自らを認識するとき、あるいは制度または他者によって、そのような存在者として現に処遇されているとき、その人は事実的尊厳をもつ。非理想理論で尊厳が論じられる際、ある人々が道理的尊厳を備えつつ事実的尊厳を奪われているという事態が、しばしば問題化されてきた。第二は、内的（internal）／外的（external）という区分である。自らが価値ある存在者だという感覚や、その感覚に支えられた有徳な行為は、内的尊厳

(26) 尊厳の思想史・法制度の概観として、マイケル・ローゼン（内尾太一＝峯陽一訳）『尊厳』（岩波新書、二〇二一年）。

に属するのに対して、他者が自らを価値ある存在者として扱うかどうかは、外的尊厳に関わる。西洋思想史上は内的尊厳がたびたび省察の対象となってきたが、今日では外的尊厳が主に考察の対象とされている。外的な事実的尊厳は、社会的尊厳とも呼べるだろう。第三は、制度的（institutional）／相互行為的（interactional）の区別である。たとえば、かつての南アフリカの人種隔離政策では、アフリカ系・インド系の市民は平等な制度的尊厳を否定されていた。今日のアメリカで、ヘイトクライムの危険にさらされているアフリカ系アメリカ人やヒスパニックは、相互行為的尊厳を棄損されている。

この三通りの区別を携えて、非理想的状況にある現行の申請型給付制度をみることにしたい。資力調査を行い、国によっては職業訓練の受講を求める給付制度は、申請者の外的尊厳のうち、道理的尊厳を否定してはいないものの、経済的自立が困難な人という公式認定を行うことを通じて、事実的尊厳を制度的に危うくする。そのうえ、対応・認定に携わる職員が、申請者の相互行為的尊厳を傷つけかねない。さらに、制度的尊厳や相互行為的尊厳をしばしば脅かされている人は、自らが価値ある存在者だという感覚をやがて保ちにくくなるだろう。これを、外的尊厳から内的尊厳への棄損伝播と呼ぼう。無条件給付を行うＢＩのもとでは、いかなる個人も制度的・相互行為的な尊厳を害されず、それゆえ内的尊厳も保てるようになる。

次に、労働環境での外的な事実的尊厳に目を移そう。前節でみたような職場における消極的自由や自律の棄損の諸事例は、労働者の制度的または相互行為的な尊厳の侵害を伴っている。また、被用者を酷使したうえで、落伍者を選別して自主退職に追い込むいわゆるブラック企業は、制度的尊厳をあからさまに否定している。さらに、はるかにより多くの企業で生じてきたパワー・ハラスメント、セクシュアル・ハラスメントなどは、相互行為的尊厳の棄損にほかならない。そして、制度的・相互行為的な尊厳が損なわれると、労働者の内的尊厳も傷つくという棄損伝播が発生しうる。BIは、退職による無収入への転落を防止するセーフティーネットを提供するから、制度的・相互行為的な尊厳の棄損に対して、被用者が異議を申し立てたり、退職したうえで賠償を求めたりすることをより容易にするだろう。この制度案は、個人の制度的・相互行為的な外的尊厳を、またそれゆえに内的尊厳も保護する機能をもつ。

本節では、正義や自由ほどには分析対象とされてこなかったが、BIに深く関連すると思われる尊厳の理念に着目した。まず、道理的／事実的、内的／外的、制度的／相互行為的という三通りの区別を導入して、この理念の意味を明確化した。次に、社会保障と労働環境における外的な事実的尊厳の制度的・相互行為的な侵害や、それによって引き起こされうる内的尊厳の棄損という問題状況を素描し、BIがこうした侵害・棄損の抑止を通じて、尊厳を保護する機能をもつことを指摘した。

そして構想論へ

従来、特に日本におけるＢＩの支持者たちは、政策レベルにおける意義を強調してきた。このような擁護論の射程を拡張するため、前節までは原理レベルでの意義を考察した。だが、政策レベルや原理レベルだけでなく構想レベルでも、この制度案を考察する必要があると思われる。構想レベルでは、社会は近未来にどのような形をとるかが観望され、そのなかでこの制度案の機能が位置づけられる。ＢＩがもちうる構想的意義を考えるうえで不可欠なのは、労働の観点だと思われる。労働には、顧客・社会への貢献や同僚・取引先との協働などの多様な側面があるが、その重要な一面は、生活費を獲得するという収入源としての側面である。無条件・普遍的・定期的な給付制度は、労働がもつ意味を大きく変容させうるため、労働の観点から近未来社会を展望することは、構想論の一大課題となる[27]。

人類史のなかで、労働はどのように変遷してきたか[28]。数十万年前、私たちの遠い祖先は東アフリカの熱帯林から草原に出て、居住域を次第に世界各地へと広げつつ、狩猟採集生活を続けた。男たちは大型動物を狩り、女たちは木の実・昆虫・貝類を集めた。労働は、乳幼児を除くすべての人々によって等しく担われた。今日でも狩猟・採集生活を続ける人々の観察結果から、当時の労働時間は一日三〜四時間だったと推計され、年間で一三〇〇時間にすぎない。これが、人類史の長い第一段階をなす狩猟社会である。

(27) なお、別の観点からの構想論的考察として、奥田恒「政策とユートピア」菊池理夫ほか編『ユートピアのアクチュアリティ』(晃洋書房、二〇二二年)。

(28) 宇佐美誠「知能社会における労働と所有」松浦和也編『ロボットをソーシャル化する』(学芸みらい社、二〇二一年)。

数万年前、穀物栽培が中東で始まり、その後に他地域でも起こって、第二段階の農耕社会へと移行してゆく。農具などの道具が開発されたほか、家畜が使用されるようになった。集住が進行し、やがて国家が形成され、国王・貴族・領主等が出現する。また、祈祷・占術、統治・司法、芸術・音楽、学術・教育など、様々な専門的職業が現れた。つまり、労働は、道具により効率化され、家畜の使用によって部分的に代替され、そして知識労働の出現を含めて多様化した。奴隷が過酷な重労働を強いられる一方で、支配者や有力者は労苦のない生活を送った。労働時間は狩猟社会のそれよりも増加したが、しかし今日よりもかなり短かった。たとえば、中世ヨーロッパの農民は、農繁期には一日八時間働いたが、農閑期や雨天日に加えて宗教上の祝日が多かったため、労働日は一八〇日前後だったとされ、年間では一四五〇時間となる。

一八世紀後半のイギリス産業革命以来、第三段階である工業社会への移行がまずヨーロッパで進み、二〇世紀前半に北米へ、後半には非西洋地域へと広がっていった。工業社会では、いくつかの種類の肉体労働が機械によって代替された。たとえば、一九世紀初期のイギリスでは、紡績機・織機の普及により、糸つむぎや機おりが不要となった。他方、紡績機・織機の操作者のように、新たな肉体労働の職種が現れた。さらに、様々な知識労働が必要とされ、ホワイトカラーが出現し増大していった。労働時間をみると、一九世紀イギリスの工場労働者は、一日一五時間、三一〇日も働き、年間労働時間はじつに四六五〇時間に達する。このように非人間的な長時間労働は、欧米では二〇世紀を通じて徐々に短縮されてきた。今日、ＯＥＣＤ加盟国のうちドイツ・オランダ・北欧諸国は、中世農民の一四五〇時間を下回っている。なお、日本は、厚生労働省の事業所対象調査で一七〇〇時間を超え、総務省の世帯対象調査では一八〇〇時間を大きく上回る。

日本を含む先進諸国は、狩猟社会・農耕社会・工業社会に続く情報社会という第四段階にあるとしばしばいわれる。また、日本政府は二〇一六年、情報社会に続く段階として、ＡＩとモノのインターネット（ＩｏＴ）に基づく新たな社会像ソサエティ５・０を打ち出した。だが、第四段階は、むしろ知能社会として性格づけられると考える。知能社会では、知識労働がＡＩによって補完または代替されてゆく。現在までの情報化は知能社会の初期の小段階であり、ＩｏＴはそれに続く小段階がもつ一側面にすぎない。

知能社会の入り口に立つ私たちの眼前には、二つの社会像が理念型として存在する。各国では、二つの理念型が相異なった程度・様態で折衷されてゆくだろう。一方は、ポスト労働社会（post-work society）である。ＡＩにより知識労働の代替が進むとともに、ＡＩが実装された多目的ロボットや生産システムによって肉体労働の代替もいっそう広がってゆく。だが、ポスト労働社会は、労働のない（jobless）社会でなく、労働の少ない（less jobs）社会である。ＡＩやそれを用いたシステムの開発職、極めて創造的な形態の芸術・学術等の専門職、そして民主制のもとで人間の意思決定が期待され続けるだろう公職などが、予測可能な未来に自動化されるとは考えにくい。また、自動化が技術的に容易でなく経済的に合理的でないような雑多な単純作業を引き受ける低賃金の職種も、かなり長期にわたって存続し続けるだろう。既存の職種の部分的存続や新規の職種の出現と、広範囲にわたる職種の消滅が併存する社会こそが、ポスト労働社会の実相である。このような社会では、仕事は価値ある活動のひとつにすぎないとされ、平均労働時間が大きく短縮して、人々はボランティア・社交・団欒などに多くの時間を費やすだろう。

他方は、ポゼスト労働社会（possessed work society）、すなわち労働に至高の価値があるという観念に多くの人が憑かれている、あるいはその観念が少なくとも公式には維持されている社会である。ＡＩによる知識労働の代替と、多目的ロボット等による肉体労働の代替とがかなり進行してもなお、人々の多くは、長時間労働をあまり厭わず、労働時間に基づく報酬のみを求めるかもしれない。労働をめぐる社会的総需要の漸次的減少と高い供給意欲の継続とのギャップを埋めるのは、必要性が低く意義を見出しがたい多くの職種や業務の増殖でありうる。実際、被用者自身が仕事にまったく意義を見出せない多数の事例を報告した書物が、大いに関心を集めている[29]。

ポゼスト労働社会でなくポスト労働社会へと向かうためには、無条件・普遍的・定期的な所得保障が不可欠となる。給付に所得条件が付されていれば、貧困に陥らない限り受給できないから、貧困をあらかじめ避けるには働くほかはない。国籍保有者などに限定した給付制度では、受給資格がない人々は、職場への満足度を問わずに働かざるをえない。そして、大きな金額の一括給付が行われるベーシック・キャピタルでは、それを原資とした事業が必要となり、やはり働くことを求められる。これらの事態を避け、各

(29) デヴィッド・グレーバー（酒井隆史ほか訳）『ブルシット・ジョブ』（岩波書店、二〇二〇年）。

人が自らの生の構想に基づいて追加的収入のために、あるいは自己実現のために働くことを可能にする制度が、ＢＩにほかならない。労働にとらわれない多様な生き方が開花するポスト労働社会を目指そうとするとき、ＢＩは不可欠で強力なスプリング・ボードとなるだろう。

※本研究は、ＪＳＴ・ＲＩＳＴＥＸ（ＪＰＭＪＲＸ２１Ｊ１）の支援を受けたものです。

▼【補足1】

ＢＩの研究書・論文はいまや膨大であるが、体系的・学際的な解説書として、Philippe van Parijs & Yannick Vanderborght, *Basic Income: A Radical Proposal for a Free Society and a Sane Economy*（Harvard University Press, 2017）、また包括的抜粋集として、Karl Widerquist, José A. Noguera, Yannick Vanderborght, & Jurgen De Wispelaere (eds.), *Basic Income: An Anthology of Contemporary Research*（Wiley-Blackwell, 2013）.

▼【補足2】

正義基底的なＢＩ正当化論として、e.g. Loek Groot, *Basic Income, Unemployment and Compensatory Justice*, with an introductory chapter by Philippe Van Parijs（Kluwer Academic, 2004）; Simon Birnbaum, *Basic Income Reconsidered: Social Justice, Liberalism, and the Demands of*

Equality (Palgrave Macmillan, 2012).

▼【補足3】

より近年の自由基底的なＢＩ正当化論として、e.g., Daniel Raventós, *Basic Income: The Material Conditions of Freedom*, trans. Julie Wark (Pluto, 2007); Karl Widerquist, *Independence, Propertylessness, and Basic Income: A Theory of Freedom as the Power to Say No* (Palgrave Macmillan, 2013).

Discussion

ベーシック・インカムと「自由」

駒村　むかしプリンストン大学に留学していた時に、英会話のメンターを引き受けてくださった弁護士の方とどこかのゴルフ場のクラブハウスみたいなところで昼食をご一緒したことがあります。五〇歳代の方でしたが、実は来年からはリタイアするんだ、とおっしゃる。仕事はもうしないよ、と。で、びっくりして、「仕事を辞めて引退したら早く老けちゃうんじゃないですか?」と訊くと、「仕事なんかしないから若くいられるんじゃないか」と笑っていらした。「生きていくための基本的なお金はもう稼いじゃったから、仕事はおさらば。あとは好きなビールとピザでバスケットボールを観戦して、外国旅行かな」と。

ご指摘にありましたように、労働は、義務的なものから自己実現的なものへ変わりつつあるのかもしれません。ヴェーバーのいうような神の召命あるいは〝天職〟としての労働、さらに自分らしく生きるための元手をかせぐための労働、これらが自己実現のための労働です。他方、プリンストンの弁護士がいっていた生きるために致し方なくやっている労働とが一応、区別できる。まあ彼の場合は、自己実現に回すこともできるほど相当稼いではいるのですが。

そこで、ベーシック・インカムですが、そこでいう〝ベーシック〟というのが人間の生存のために十分なお金だということを前提にした場合、この仕組みは、要するに、労働と生存を区別するもの、あるいは生存から労働を切り離すものと捉えることができるのではないか。労働の自己実現性を前面に出し、生存のための労働という部分を、ベーシック・インカムの制度は吸収しようとするアイディアなんだ、というようにふうに受け取りました。ただ、他方で、新自由主義者たちがこのベーシック・インカムをきっかけに、社会保障の仕組みを大幅に縮減し、あとは自己責任であると割り切る社会を推進しようとするかもしれません。過酷な自己責任社会がやってくる可能性もある。これは負の側面もありますが、しかし、生活保護の仕組みだと働く意欲そのものが減退する可能性がある。働くと保護がなくなってしまいますから。しかし、ベーシック・インカムは、働いてもなくならないベースを確保したうえで、自己責任が徹底されるかもしれないけれども、いろいろなことに挑戦できる社会になるかもしれない。生存の悩みから解放されて、いろいろと試してみて挑戦できるという自己実現のための労働が花開く。そういう意味で、ベーシック・インカムは「自由」とつながってくる可能性があるのではないでしょうか。

宇佐美　そうですね、UBIつまり普遍的ベーシック・インカムで、ある程度お金を受け取れるとなれば、仕事の比重を小さくするという人がたくさん出てくるでしょうから、仕事以外のことに時間を使えるようになるという意味では、確かに時間の使い方の自由が広がるとはいえますね。きょうお話ししたような学術的な意味での自由というよりも、日常的な意味の自由ですけれども。

ただ、いまちょっと触れられた、UBIと引き換えにこれまでの社会保障はやめてしまおうという新自由主義的な主張は、やはり説得力がないだろうと、私は思うんです。たとえば、身体障碍のある人は、通院のためにタクシーを呼ばなければならないとか、あるいは入浴するのに介助が必要だという場合があります。それを、健常者と同じように一か月に八万とか一〇万だけ渡して、さあ後は自分でやってくださいというわけにはゆかないと思うんですよね。現在の社会保障の額を減らしたり、種類を簡素化したりはできても、無くすことはとてもできないと思います。それなら、給付額をぐっと上げればいいじゃないかと思われるかもしれませんが、そういうわけにもゆかない。政府予算の限界がありますから。しかも、日本は、GDPに対する公債の比率がほかの先進国よりもとびぬけて高い世界有数の借金大国ですから、全員に払う給付金をあまり高くはできない。そうすると、一律の受給額では足りない特別なニーズのある人たちには、別途で給付したり税額控除したりする必要があるだろうと思います。

ベーシック・インカムで代替されるものと、そうでないもの

駒村　少し補足しますと、私が先ほど描いたのは、UBIの導入によって自己責任論が浮上してくるとしても、何か新しいことに挑戦する余地が他方で生まれて、それが新たな自由の領域を開き、自由を開花させることにつながる…という途筋でした。閾値の内部——ここでの閾値とは生存に必要な範囲という意味ですけども——は保証して、閾値を超えるところは競争と自己責任でという図式のポジティブな意味を浮き立たせようとしたんです。

生存に必要なお金というのは、通常人、平均人にとっての閾値で算出しなければそのUBIの定義から外れてしまうわけですが、おっしゃるように、個別に抱えている事情は千差万別なわけで、やはり障碍者の人たちには手厚い施策を残したり、学歴と所得の連関を分断できないのであれば奨学金制度

が必要であったりと、いろんなものが残っていくんだとすれば、今度は、UBIを導入する意味が逆になくなってしまう。つまり今の社会保障体制、社会福祉体制がやっぱりいいんだ、みたいな話になりかねないのかなと思いますが、いかがでしょう。

宇佐美　確かに個人のニーズというのは、障碍があるとか、あるいは要介護の親がいるとか千差万別ですから、そうすると普遍的な所得保障であるUBIよりも、むしろ不利な人たちをカテゴリーに分けてそれぞれに現金給付なりサービスなりをしてゆく現在の社会保障制度の方がいいんじゃないかとも思えるわけです。ところが、ここに落とし穴がある。カテゴリーごとにニーズを満たしてゆくだけという現在の制度ですと、困窮している人への公的救済は生活保護になります。ところが、それじゃあ本当に困窮しているのか、たとえば障碍がないなら働けるはずだとか、家族に扶養してもらえるのではないかとか、そういうことを問われる。その結果、要保護世帯の所得しかないのに給付を受けられない人たちが出てくる。特に日本ではそういう世帯が多い、つまり生活保護の捕捉率が国際的にみても非常に低いわけです。これがひとつの問題。もうひとつは、最終的に受給できるとなると、その人は働けないし、頼れる家族もないから、税金がもとになっている生活保護を受けているんだということになって、社会的スティグマが生まれる。近年は自己責任論が幅を利かせているので、自力では生計を立てられないとされた人のスティグマはいっそう深刻です。UBIならば、捕捉率が低いとか、スティグマが生じるとかの問題がなくなります。

しかし、一律の給付制度だけとなれば、今度は反対に特別なニーズのある人たちは非常に不利です。それに、生活保護は世帯単位なのに対して、UBIは個人単位ですから、世帯数によっても事情が大きく異なってくる。たとえば、大人一〇万円、子ども八万円という制度を考えてみると、子どもが一人いる夫婦は合計二八万円受け取れるので、いくらか給料や報酬があれば一家で生活してゆけます。ところが、おじいちゃんに先立たれたおばあちゃんが一人住まいをしている場合、医療費がかさむとなれば、一〇万円だけで生活してゆくのは難しい。そこで、UB

Iで全員を底上げしたうえで、特に必要だと認められる人たちには、追加の現金給付なり低料金のサービス提供なりをするという、二層構造で考えてゆく必要があるわけです。

労働の位置づけによってベーシック・インカムに対する評価は異なる

吉田　駒村先生のお話をパラフレーズすれば、UBIは、アレントでいうと「アクション（活動）」と「レーバー（労働）」を分けるためのある種の手段として捉えられると思いました。ただ、そのアレントの議論でいつも思うんですが、今日、アレントがいうような「アクション」を通じて公共圏へと現れる人間、宇佐美先生の言葉を使えば自己実現できるような人間ばかりかどうか、という点が気になります。これは、ベーシック・インカムを手段として捉えるのか、目的として捉えるのかに関わってくるかもしれませんが、生存への配慮が不要になった後に何をするのかが問題になってくる。狩猟社会あるいは近代の時代での労働の位置づけと、今日における労働の位置づけというのは当然違ってくると思うんですけども、アレントでいえば「労働」を通じたある種の社会や自分の自己形成とかというのは、やはり産業社会では不可欠な側面であったことは確かです。そこで存在している人間と、そういうものが不要になってしまった人間は、まったく異なる存在でしょう。ベーシック・インカムは、人間像を転換させるための制度として機能してしまうかもしれない。そうなると、単純化すれば、ベーシック・インカム導入を全面的に歓迎する人間ばかりだろうか、という疑問が湧きます。これについてヒントがもしあれば、教えてください。

宇佐美　二点ほどお答えしたいと思うんですが、まず一つ目はそもそも論です。労働を通じた自己形成とか社会化とか、あるいはもっと広くいえば、収入源とは違った面で仕事がもっている非経済的な意義について、ご指摘いただいたかと思います。確かに、自分の仕事は収入を得るための単なる道具にすぎないというよりも、むしろ人生に意味を与えてくれるとか、社会の一人前のメンバーとなるのに不可欠だとかと考えている人は多いだろうと思います。

ところが、このように仕事は非常に大きな価値をもっているという今日の考え方には、実は問題があるんだという指摘が、欧米の研究者の間で増えてきているのです。たとえば、ある哲学者は、労働欲求は順応的選好だと主張しています。順応的選好というのは、実行可能な選択肢がどれも好ましくないときに、人間はその選択肢を選んでしまう傾向があるということです。その哲学者によれば、労働をとりまく状況には様々な不正義があるのに、多くの人はそれを当然だと思って、強い労働欲求をもち続けているというわけです。このような最近の指摘をみますと、仕事の意義を強調することには慎重でありたいと思っています。

二つ目は、UBIの批判者がしばしばいうように、この制度を導入すると、多くの人は働かなくなってしまうんだろうかという点です。私は先ほど、月一〇万円の給付という例を挙げましたが、年間では一二〇万円になるわけです。この金額では、多くの人は仕事を辞めないでしょうし、その大きな理由はお金をかせぐ必要性だろうと思います。しかし、仕事の量を減らしたり、正規雇用に固執しなくなったり、あるいは職場に対して不満があれば転職したりする人は、増えるだろうと思うんです。これは労働の供給側の話ですが、需要側について考えても、AIが発達して、職種の数だとかひとつの職種でのタスクだとかは減っても、やはり必要な仕事はたくさん残るでしょう。そうすると、AIによる自動化がもっと進んだ段階でUBIが採用されても、皆が働く産業社会から完全に転換してしまって、仕事のない社会がやってくるとは考えにくい。むしろ、仕事が人生で一番大切と多くの人が信じ込んでいるのではなくて、仕事が何より大切という人もいれば、ほかに大切なものがあるので仕事は必要な限りでやる人もいるというような、生き方が多様化した社会、それがポスト労働社会だと思うのです。

ベーシック・インカムは公共性への思考回路を断つのか

吉田　最近、井手英策さんが、ご自身のいうベーシックサービスとベーシック・インカムの比較のなかで、たとえば社会保障のことを考えるということ自体が公共空間と自分をつなぐひとつの回路になっていて、社会の誰をどういうふうに助けるべきかを考えることと自体が人間を社会的存在にさせるんだという主張から、ベーシック・インカムはそれを断ち切ってしまう可能性があると指摘されています（井手英策『どうせ社会は変えられないなんて誰が言った』（小学館、二〇二一年））。この点はいかがですか。

宇佐美　先ほど申しましたように、ＵＢＩの導入によってかなりの程度まで代替されるような社会保障は出てくると思うんです。たとえば、生活保護や年金の基礎部分などです。しかし、様々な特別なニーズをもった人たちへの社会保障というのは残すべきだろうと思います。先ほど挙げた障碍者の人たちは、その一例です。それだけでなく、日本の場合、むしろ新設するべき社会保障制度もあるのではないでしょうか。日本でのシングルマザーの家庭は、国際的にみても貧困率が高くて、しかも課税と社会保障を行った後、再分配の前よりもいっそう貧困率が高くなっているんです。その結果、低賃金の仕事を掛け持ちでやって、心身の健康を害する人も出てくるわけですね。こういう世帯に対してＵＢＩだけで足りないならば、たとえば教育費の補助とか支払い減免とかの制度が新しく必要になるでしょう。こう考えてきますと、誰をどう助けるべきかという問いは、ＵＢＩの導入でなくなるわけではなく、ただ現在のように、助けるべきなのに助けられていない人がたくさんいるという事態は改善されるのだろうと思います。

駒村　ベーシック・インカムが対応する「閾値」を設定しても、むしろそこからズレがたくさん出るので、それをみんなで考えなきゃいけないですよね。今まで見えてこなかったものを顕在化させて、そこに社会と個人の結節点を考えるきっかけが新たに生まれるかもしれません。

ベーシック・インカムは「労働倫理」を変え、「労働量」を減少させるか

河島　ＵＢＩは理念として美しいですし実現してもらいたいとは思いつつも、やはり労働倫理の問題があると思うんですね。今回のコロナ危機の給付でもバラマキ批判があり、生活保護への批判もとても激しい。ＵＢＩによって労働倫理がこれからどのように変わっていくのか、特にその移行期においてどうなるのか、すでに国民皆年金制度がある日本においてＵＢＩに果たしてうまく移行できるのか、ＵＢＩに

沿った労働倫理がうまく構築できるのか懸念があります。移行の見通しがないと、結局、導入できないのではないかと。

もう一点、UBIの議論で社会全体での労働量の減少が前提となっていることがあります。宇佐美先生のおっしゃる知能社会においては、AI・ロボット等の開発・運営が必要になりますが、これはやはりとても高度で誰もができるものではないですよね。そうすると、そういった人たちに労働が過度に集中してしまうことになるのではないか。そしてそれ以外は、AI・ロボット等がうまくタスクを代替できないが低賃金であるような労働ばかりが残り、自己実現にかかわるような労働はわずかになるのではないか、という危惧があります。

宇佐美　まず申し上げなくてはいけないのですが、私がテーマのひとつにしている分配的正義論というのは、最終的にどんな状態が正義の観点からは望ましいかを考えるというものなんです。これがいったん決まりますと、次にはそこへ移行してゆくためにどういう政策がよいかという話になるわけですが、分配的正義論からその答えが出てくるわけではありません。他の様々な専門家から教わりながら考えてゆくしかないというように思っています。

指摘していただいた労働倫理についてですが、これは社会や時代によってかなり大きく違っています。たとえば、日本人はまじめで働き者という自己理解が定着していますが、明治期の資料をみますと、無断欠勤や遅刻は珍しくなかったようです。考えてみれば、これは自然なことでして、始業時刻も終業時刻も決まっていない農業社会から、急激に産業社会へと変容していったので、人々の行動が全然追いついていなかったわけです。しかし、現在では、オンライン会議が二時に始まるなら、きっかり一時五九分までに入るという具合ですよね。こういう几帳面さは、人類の歴史全体ではごくごく最近に生じたことです。もう少し広げていいますと、私たちの労働倫理の中身は、現在のような生産機械や就業管理のテクノロジーだとか、同僚と違ったことをすると「出る杭は打たれる」という文化だとか、あるいは業務が明確に分担されていなくて柔軟に協力しながら全体で仕事を進める大部屋方式など、いろいろな条件のもとで決まってきたのだろうと思います。UBIを含めていろんな制度が新設されたり変更されたりすると、労働倫理もそれにあわせて変わっていってよいのではないでしょうか。

もうひとつ、重要な点をご指摘いただきました。AIの発達によって、どの所得層の労働者も本当に減っていくのかということです。ご指摘のように、高いスキルのある高給取りの人たちと、自動化の技術開発への投資が割に合わないぐらい雑多な業務を安い報酬でこなす人たちは将来も残ってゆき、その二つのグループに挟まれた中間層がAIによって置き換えられてゆくといわれています。UBIが導入されても、給付額がそれほど大きくない限り、お金のために働くという人たちは依然として少なくないだろうと思います。ただ、普遍的な所得保障があれば、仕事をする理由のなかで、自己実現のような非経済的理由が占める割合は増えるだろうとはいえそうです。つまり、主に非経済的理由のために働く人が増えるとともに、多くの人が今までよりも非経済的理由を重視するようになるだろうと思うわけです。

ベーシック・インカムの制度的な安定性／不安定性

瑞慶山　UBI導入時に、その制度変更に対して脆弱になる人を想定することができます。働かないで暮らすと決断した人がいたとして、給付額の減額といった制度変更があった時、その人はかなりの苦境に立たされてしまう。UBIの導入は、こうした自己の人生の命運を国家に握られてしまう人の数を増やすように思えます。この意味で、UBIにその政策的当否を越えて自由論の観点から問題はありませんか。

宇佐美　それは自由の問題というよりも、セキュリティ、つまり生活の持続可能性や安定性の問題かと思いました。国家に命運を握られるかどうかは、政策の方針次第だろうと思いますね。政府の歳入が大きく減ったときに、他の予算を削ってでもUBIの給付額は安定的に据え置いたままとして、物価とあまりにもかけ離れてきたときにだけ見直すようにするのか、あるいは毎年毎年、一万円単位の変動は当たり前とするのかで、話は大きく違ってくるでしょう。国家に命運を握られるのは悪いことか、それとも市場に委ねられるのが悪いことかという対比で考えますと、ＵＢＩが給付額の面で安定的に運用されるなら、前者の方がいいだろうと思っています。

ＵＢＩから最も便益を受けるのは低所得層ですが、そういう人たちの生活はセキュリティに欠けているんです。仕事で大きな怪我をしたとか、重い病気になったとかという場合に、すぐに収入が途切れて、しかも貯金がほとんどないから、暮らしが成り立たなくなってしまう。市場での変化につねにさらされているという生活の不安定さを改善することは、ＵＢＩならば可能です。ただ、ＵＢＩを導入した後、生活をどのくらい安定化させられるのか、そのための仕組みづくりは重要だと思います。

ベーシック・インカムは分配の公平性を阻害しないか

成原　先ほどの宇佐美先生と駒村先生のやり取りのなかで、身体障碍をもっている方については、ベーシック・インカムが他の人と平等に給付されたとしても、それだけで十分に生活をしていくことができないのではないかという問題が指摘されていました。そこで、ベーシック・インカムに加えて必要に応じて障碍者手当など追加の給付等を併用するという宇佐美先生のお話は、ベーシック・インカムの微修正なのか、それともベーシック・インカムの基礎にある理論自体を見直す必要性を示しているのか、という疑問をもちました。

個人の身体能力や家庭の事情などの個別状況が実に多様であることを考えたときに、私が思い出したのが、アマルティア・センの潜在能力アプローチです。センは、人が実際に何を達成できているかということと区別して、実際にするかどうかはともかく、たとえば、旅行に行けるとか、病院に行けるとか、そういう潜在能力の集合を自由として捉えていたと思います。そのような潜在能力を自由として捉えると、あるいは潜在能力の平等を重視するとなると、ベーシック・インカムにより資源が平等に割り当てられたとしても、いろいろな個人の事情によって、できることの幅が違ってくるでしょう。そうなると、一見平等な分配にみえても、潜在能力の幅つまり実質的な自由の幅は違ってくることになります。そうなると、それは不公平な分配なのではないかという議論も出てくるかと思います。このことは、ベーシック・インカムの理論的基礎に対して根本的な挑戦となりうるのかどうかについて、お考えを聞かせていただければ幸いです。

宇佐美　ご説明いただいたように、個人によって能力の程度や組み合わせが違うので、ケイパビリティ・アプローチ（潜在能力アプローチ）で平等を実現しようとしますと、集団をどんどん細分化してゆかざるをえないわけです。これが、資源主義者によるケイパビリティ・アプローチ批判のひとつの論点でして、たとえばトマス・ポッゲがそういう論文を書いています。資源主義では、人間の福利に役立つ外的手段、たとえば私的財の束とか貨幣とかに着目しますので、個人の属性に基づく細分化へと向かってゆかないわけです。逆にいうと、この立場では、一律の取り扱いからはこぼれ落ちてしまう人たちが出やすくなっています。私自身も基本的には資源主義に立つのですが、UBIによる一律の所得補償を考えたとき、障碍者とかシングルマザーとかのように、特別なニーズに制度が対応できないケースが出てくるので、特定のカテゴリーは設けて近似値的に対応する必要があると思っています。少なくとも、障碍者福祉のように一部のカテゴリーの人たちに対応する制度がすでにあるのに、それを撤廃してしまうという提案はとても危険だというのが、冒頭での駒村先生とのやり取りで、私が指摘した点です。それは大きな問題のいわば入り口にすぎないわけですが、その先にある論点について大変重要な指摘をしていただき、ありがとうございました。

成原　資源の平等をベースにカテゴリカルに平等を実現して、そのうえで特殊事情をできる限り考慮していくという資源主義の考え方は、プラグマティックで説得力があると思います。他方で、こういう反論も考えられるかもしれません。私の専門とも関わってくるのですが、最近のビッグデータやAIの発展を踏まえると、たとえば、マイナンバーのような仕組みを使って、個人の事情を政府が細かく把握して、それに基づいて個別事情に応じた給付をすることも理論的には可能になってくるかもしれません。もちろんプライバシーとの緊張関係があるにせよ、こうしたアプローチについては、いかがお考えでしょうか。

宇佐美　それはもう、ＵＢＩの評価というよりも、社会保障全体のあり方を今までのカテゴリー単位から個人単位へと変えていくのがよいかという非常に大きな論点ですね。確かに、医療とか健康管理とかの市場サービスでは、個人の遺伝的あるいは身体的な特徴をもとにして、似たような特徴をもったグループのビッグデータを使って、個別的なニーズに応えるようになるだろうともいわれています。そのような方向は、社会福祉や公的扶助のような公的サービスでもありうるかもしれません。ただ、公的サービスでは公正処遇という要請が働くので、たとえばすべての人の状態評価をケイパビリティ・アプローチで一律に行うので、その結果として別様の扱いになるんだといった、不公正さを避ける制度構築や基本原理が必要になるでしょう。もうひとつは、ご指摘のようなプライバシーとの関係です。オーウェル的な状況にならないように警戒しつつ、各人の特殊的ニーズにきめ細かく応える社会福祉や公的扶助を考えてゆくことができるのかは、大きな課題になるかと思います。

社会的尊厳の計測可能性、熟議民主政の前提条件の提供可能性

井上　私の専門からすると、遊びやゲームの歴史的な成り立ちをみたとき、時間とか空間の切断がしやすくなった近代になるにつれて、やはり「余暇」の概念みたいなものが登場してきます。そういったところにもリンクしていく話かなと思って聞いていました。

さて、ご報告（編集注：本書のもととなった研究会での宇佐美報告のこと。以下同じ）のなかで、社会的尊厳に触れる部分がありました。この社会的尊厳という概念は、何かに変換したり計測することが可能なものなんでしょうか。幸福度とか、経済学でいわれる効用や厚生みたいな概念で変換可能なのかどうか。たとえば、職場の労務管理に関連して、私の知り合いがデバイス開発をしているのですが、監視はやっぱりやめようと。監視はしないで、セルフチェックを導入し、セルフチェックをした自分の行動データをゲームに変換して、ストレスが上がらない形で、主観的幸福度を測れるようにしようと。こういった一見変換不能のような概念の検証を、官僚などが制度を考案するときに、どうやって進め

ていくのかが気になるところです。

水谷　私からも一点よろしいでしょうか。先ほどから、自由との関係や尊厳との関係での議論があったかと思いますが、それと同時に、デモクラシー、特に熟議や理性的議論みたいなものとＵＢＩはけっこう親和的かなと思っています。理性的議論の障害は、やはり私的領域における自分の利害関係ですよね。そのあたりの事情が私的領域における動物的な生存に関わったりするから、やはりそれに引きずられる。ＵＢＩによってある程度そういうものが解消されれば、民主的熟議にプラスになると思っていますが、いかがでしょうか。

宇佐美　それぞれご質問をありがとうございます。まず、社会的尊厳の計測可能性ですが、これについて考えるときに区別する必要があると思いますのは、内的な事実的尊厳そのものと、外的尊厳が毀損されている社会的状況の区別です。出していただいた例は、尊厳そのものではなくて、それが損なわれうる状況にむしろ関わっているように思いました。つまり、職場の労務管理で四六時中、監視されているとなれば、自分が価値ある存在だという感覚をもちにくいでしょうから、これは問題ですね。では、どうやって改善できるかを考えたときに、たとえば監視とセルフチェック、あるいは監視の複数のやり方を区別したうえで、科学的に計測することは可能だと思います。ランダム化比較試験をやれば正確でしょうけれども、そこまでゆかなくても仮想的な労務管理を二つ以上比べて評価してもらうアンケート調査をすれば、一定の計測が可能だと思います。それに対して、内的尊厳とは、個人が自分自身を価値ある存在だと感じることなので、そう感じる程度をたくさんの人に尋ねるという仕方で、計測することになるだろうと思います。これは、ある人が組織のなかでどう扱われているか、あるいは周囲からどう接されているかによって、大きく異なってくるでしょう。企業による労働者の処遇だとか上司の態度だとかに問題があるときに、労働者が異議申し立てをしたり、あるいは転職したりすることが、打開策になるわけですが、一定の所得保障があればこういった行動をとりやすくなる。そこで、ＵＢＩは尊厳の保護に役立つと思われるわけです。

次に、デモクラシー、特に民主的熟議への参加も重要な論点です。私が報告でご紹介したのは、分配的正義論のなかの分配目標論でしたけれども、この枠組みに反対して、むしろ市民による平等な民主的参加という観点から分配問題を考えるという立場もあります。これは民主的平等論といいます。ＵＢＩは一定の所得保障を行うことで、政治に積極的に参加する経済的基盤を提供しますし、また全員に対して同額の給付をしますから、これは市民の対等性を象徴しているといえそうです。きょうの報告では、個人の積極的自由ないし自律についてお話ししましたが、集団の積極的自由や自律に対して、ＵＢＩがどのように役立つかも、重要な論点だろうと思います。

（二〇二一年一一月五日収録）

デモクラシー

「自由×民主主義」の融解？

牢獄を築く者の言葉に自由を築く者の表現力はない

『マーティン・エデン』

（ピエトロ・マルチェッロ監督、二〇一九年）

吉田　徹

政治学ではとりわけ二〇〇〇年代に入って、民主主義の現状と展望について警鐘を鳴らす研究が相次ぐようになった[1]。さらに、二〇一〇年代以降になると「民主主義の後退（democratic backsliding）」、「民主主義の減衰（democratic decay）」、「民主主義の非定着（democratic deconsolidation）」、「民主主義の退潮（democratic recession）」など、民主主義そのものが衰退しているとの指摘がなされるようになった[2]。こうした指摘を受けて、「歴史の終焉」論で名を馳せたフクヤマ自身も、「二五年前に民主主義が後退するという認識

（1）代表的なものとして Joseph S. Nye, Jr. et al. (eds.), *Why People Don't Trust Government* (Harvard University Press, 1997)［ジョセフ・ナイほか編（嶋本恵美訳）『なぜ政府は信頼されないのか』（英治出版、二〇〇二年）］；Susan J. Pharr & Robert D. Putnam (eds.), *Disaffected Democracies* (Princeton University Press, 2000)；Theda Skocpol, *Diminished Democracy* (The University of Oklahoma Press, 2004)［シーダ・スコッチポル（河田潤一訳）『失われた民主主義』（慶應義塾大学出版会、二〇〇七年）］；Collin Crouch, *Post Democracy* (Polity Press, 2004)［コリン・クラウチ（山口二郎監修／近藤隆文訳）『ポスト・デモクラシー』（青灯社、二〇〇七年）］；Gerry Stoker, *Why Politics Matters* (2nd ed. Globe Press, 2016)［ジェリー・ストーカー（山口二郎訳）『政治をあきらめない理由』（岩波書店、二〇一三年）］；Colin Hay, *Why We Hate Politics* (Polity Press, 2007)［コリン・ヘイ（吉田徹訳）『政治はなぜ嫌われるのか』（岩波書店、二〇一二年）］など。

も理論も持ち合わせていなかった」と二〇一七年に証言している。[3] 少なくとも、ポスト冷戦期になって「自由と民主主義」が自動的に拡大していくという期待は縮小し、先進国でのポピュリズム政治の伸張、新興民主主義の権威主義化、途上国での民主主義の崩壊、さらに経済成長や新型コロナウイルス封じ込めにおける権威主義国のパフォーマンスとの比較などが加わり、楽観的な民主主義論が通用しなくなっているのが現状であるように思われる。

本章は、①まず「民主主義の後退」論における「民主主義」が、「自由」との関係において何を意味するのかの操作的定義を施したうえで、②近年における対照としての権威主義政治を精査し、③民主主義後退論の根拠として、世界における民主主義国の傾向を確認し、④民主主義の後退が仮に現実のものだとして、それが何に基づくのかについての分析を施すものである。

「民主主義」とは？

日本語で民主主義という場合、戦後の社会科教科書で記述されている次のようなものと一般的には定義されるだろう。すなわち、それは「政治を国民の政治たらしめ、国民による政治を行うこと」（傍点原文）、また「社会の秩序および公共の福祉を両立する限り個人にできるだけ多くの自由を認める」ものとして想定されている。[4] ここでの含意とし

(2) たとえば、世界政治学会（IPSA）の二〇一八年大会では会長共通論題として「自由民主主義の境界：世界的なポピュリズムの台頭」を設置している。全般的傾向を検証するものとして、Arch Puddington, "The Freedom House Survey for 2010: Democracy Under Duress," *Journal of Democracy*, vol. 22, no. 2 (2011). 他方で民主主義の後退は限定的であると主張するものとしてはSteven Levitsky and Lucien Way "The Myth of Democratic Recession," *Journal of Democracy*, vol. 26, no. 1 (2005) を参照。

(3) *The Washington Post*, "The man who declared the 'end of history' fears for democracy's future," 9th February, 2017 online (二〇二二年七月八日閲覧).

(4) 文部省著／西田亮介編『民主主義』(幻冬舎新書、二〇一六年) 三一頁、三三頁。

て——とりわけ他の民主主義国と比べて——特徴的なのは、民主主義という政治システムないし政治体制に自由が不可分のものとして内包されていることにある。日本の戦後民主主義についての捉え方は、戦前・戦中の経験もあり、専制主義や全体主義と呼ばれたものとの対決思想でもあったことから、個人の自由が強調されることに個性がある。

もっとも、とりわけヨーロッパにおいては、個人の自由を強調するのは自由主義の系譜にあり、民主主義は異なる文脈で用いられており、民主主義が元来的に自由主義思想と不可分なものであるかは論争的である。政治学者クリックやサルトーリは、歴史的にみて自由を擁護する立場は共和主義者や立憲主義者に相応しいのであって、——事実、歴史上そうであったように——民主主義は共産主義やファシズムとも親和的な語句であったことに注意を促している(5)。

そのため政治学では、民主主義と自由の不可分性を強調する場合、ダールによる「ポリアーキー（多元支配）」概念が重宝されてきた(6)。これは、民主主義を参加（包摂）と自由（異議申し立て）の二つの次元が高度に両立していることを条件に据え、ほかの政治システム／体制と区別化する試みである。ポリアーキーにおいては、民主主義の要件とされる法の支配や人権保障といった制度的布置も必然的に含まれることになる(7)。ただし、ダールは民主主義におけるこうした次元を多元主義と同義的に用いており、自由の契機は依然として強調されていない。言い換えれば、ポリアーキーと政治的多元主義が親和的だとしても、それは自由な民主主義と同義ではないといえよう。

(5) バーナード・クリック（添谷育志＝金田耕一訳）『デモクラシー』（岩波書店、二〇〇四年）; Giovanni Sartori, *Democratic Theory* (Wayne University Press, 1973).

(6) ロバート・A・ダール（高畠通敏＝前田脩訳）『ポリアーキー』（岩波文庫、二〇一四年）。

(7) ロバート・A・ダール（伊藤武訳）『ダール、デモクラシーを語る』（岩波書店、二〇〇六年）一六頁。

そうであれば「自由」と「民主主義」、つまり「リベラル・デモクラシー」と呼ばれる政治はどのような次元で定位されるのか。後段の議論との関係から、ここでは二つの次元に分けてみたい。

ひとつは、政治的行為の次元である。クリックと空井護は、民主主義においては必然的に自由の契機が含まれるとの推論を行っている[8]。前者は、政治を利益の調停であると定義するため、ここから諸利益の存在を認めること、したがって社会における自由が必然的に前提となるとする。後者は、民主主義においては、統治の範囲が民主的に決定されることを条件とするから、その範囲を決める自由が付随するはずだ、と論じる。いうなれば、バーリンのいう「消極的自由」と「積極的自由」の区別は、少なくとも政治的行為においては意味をなさない。それは、「消極的自由」を実現するためにも「積極的自由」を行使しなければならないことを意味するためだ。

さらなる自由と民主主義の関係は、国際政治における次元において見出される。特に自由主義を掲揚する民主主義は、冷戦体制において共産主義・社会主義と対峙する西側諸国で標榜され、政治体制としてのいわゆる「リベラル・デモクラシー」の特徴とされてきた。もっとも、冷戦中に民主主義と非民主主義の区分基準だった資本主義体制であるか否かが冷戦終結によって無意味となると、民主主義は新たな自由の定義を求めるようになった。それが現在流通している「リベラル・デモクラシー」の用法である[9]。これは、とりわけ「非リベラルな民主主義」というポスト冷戦期の新たな民主主義の対照物

(8) バーナード・クリック(前田康弘訳)『政治の弁証』(岩波書店、二〇一四年)、空井護『デモクラシーの整理法』(岩波新書、二〇二〇年)。

(9) そうした意味でポスト冷戦期における「リベラル・デモクラシー」の用法が戦後期に逆投射される形で解釈されることに注意を促すものとして、網谷龍介編『戦後民主主義の青写真』(ナカニシヤ出版、二〇一九年)を参照。

と対峙するなかで強調されるようになっている[10]。

さらに、中国が念頭におかれる権威主義体制の台頭をみて、このリベラル・デモクラシー観を国際関係に投射するのが「リベラルな国際秩序」という概念である。主唱者のひとりであるアイケンベリーは、その条件として国際的な開放性、多国間主義とルールに基づく関係、民主的連帯と協調的安全保障、進歩主義的な社会観の四つを挙げる[11]。中国による香港の民主派抑圧やロシアによるウクライナ侵略戦争でさらに強調されるようになった「民主主義対専制主義」という構図は、このリベラルな国際主義への脅威として認識されている。

歴史の常であるが、ことにそれが政治的概念である場合、民主主義という言葉は様々な意味内容を包容しており、民主化が進むほどに、その意味するところは多様になってくる[12]。本節で強調したのは、戦前、戦後(冷戦期)、そしてポスト冷戦期における様々な比較対象のなかにおいた場合の、民主主義の自由との関連における自己定義の多様性である。そこで次節では、ポスト冷戦期における対照として立ち現れた権威主義の特徴をみることとする。

「新たな」権威主義?

ポスト冷戦期に入って、新たな政治体制として認知されるようになったのが「非リベ

(10) その嚆矢となったのは、Fareed Zakaria, *The Future of Freedom* (W.W. Norton & Company, 2003) であろう。その後、日本でも樋口陽一『リベラル・デモクラシーの現在』(岩波新書、二〇一九年)、山口二郎『民主主義は終わるのか』(岩波新書、二〇一九年) などで同じ論調がみられるようになる。

(11) G・ジョン・アイケンベリー(猪口孝監訳/岩崎良行訳)『民主主義にとって安全な世界とは何か』(西村書店、二〇二一年)。

(12) David Collier and Steven Levitsky, "Democracy with Adjectives," *World Politics*, vol. 49 (1997).

ラルな民主主義」である。これは、具体的には冷戦が終わり、いったんは民主化の経路を辿ったものの、二〇〇〇年代に入り、民主主義におけるとりわけ自由主義的側面（公正な選挙、司法の独立、マイノリティの権利保障、報道の自由）が後退しているハンガリー、ポーランド、トルコ、ロシアなどを具体例として論じるものだ(13)。これらは、定期的な選挙を実施して民主的に国家指導者が選出されるという形式においては民主主義体制として認知される一方、その統治手法は権威主義的であるという「ハイブリッド・レジーム」であるともされる。注意が必要なのは、これらは一九七〇年代に当時のスペインやポルトガル、ギリシャなどを念頭に、政治学において発見された「権威主義体制」とは異なるものであることだ。具体的には、権威主義体制においては、広範な政治的動員が欠如しており、政治的多元性が限定的に認められ、権力行使が合法的に行われていたのに対し、現代の権威主義は反体制派やメディアに対する法を介しての抑圧、選挙や統治制度の恣意的な改正、司法や行政の自律性を奪ったうえで政権の方針の正当化のために用いられる点などにおいて対照的である(14)。つまり、前者は体系だった政治体制であるのに対し、後者は形式としては民主主義であっても、その運用手段や方法が権威主義的であることを特徴としている。

民主主義の衰退論は、こうした新興民主主義国の権威主義化と先進国でのポピュリズム政治の伸張の二つを背景として出てきた。世界各国の民主主義の質を測定するスウェーデンのシンクタンク V-Dem の民主主義指標では、「リベラル・デモクラシー」の

(13) その具体的描写としてはアン・アプルボーム（三浦元博訳）『権威主義の誘惑』（白水社、二〇二一年）、現実主義的描写としてはイワン・クラステフ&スティーヴン・ホームズ（立石洋子訳）『模倣の罠』（中央公論新社、二〇二一年）、規範的議論としてスティーブン・レビツキー&ダニエル・ジブラット（濱野大道訳）『民主主義の死に方』（新潮社、二〇一八年）。

(14) 武藤祥「ポスト・グローバル時代における政治の『権威主義化』」岩崎正洋編『ポスト・グローバル化と国家の変容』（ナカニシヤ出版、二〇二一年）。

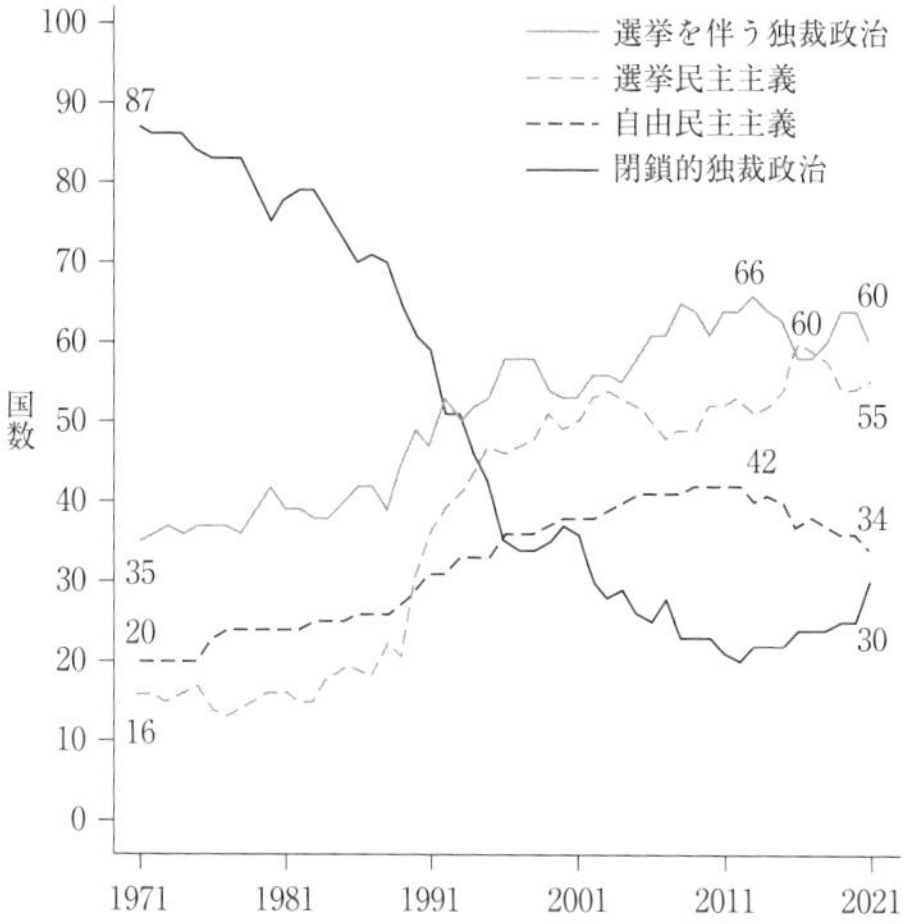

図1　世界における政治体制の推移（1971～2021年）
出典：V-Dem, Democracy report 2022：Autocratization Changing Nature?, p. 14

水準を保つ国の数は二〇一〇年代にピークアウトし、代わりに「選挙を伴う独裁政治（定期的選挙がありつつも表現の自由や結社の自由を侵害）」と「選挙民主主義（定期的選挙がありつつも行政府に対する立法・司法の権限が弱い）」に分類される国々が増加していることがわかる（**図1**参照）[15]。結果、二〇〇九年に世界の過半数（五四％）を占めていたリベラル・デモクラシーの国々は二〇一九年に少数派（四九％）となり、ポスト冷戦期にみられた民主化の波が打ち止められたことがわかる。

　こうした権威主義がなぜ生まれるようになったのか。これに

(15) V-Demのこうした指標は、選挙、自由、多数性、合意、参加、熟議、平等の五つの領域における複合から作成されている。詳細については、Michael Coppedge et al., *Varieties of Democracy* (Cambridge University Press, 2020) 参照。

ついては、実態の記述は多くあるものの、依然として政治学でも議論されている論点であり、こうした現象を特定対象国の文脈において判断するのか、それとも時代に固有の同時多発的な現象としてみなすのかによって結論が異なりうる。

最も包括的な理論的枠組みでもって権威主義化のメカニズムを説明したのは、「非リベラルな民主主義」を「競争的権威主義」という言葉に置き換えたレヴィツキー＝ウェイによる研究だろう[16]。彼らは自由な選挙、市民の自由な保護、政治勢力の間の公平な競争のいずれかが損なわれている場合に「競争的権威主義」が成立するという定義のもと、①西側諸国との社会的・経済的な結びつき（リンケージ）が低く、②与党の政治的組織能力が高く、③外部からの民主化圧力に対する回避力（レバレッジ）が高いほど、その国が競争的権威主義に陥るか、それを維持する蓋然性が高いことを実証している。こうした条件から、一九九〇年から二〇〇八年までに完全な形で競争的権威主義が定着した国としてアルメニア、ボツワナ、カンボジア、カメルーン、ガボン、マレーシア、モザンビーク、ロシア、タンザニア、ジンバブエが挙げられている。

このレヴィツキー＝ウェイの研究は新興民主主義国を対象としたものであり、先進民主主義国における民主主義の後退を念頭においたものではない。もっとも、先進国においても民主主義の少なくとも劣化が観察されているのも事実である。民主化の動態的推移ではなく、民主主義の静態的な状況を観察する限り、市民的自由の制約や政治的分極化の進展などの面で民主主義の後退が進んでいることを、ここではV-Demと異なる指

(16) Steven Levitsky and Lucan Way, *Competitive Authoritarianism* (Cambridge University, 2010). もっとも同書は二〇〇〇年に発刊されたものであり、その後にも進んだ権威主義化について説明できていないという限界を抱える。

表１　先進７か国の民主主義指標（2010〜2021〔隔年〕、値が10に近いほど民主主義的）

	2011	2013	2015	2017	2019	2021
アメリカ	8.11	8.11	8.05	7.98	7.96	7.85
イギリス	8.16	8.31	8.31	8.53	8.52	8.10
フランス	7.77	7.92	7.92	7.80	8.12	7.99
ドイツ	8.34	8.31	8.64	8.61	8.68	8.67
イタリア	7.74	7.85	7.98	7.98	7.52	7.68
カナダ	9.08	9.08	9.08	9.15	9.22	8.87
日　本	8.08	8.08	7.96	7.88	7.90	8.15

出典：EIU Democracy Index 各年版より筆者作成

標からなるＥＩＵの「民主主義指標」でもって確認してみよう[17]。同指標ではアメリカは二〇一六年（トランプ政権誕生以前）に「欠陥のある民主主義」へと格下げされ、世界ランクで二八位に甘んじた。これは、とりわけ党派的対立によって政府と議会の機能が減じられ、選挙の正当性が低下していることに起因している。また、西欧諸国では新型コロナウイルスまん延に際してのロックダウンによって市民的自由が制限され（「パンデミック・バックスライディング」）、ポピュリスト政党の躍進によって政治的分極化が進んだために民主主義の度合いが低下している。こうした傾向から、Ｇ７各国の民主主義指数は、微少ながらも悪化していることがわかる（**表１**参照）。

以上の状況をみた場合、世界的な民主主義の後退には新興民主主義国の民主化プロセスの停止と先進民主主義国の民主主義の質の低下とい

(17) The Economist Intelligence Unit, Democracy Index 2021. The China Challenge [available at https://www.eiu.com/n/campaigns/democracy-index-2022]. 同指数は、選挙の公平性、市民的自由、政府機能、政治参加、政治文化の五つの領域の複合指標に基づいて作成され、これに基づき「完全な民主主義」「欠陥のある民主主義」「混合的政治体制」「権威主義体制」の四つに分類される。

う二つの経路が存在することがわかる。そして、最低でもこの二つは異なるプロセスとして理解されなければならないだろう。以下では、先進国に焦点を当てて、なぜ後退しているのかについて、特に戦後民主主義からの変容を視点として仮説を立ててみる。

民主主義の黄金期？

先進国で民主主義の「後退」が観察されるのだとすれば、逆に過去のそれがどのようにして「定着」したのかを精査する必要が出てくる。実際、戦後において、特にファシズムを経験したヨーロッパで、民主主義がなぜ、どのようにして定着したのかは、政治学における重要な問いであり続けてきた[18]。

西側諸国一般の戦後政治経済体制を特徴づける概念としては、政治経済学者ラギーによる「埋め込まれた自由主義」がつとに知られる[19]。ここで彼は戦後期には二〇世紀前半と異なり「社会的犠牲を最小限にする形での経済自由化」が合意され、各国政府は関税や為替水準、資本規制を通じて資本主義の負の影響を緩和する権利が与えられたとする。ポランニーのいう『大転換』が市場経済に対する社会の防衛を誘発させたのであれば、経済的自由主義を社会に「埋め込む」ことが戦後のスタートとなったとしたのだった。

戦後は常に戦前の反省からなる[20]。単純化のそしりを恐れずいえば、戦後の社会契約は戦前・戦中の総動員体制によって付与された国家の徴税機能と再分配機能を、それまで

(18) Martin Conway, *Western Europe's Democratic Age 1945-1968* (Princeton University Press, 2020)；ヤン＝ヴェルナー・ミュラー（板橋拓己＝田口美香訳）『試される民主主義（上・下）』（岩波書店、二〇一〇年）；犬童一男編『戦後デモクラシーの安定』（岩波書店、一九八九年）など。

(19) John Gerard Ruggie, "International Regimes, Transactions, and Change," *International Organization*, vol. 36, no. 2 (1982).

(20) ピケティは以下のように指摘する。「二〇世紀に過去を帳消しにして、白紙状態からの社会の再始動を可能にしたのは調和のとれた民主的合理性や経済的合理性ではなく、戦争だった」。トマ・ピケティ（山形浩生ほか訳）『21世紀の資本』（みすず書房、二〇一四年）二八五頁。

の「戦争国家（Warfare State）」から「福祉国家（Welfare State）」へと付け替え、ケインズ主義型福祉国家（KWS）を通じて中間層を支えることで政治体制を安定させる試みとしてスタートした[21]。実際に、一九世紀末にGDP比で一〇％程度だったヨーロッパ諸国の政府支出は、一九五〇年代に三〇％、一九七〇年代に約四〇％へと拡大していった。こうして、一九五一年に行われた講演で、歴史家E．H．カーは戦前と戦後を対比させて、それが競争から計画経済、経済による鞭から福祉国家、個人主義から大衆民主主義への移行を特徴としている、と説いた[22]。

この「階級均衡デモクラシー」（網谷龍介）は、戦前からの二つの全体主義であるコミュニズムとファシズムに対して、決して自由主義と親和的とはいえないキリスト教民主主義と社会民主主義という二つの民主主義による対抗構想の帰結でもあった[23]。ブルジョワ資本主義を基本とする一九世紀の自由主義は少なくとも、ここで修正を余儀なくされた。

また、「リベラルな国際秩序」の原点として、こうした戦後秩序は外部から支えられたものであることを指摘しておくことも重要だろう。その背後には、そもそもからヨーロッパの地政学固有の課題としての「ドイツ問題」と、冷戦開始によるソ連封じ込めに対処するため、アメリカによるマーシャル・プランを土台としたGATT、NATO、またEECといった国際機関を通じた西側諸国支援策が存在していた[24]。ファシズムはともかく、ヨーロッパ大陸で共産党の勢力は現実のものとして存在しており、革命を回避するためには「豊かな社会」（ガルブレイス）は不可欠なものとされた。

(21) 加藤雅俊「福祉国家論からみる自由民主主義体制の存立構造」日本政治学会編『年報政治学二〇二〇-Ⅱ自由民主主義の再検討』（二〇二〇年）、エリック・アリエズ＆マウリツィオ・ラッツァラート『戦争と資本』（作品社、二〇一九年）、網谷龍介「ヨーロッパ型デモクラシーの特徴」同ほか編『ヨーロッパのデモクラシー』（ナカニシヤ出版、二〇〇九年）、ハロルド・L・ウィレンスキー（下平好博訳）『福祉国家と平等』（木鐸社、一九八四年）。

(22) E．H．カー（清水幾多郎訳）『新しい社会』（岩波新書、一九六三年）。

(23) 小川有美「ヨーロッパの社会民主主義」同編『社会のためのデモクラシー』（彩流社、二〇一九年）、トニー・ジャッド（森本醇訳）『ヨーロッパ戦後史（上）』（みすず書房、二〇〇八年）。

(24) ベン・ステイル（小坂恵理訳）『マーシャル・プラン』（みすず書房、二〇二〇年）、ゲア・ルンデスタッド（河田潤一訳）『ヨーロッパの統合とアメリカの戦略』（NTT出版、二〇〇五年）。

「大きな中産階級が存在することは、自由民主主義をもたらす十分条件でも必要条件でもない。しかし、自由民主主義の維持にはきわめて好ましい」[25]――アリストテレスもその『政治学』で論じたように、中産階級は、財産権を重視すると同時に、その価値を維持しようと政治参加という民主的価値を奉じるようになる。こうした中産階級の再生産に貢献したのは、戦後民主主義における戦前からの自由主義的価値と民主的価値の折衷であり、そして、これが政治体制としての民主主義を安定的なものにしたのだった。アトキンソンは、戦後西ヨーロッパ諸国の平等化は社会保障制度による所得移転、賃金のシェア拡大、個人資産集中の減少に負っていると分析する。[26] 中間層と呼ばれる社会階層[27]が多数派を占めるようになったのは人類史のなかでも戦後が初めてのことであり、またそれを可能にした年数%もの高度成長が継続されたのも例外的な状況だった。[28]

小括すれば、戦後における（西側諸国の）民主主義体制の定着は、極めて歴史的な偶然と例外が積み重なった結果だった。ひとつは、それまで二度の世界大戦によるナショナリズムによる徴税機能を高めた国家の存立、次にファシズム、そしてコミュニズムという一九世紀的資本主義に挑戦をした政治との体制間競争、第三に主要国間の大規模紛争の不在、第四に持続的な経済成長による中間層の多数派化だった。

(25) フランシス・フクヤマ（会田弘継訳）『政治の衰退（下）』（講談社、二〇一八年）二二〇頁。

(26) アンソニー・B・アトキンソン（山形浩生訳）『21世紀の不平等』（東洋経済新報社、二〇一五年）。

(27) 「中間層」の定義は、経済的ないし社会学的な定義が可能だが、本章では後者の定義を採用し「一定程度私有財産を有し、中高等教育を修了し、安定的な雇用を通じた将来見通しをもつ層」としておく。

(28) 水野和夫『100年デフレ』（日本経済新聞出版社、二〇〇九年）。

民主化の第三の波の退潮？

もっとも、前々節でみたように、外部から新しい権威主義が台頭し、内部では民主主義の質の劣化によって、こうした民主主義黄金期の時代は過ぎ去りつつあるように思われる。

そもそも民主主義が後退しているかどうかについての疑義がないわけではなく[29]、しているとしても、その理由には様々なものが指摘され、民主主義の後退が現実のものであるかについて意見の一致はみていない。ただ、いずれにしても、戦後民主主義を成り立たせた要因が複合的であるように、後退があるとしたら、その理由も複合的であると推論するのが妥当だろう。

プシェヴォスキはこうした観点から、民主主義が危機に陥っていることについていくつかの仮説を提示している[30]。第一の次元は政治的領域で観察され、これは既成政党の得票率低下と歴史的に形成された政党制の分極化、すなわち有効政党数の増加として観察される。具体的には右派ポピュリズム政党の台頭と社会的な分極化である。たとえば、アメリカの民主党支持者と共和党支持者とのイデオロギー的距離は拡大し続けており、またOECD諸国における有効政党数の平均は一九六〇年代に三だったのが、二〇一〇年代には四に近づいている。

次の次元は経済領域であり、先進国が経験している低成長とその原因のひとつである

(29) たとえば、権威主義については、Levitsky and Way, *supra* note 2；先進国の民主主義については同誌のオンライン討論、"Online Exchange on 'Democratic Deconsolidation'" [available at https://www.journalofdemocracy.org/online-exchange-democratic-deconsolidation/] を参照。

(30) Adam Przeworski, *Crises of Democracy* (Cambridge University Press, 2019).

生産性の頭打ち、これに伴う労働分配率の低下である。OECD諸国でみると戦争直後に平均四%だった成長率は現在二%にまで低下し、労働分配率も一九七〇年代から低下し始め、現在ではこの時代より一割ほど減少、雇用増も低賃金の職に集中するようになっている。

また、モンクも同様の関心から、先進国におけるソーシャル・メディアを介した社会的・政治的分極化、経済成長の停滞、さらにアイデンティティ政治の勃興の三つによって、自由主義的原則と民主主義的原則が衝突するようになっていると診断している(31)。自由を保障する法の支配や民主体制における独立機関が果たす役割が、民主的価値を掲げるポピュリズム勢力によって批判されるようになっているためだ。

プシェヴォスキとモンクともに、戦間期のように先進国の民主主義が崩壊する蓋然性は、現在の経済水準と不平等の度合いから低いとするものの、他方で先進国の民主主義の権威主義化の兆候を見て取っている点、では共通している。この点を具体的に考察したのがレビツキー＝ジブラットであり、彼らはトランプ時代のアメリカを念頭に、民主主義の制度的ルールの無視、政治的競争相手の正当性の剥奪、暴力の許容、報道の自由への圧力、司法などに対する人事権行使による独立性の侵害などによって、民主主義が少しずつ、かつ見えにくい手段でもって浸食されるプロセスを記述している(32)。

そして、こうした手法は、先述の新興民主主義国の権威主義化と同じ手法であることに注意が向けられるべきだろう。事実、アメリカにおいては州議会多数派や最高裁人事

(31) ヤシャ・モンク(吉田徹訳)『民主主義を救え!』(岩波書店、二〇一九年)。

(32) レビツキー&ジブラット・前掲注(13)。

を介して憲法規範が侵されることが常態となっていることに警鐘が鳴らされている。[33] こうした「ステルス（不可視）な転覆」（プシェヴォスキ）という手法において、民主主義は地域を問わず、後退しているとみなすことができるのである。程度の差は無視できないものの、ここにおいて先にみた先進国と新興国の民主主義の後退は合流することになるのであれば、民主主義の後退論は一層現実味を帯びる。

世界史における「民主化の波」のパターンを発見したハンチントンは、これが一八二〇年代に始まり、その後二〇世紀半ばから、さらに一九七〇年代から第三の波が生じたとした。[34] 他方で、彼は波が退潮するものであることも指摘している。一九世紀の波はファシズムによって押し戻され、戦後には東南アジアおよび南米での独裁政権で中断された。これはパターンの発見であって因果メカニズムの説明ではないため、今後を予測する材料は存在しないものの、途上国の民主化停止の動向をみて、九〇年代後半に第三の波はすでに退潮の時期に入っていると指摘される。[35] 少なくとも、過去二回の民主化の波の退潮が世界大戦と地域紛争の源泉となったのであれば、民主主義の退行が世界史的な課題となっているのは間違いないだろう。[36]

民主主義の（再度の）自己修正

民主主義は、常にその対照によって定義され、またその定義にあっては必然的に自由

(33) Bernard Grofman, "Prospects for Democratic Breakdown in the United States," *Perspectives on Politics*, vol. 1, no. 8 (2022).

(34) S. P. ハンチントン（坪郷實ほか訳）『第三の波』（三嶺書房、一九九五年）。

(35) Larry Diamond, "The End of the Third Wave and the Global Future of Democracy," *IHS Political Science Series, working Paper* 45 (1997).

(36) この課題は二〇二二年二月二六日に起きたロシアのウクライナ侵攻で現実のものとなった。

の契機が――政治的行為と政治体制としての次元に――含まれてきたことを最初の節で指摘した。

ルフォールは、この事実を弁証法的に論じる。[37] すなわち、全体主義の特徴は「一からなる人民」というスターリニズム（彼の言葉では「エゴクラシー」）に代表されるがごとく、同一化の論理を要求することにある。他方、一八世紀から民主化を経験した民主主義は、絶え間ない社会的分割を余儀なくされ、人民の同一性が絶えず問いに付されることになるため、権力は空虚な場としてしか存在しえない。つまり、絶対的なものを拒否するという民主主義の原理そのものは、行為と存在からなる自由を許容せざるをえない。それゆえ、この自由を用いて民主主義は自己を再定義し、自己革新を果たしていくことを可能としている。[38] これに対して全体主義や権威主義は、権力の維持、そして権力の基盤として一体化と固定化を求めるゆえ、むしろ脆弱なものとなる。[39] したがって、民主主義の発展にとって自由は依然として不可欠なものとなっている。

民主主義は、その対照とともに自己を再定義してきた。一八世紀の王権、一九世紀の資本主義、二〇世紀前半のファシズム、後半のコミュニズムとの競争を通じて、その都度、民主主義は再定義を迫られてきた。その意味では民主主義がその対照を失ったポスト冷戦期に後退しつつあるのは、歴史的な理路かもしれない。しかし「現実の闘争においてこそ、友・敵という政治的結束の究極的帰結が露呈」[40]し、「この究極的な可能性から、人間生活は、すぐれて政治的な緊張を獲得する」（傍点原文）のであれば、後退が現実味を

(37) クロード・ルフォール（渡名喜庸哲ほか訳）『民主主義の発明』（勁草書房、二〇一七年）第五章。

(38) こうした革新のうち、制度的政治参加についての理論と事例についてはHélène Landemore, *Open Democracy* (Princeton University Press, 2020).

(39) この点を歴史的経緯から強調するものとして、ダロン・アセモグル&ジェイズム・A・ロビンソン（鬼澤忍訳）『国家はなぜ衰退するのか（上・下）』（早川書房、二〇一三年）。

(40) C・シュミット（田中浩＝原田武雄訳）『政治的なものの概念』（未来社、一九七〇年）三〇頁。

帯びているからこそ、その自由をどのように活かすのかの好機が訪れているといえるのではないか。

Discussion

リベラル・デモクラシーの退潮
——中産階級没落の要因をめぐって

宇佐美　ご報告（編集注：本書のもととなった研究会での吉田報告のこと。以下同じ）の後半で示されたひとつは、リベラル・デモクラシーが退潮してきているという現象をどのように因果的に理解するかについて、様々な要因のなかでも中産階級の衰退を指摘され、これがポピュリズムの台頭につながっているとのご説明でした。私もなるほどと思っていまして、たとえば、労働生産性は伸びているのに労働者の平均賃金がなかなか上がらないという傾向が、アメリカでまずみられ、またヨーロッパでもみられるわけですが、これが中産階級の衰退につながっている。他方で、経済的な要因だけでは少し説明しにくい制度の実態の相違というものがやはりあるように思うのです。リベラル・デモクラシーは政治の実践であると同時に政治の制度でもありますので、その制度的な硬さといいますか、憲法についていわれる硬性・軟性という区分が政治制度にもいえるのではないか。個人の政治的表現の自由その他の権利を守る制度の硬さですね。たとえば、ポーランドやハンガリーなどでは、社会主義政権がずっと長く続いていたために、リベラル・デモクラシーが歴史的に定着、確立してこなかったという経緯があり、その結果、制度的に軟性な状況にあるといえそうです。そこを政治に突かれてしまうと、権威主義化する。こういった経済的要因以外のものもやはり重要ではないかと思っていまして、この点を先生はどうお考えなのか、お尋ねしたいというのが一点目です。

もうひとつ、お話の最後の方で、デモクラシーには理念的・理論的なものと、それが具体的な政治のなかで示される現れという両面があるというご議論があったかと思います。このご議論は、リベラル・デモクラシーが退潮しているということの因果的な説明とは、だいぶ距離があるのではないか。因果的な説明のひとつが経済的な説明であれば、それに対する処方箋が必要になり、私が今いいましたように制度的な説明も大事だとすると、制度面でのリベラル・デモクラシーの強靱化も必要だという話になる。でも、「そもそも政治とは」とか「そもそも民主主義とは」という議論は、退潮の原因やそれへの処方箋とは少し別次元の話であるという印象を受けたものですから、このあたりについてもう少しご説明いただければ幸いです。

吉田　中産階級の没落現象が経済的要因のみならず制度的な背景にも起因するのではないかというご指摘で、そのなかで個人の権利を守る仕組みの「硬さ」を指摘されました。ただ、政治の権威主義化と制度的な要因はあまり関係がないような気がもします。ひとつは、アメリカのように極めて徹底的な権力分立を敷いている国でも、トランプ現象のような状況が生まれています。もし制度的な要因を論じるのであれば、その後の政権運営に対するチェックアンドバランスの側面で議論することが大事だと思います。もうひとつは、個人の人権保護というものは、中産階級であろうが他の階級であろうが、社会階層の地位そのものと関係しない普遍的なものだからです。もし、中産階級を安定的に創造する制度的要因がもしあるとすれば、ひとつは教育制度と福祉国家でしょう。公教育の充実やそれへのアクセスのしやすさ、あるいは、社会保障をなるべくユニバーサルなものにして、それに子世代が連なるようにしていくことが必要です。

中産階級の誕生に経済的な要因が決定的だったとすれば、今になってベーシック・インカムや負の所得税などの話が現実政治で議論されるようになったのも必然です。ただ、それがどのくらい実質的な処方箋になるのかは未知数です。それ以外にリベラル・デモクラシーを安定させる方策として何があるかも、議論する必要性もあるでしょう。産業構造の転換のなかで、戦後の中産階級がそのまま再びリバイバルするわけではないでしょうし、中産階級の誕生を可能にした歴史的条件の重層性の再現もできません。では、そういう歴史的条件を欠いたなかで、リベラル・デモクラシーを再構築するのだとしたら、どういう方策があるのか、それを問うことにこそ救いがあるのではないのか、というのが私の主題です。リベラル・デモクラシーを安定的に再建するためのメニューを並べ、議論していくことを可能にすること自体が、リベラル・デモクラシーのポテンシャルでもあるからです。簡単にいえば、権威主義的国家であるならば、ボトムアップでベーシック・インカムを導入しようというような機運は生まれようがない。そういうところでは、政治的自由をもっているということそのものがポテンシャルなのだと思います。

リベラル・デモクラシーの対戦相手は〝自分自身の背中〟である

駒村　市民運動家で作家の小田実は、私や宇佐美先生の世代にとっては記憶に残る左派のオピニオン・リーダーですが、彼は戦後日本が外国の戦争に加担していく様を晩年、涙ながらに悔やんでいました。しかし、その小田が、「中流」を生み出すことができた点は戦後日本にとって特筆すべき大きな成果であった、と強調しています。おそらく小田は、先ほどから話題になっております中間層こそが、リベラル・デモクラシーを定着させ、安定させる大きな要因であったとわかっていたのではないかと思います。その中流階層という厚みのなかに、分断や過剰性を吸収する装置である大学や労働組合が配置され、それなりに機能していたわけですが、矛盾や亀裂を高度成長がカバーしてくれていて、しかし成長が止まるとともにカバーができなくなっていく。そしてグローバル化がさらに亀裂を深めていく。中間層が包み込んでいた分断や亀裂が露見し、その同質性が損なわれていく過程で、右派ポピュリズムと左派ポピュリズムがそこに狙いを定めていく。

そういう状況を念頭に置くと、第二次世界大戦と冷戦が終結して、リベラル・デモクラシーは勝利したんだという高揚感――勝利とはこの場合、ひとつは独裁主義やナチズムに対して、もうひとつはコミュニズムに対して――に支えられたレジームが出現するわけですが、どうもそうではないのではないか。勝っていないんじゃないか。中間層という共同幻想――とはいえ実にリアルな〝幻想〟ではあったものの――が思想的高揚感を安定化させ、またリベラル・デモクラシーの脆弱性を隠蔽してきたのではないか。勝ったように思えたけれども、実は、多くの論点を曖昧にしたまま置き去りにしてきたのではないか――、そのように思うのです。ナチズムに勝ったというけれども、それは同時に民主主義そのものに対する戦いであるはずだったし、権威主義に勝ったというけれども、権威主義というのはアテナイの昔から民主主義そのものに巣食うものだし、さらに、コミュニズムとの対決の裏側にはやはり資本主義との対決があるわけですよね。リベラル・デモクラシーの対戦相手は、みんな自分の背中のようなもので、要するに自分自身が敵みたいなものだから、勝利も何もないのではないか。もともと脆弱性を内包していたのではないかというふうに思うのですが、いかがでしょうか。

吉田　ポピュリズム論で有名になったヤン＝ヴェルナー・ミュラーの表現を借りれば、コミュニズムとファシズムは、リベラリズムが提供しえなかった実質的平等を約束するものとして歴史に誕生したといえます（『試される民主主義』（岩波書店、二〇一九年））。だからこそ、戦後にあっては、過度の民主主義に対する制度的セーフガードを作り、過度の自由主義に対しては民主主義を対置するような折衷案からスタートしました。いわゆる「埋め込まれた自由主義」論です。シュトレークというフランクフルト学派系の政治経済学者は、戦後は資本主義と民主主義が強制結婚させられた時代と指摘しています。双方がぶつかって第二次世界大戦が起きたために、実際には相性が悪いのだけれども、離反しないようにしておくというのが、戦後の政治経済体制の隠された約束事だった。しかし彼は、七〇年代から徐々にその社会契約が反故にされるようになってきたことを問題視しています。「ほどほどの民主主義」と「ほどほどの資本主義」にしておくという約束が、結果的に西側諸国においてレジームとして安定して、そのもとで中間層が出現し、それを享受した、ということではないかと思います。

「政治的自由」の意味と可能性をめぐって

駒村　ちょっと意地悪な質問をさせていただくと、政治的自由の方向に希望をもつという戦略は、「実は勝ち切っていない」ということを前提に考えると、やっぱり慎重にならざるをえないなと思うんですね。たとえば、私が製造物責任（?）を負っている人物に、倉持麟太郎弁護士がいますが、彼が、吉田先生の『アフター・リベラル』（講談社現代新書、二〇二〇年）とほぼ同じ時期に『リベラルの敵はリベラルにあり』（ちくま新書、二〇二〇年）という本を出しました。その本のなかで、倉持氏は、近代的自由の前提にある近代的個人像、つまり「強い個人」像をものすごく批判するんだけど、彼は、あの本のなかでも彼の実践活動においても、近代的個人以上に強い個人を自ら演じ、強い個人のお手本をむしろ示しているという矛盾をおかしている――彼の場合はあえてそういう話法を開発しようとしているのだと思うのですが――のではないかと私は思っています。その倉持氏が実践している自由というのはやはり政治的自由なんですね。政治的自由を行使してしっかりと共同体の決定に参加すること、ある種の公民的共和主義のような、あるいはアテナイにおける自己支配のようなことの模範演技をしている。そういう自由として自由を再解釈し、それをデモクラシーにつなげようとしているわけですね。

でも、この戦法は、それこそバーリンがつとに指摘しているように、あなたの今の自己像は本当の自己像じゃないといわれて、独裁者が決めた模範的な自己イメージに吸い込まれていき、ナチズムを生み出す可能性もある。まあ、倉持氏の主張をややあえて悪意的に解釈していますが、あえて矛盾を演ずる彼のような強靱でしなやかな精神の持ち主ばかりじゃありませんから、政治的自由をどんどん進めちゃうとまずい方向に行かないのか。吉田先生の政治的自由ではそのあたりはどうなるのか。これがひとつです。

もうひとつは、リベラリズムと強制

結婚させられたのかもしれないとはいえ、やはり法の支配をデモクラシーに対して対置しておくことが大切だな、と思います。政治的自由と同時に、法の支配の仕組みがしっかりしていることがデモクラシーの安定にとってとても重要ではないでしょうか。

吉田　やはり私も倉持氏に、貴兄が主張しているのはリパブリカニズムの系譜であってリベラリズムではない、と指摘したことがあります。

他方、私の場合、政治的自由というのは、リベラリズムとはちょっと系譜の違う政治的自由の捉え方をしています。

簡単にいうと、政治的自由においては、バーリンのいう消極的自由と積極的自由の二分法が成り立たちません。たとえば、私領域に介入されたくないというふうに自分が考えた場合、それをではどのように実現できるかといえば、積極的自由を行使しなければならないわけです。つまり目的的な自由があるとして、それをいかに実現できるかといえば、リベラル・デモクラシーの場合は、それを手段的に用いることになる。自由を守るためには、自由を行使しなければならず、自由を行使するためには自由がなければならない、そういう循環構造になっているのが政治的自由の特徴ではないかと思います。これを強調したのは政治学者のバーナード・クリックですが、個人としても、意識としても、――ご質問にもかかわると思いますけれども――制度としても保障していかないといけないというのが、リベラル・デモクラシーのリベラル・デモクラシーたる所以、あるいはそれを維持するためのひとつの欠かせない条件にはなるかと思います。もちろん、法の支配が不要だといっているわけでは当然ないわけでして、ここで指摘した、政治的自由の制度的な保障がそれに対応することになると考えています。

「法の支配」をめぐって

駒村　ありがとうございます。もちろん私も吉田先生が法の支配を否定しているとは思わないのですが、ここ数年活発に出版されているデモクラシーの本を読むと、リベラリズムとデモクラシーという対抗関係がなにか曖昧になっているという気がするんですね。政治と法あるいはデモクラシーとリベラリズムは、原理的に相性が良くなくて、強制結婚させられている。なぜそうなのかというところを、やはり問い詰めなければならない。たとえば、アテナイの民主主義にも浮沈があって、一時期盛り上がるんだけれども、僭主政治に傾いてしまい、でも、その後復活した、という起伏がある。その際、民主政が復原力を発揮するのに重要な役割を果たしたのが、「違法な政策提案に対する提訴制度（グラフェー・パラノモン）」の導入であったということなんですね。民主主義はそのようにして進化して復原したんだとこれを評価するわけですが、なんだか民主主義が内在的に自己進化したようなイメージで語られていまして、宇野重規さんも『民主主義とは何か』（講談社、二〇二〇年）でそのようなトーンで評価されているように見受けられます。が、私は、この公訴制度は、民主主義内在的なものではなく、民主主義にとって外在的な制度装置を取り入れたとみるべきだと考えます。やはり政治と法のある種の緊張関係を導入したからこそ生き延びたとみるべきだと。民主主義自体が内発的に進化したのではなく――もちろん公訴制度も含めて統治構造全体を民主主義と呼ぶのだといえばそれまでなんですけれども――法の支配の位置づけをはっきりと外在化させる意識がないと、政治の流動に法の支配も左右されるのではないかと感じたもので、ああいう言い方になりました。

吉田　一方で、政治の司法化というのも、先進国、途上国問わず、歴史上かつてないほど進展しているのも事実だろうと思います。それでも、ハンガリーに典型的な「自由主義的民主主義国」のように、司法判断をオーバーライドするような政治的な党派性というのが出てくる状況があります。それに対し法の支配をさらに強固なものにすればいいかというと、おそらく答えはそこにもないかもしれません。逆に強化の方向は、アメリカのようにむしろ過度の分極化を促進してしまう可能性があるからです。アメリカでは議会が最高裁の人事権をもち、州レベルでも政治が裁判官人事を握っていますので、政治の司法化ではなく司法の政治化が進んでしまっている。司法の強化ではおそらく問題の解決にはならないので、何か違う手段を考えなければならないと思います。

政治的自由の実践としてのロトクラシー

駒村　吉田先生は、政治的自由の重要性を説くだけでなく、それを実装する提案もされていますよね。ロトクラシーですとかオープンミニパブリックのようなものがそれです。ロトクラシーは「くじ引き民主主義」といわれますが、これが「おみくじ民主主義」になるのか「ババ抜き民主主義」になるのか、裁判員制度導入の時のような期待と反発が起きる可能性があります。しかし、その点は措いておくとして、吉田先生の『くじ引き民主主義』（光文社新書、二〇二一年）を読むと、くじ引きのもつ偶然性が真の公平性を確保するんだということが強調されていますが、他方で、やはり、ロトクラシーの重要なところは、ある種の直接民主制の実現であるという点にあると思います。ロトクラシーは、国民投票・国民発案・国民拒否の諸制度の一部としてありえて、くじだから公平だということ以上に、アジェンダ自体をステークホルダー設定できるというところに意味があるのかなと。

そして、ロトクラシーは非常に手間がかかりますよね。何についてくじ引きするのか、くじ引きしたあとどうやって討議をするか、討議した結果をどのように反映するか、これらをあらかじめ関係機関と話を詰めなきゃいけない。公平性の問題だけではなくて、それ自体が熟議のプロセスとなっている、ここのところが重要なのかなと思うんですよね。政治的自由を実現させる制度的な試みは、ロトクラシーを含め、どのようなものをお考えでしょうか。

吉田　ご指摘の通り、ロトクラシーはかなり手間ひまがかかるものなので、やはり既存の自由で公正な選挙に基づく代議制を維持する仕組み、たとえば有権者登録の手続き、票のカウントの仕方、あるいは揉めたときに誰が仲裁するのかという、選挙制度全体を成り立たせている様々な制度的諸条件――「エレクトラル・インテグリティ」などと呼ばれます――、これらを適正に構築していくことがまずは大事だと思います。リベラル・デモクラシーと権威主義体制の一番の違いは、やはり自由で公平な選挙の有無になります。自由で公平な選挙を最後の審判として一定の信頼のもと受け入れ、信頼に足りるだけの公平性をきちんと担保する、これが最後のよすがになるかと思います。プシェヴォスキは、選挙でもって政策も変わらなければ、不平等も是正されないと実証していますが（『それでも選挙に行く理由』（白水社、二〇二一年））、それでも選挙を重要視すべきなのは、それが唯一の公式的な社会的対立緩和の方法であり、社会平和の達成手段であって、それがなければ暴力的な社会が訪れるからだ、と主張しています。

分断と極化——デジタル・ディバイドと政治的関心のディバイド

水谷　最近、辻大介編『ネット社会と民主主義』（有斐閣、二〇二一年）を読んでいて、民主主義に対する意識にもディバイドがあるのではないか、と思いました。要するに民主主義や政治に対する関心度とか知識について、人々の間で大きな格差があると。この民主主義に対するディバイドという指摘で面白かったのは、ニュース接触と社会的ヒエラルキー構造との関連です。中間層ないし中産階級が消えてしまったあと、社会のなかで政治に関心のある人はより関心を深めて、関心がない層はどんどん沈黙していくという、そういう格差が生まれているのではないか。そのような民主主義のディバイドをどうしていくのか、その点はいかがでしょうか。

吉田　難しい質問です。Polarizationですが、アメリカ政治の文脈ですと、近年では affective polarization などといって、たとえば、自分の子供が自分と違う党派の人と結婚することを認めないという人たちが増えていたりして、その背景にはやはりＳＮＳやネットが介在をしているともいわれています。サンスティンの指摘を借りるまでもなく、インターネット空間そのものが分極化を促進しているという側面はもちろんあります。

ただ、もともとメディアというのは手段にすぎない。すなわち、人は自分の見たいものを見て、読みたいものしか読まないというのは昔から変わっていません。ジュリアン・バンダという一九三〇年代に活躍したリベラル思想家がいますが、その『知識人の裏切り』（宇京頼三訳、未来社、一九九〇年）という本のなかで、当時はまだ新しかった週刊誌というメディアが大量に出てきたことを捉えて、「憎悪の組織化」という表現を使っています。新しいメディアがもたらす効果の背景には社会構造がすでに存在していて、メディアによってその構造がさらに強化されるという循環だと捉えた方が適切ではないか。もちろん、メディアというのは常に加速化するものですので、インターネットの影響力はかつてないほどのものです。ネットリテラシーをどうするか等々の議論はもちろん必要だとは思いますが、根本的な解決にはならないだろうと思います。

水谷 先生もおっしゃる通り、僕もネット空間のディバイドの解消だけで事態がどうにかなるとは考えておりません。ニュース接触の差が社会的なヒエラルキー構造に関係したものだという話があったので、メディア構造のテコ入れと同時に、むしろ「根っこ」の部分にもテコ入れしなきゃいけないのではないか、と思った次第です。

吉田 私もその問題意識は共有します。それゆえに、辻先生や山口真一先生の議論にはやや物足りなさを感じていて、人々のある種の振る舞いには、それを作り上げている「根っこ」の部分がある。プッシュ要因とプル要因に分けられますが、まずはプッシュ要因が何かを考えることの方が先決だと思います。そして、その鍵になるのは、社会関係資本（ソーシャル・キャピタル）の再構築だと思っています。

日本のポピュリズム

駒村 政治的関心の分極化やデジタル・ディバイドについてですが、集団極相化を促進するようなデイリー・ミー的状況に私たちはいるといわれるのですが、他方でやはり、とてつもない平均化が進んでいるのではないか。極相化されていく選好にしたって、かなり刈り込まれている可能性があるわけですよね。デジタルな世界というのは、極相化が進むと同時に、そういうものに還元しようのないものすごい巨大な平均化が進行しているというのがあって、その部分を見ていかないと、現実には格差が確認・指摘されているにもかかわらず、自己規定としては中間層にいるという矛盾はなかなか説明できないのではないかと思っています。

話は変わりますが、権威主義国家にも左派的なものから右派的なものまであるわけだけれども、日本のポピュリズムって、ちょっとそれとは何か違うような感じがするんですよね。今の自由民主党を支えている世論というのは、何かこう、ポピュリズムといっても右派の扇動に乗るとか左派の宣伝に乗るというのとは違うような気もするんです。せっかくグローバルなスケールでお話をしていただいているのに、日本に戻すのはちょっと恐縮なんですけれども、日本の今のポピュリズムについて世界の他の国との違いというものをお感じですか。

吉田　日本の話になると生々しくなりますが、日本にもポピュリズムはあります。具体的には、橋下徹、小池百合子、河村たかしといった地方自治体の首長で、この点が日本のポピュリスト政治家の特徴です。小泉純一郎を除けば、日本のポピュリストは首長に多く、しかも近年の欧米のポピュリストと違って改革志向型であることも特徴です。まとめてしまえば、経済的には保護主義で、文化的・社会的には共同体主義的といえる欧米のポピュリズムとは真逆の立場にあります。この違いをもたらしているものとしては、制度的な側面と(社会科学的な意味での)文化的な側面があります。

制度的な側面として、地方政治の二元代表制が関係しています。地方議会の議員は二、三割の得票で――つまり組織票があれば――議員になれますが、大統領型の首長の選出は小選挙区制なので、無党派層である都市部のホワイトカラーに訴求する政策を訴えるのが、得票最大化の戦略になります。であれば、労働組合や議会の議員の支持母体の個別利益や既得権益を攻撃することになります。それが、いわゆるポピュリズム的な言説となっていく。

他方、文化的な側面としては、欧米のエリートというのは基本的にリベラルであるのに対し、日本のエリートはむしろ非リベラルなので、エリート批判としてのポピュリズムは日本では自ずとその方向性が違ってくるということになります。なお、日本の有権者でポピュリストを好むのは、イデオロギーをもたず、政治参加にも熱心ではない人々だと松谷満先生が検証されています。これも欧米と異なる部分かもしれません。

駒村　そういう錯綜した状況のなかで中間層というものはありえないのか、それともポピュリズムに応接しうるマスのような市民基盤ができつつあり、それが新しい中間層となるのか。二つの極相の間をただようとてつもなく巨大なマスとしての中間層がうごめいているように思えるのですがね。かつて日本で七〇年代ぐらいに見られた中間層、あの地平にやはり戻すべきなのか、それは無理なので、新たなマスを目指すべきなのか、そのあたりはどうですか。

吉田　一定の学歴をもち、何らかの資産を有し、人生の安定的なパースペクティブをもっている、というのが社会学での中間層の定義です。そういった意味での中間層を維持していくのは政治体制の安定性にとっても非常に重要だと思います。それゆえに、経済学での中間層の定義、つまり中位所得であることや、政治学での定義である政治的にアクティブであるという定義よりも、社会学的な定義での中間層を維持・拡大していくことが大事だと思っています。

（二〇二二年二月一〇日収録）

終章

自由論のゆくえ

駒村圭吾

本書で展開されてきた数々の議論から自由論へのインプリケーションを探り出し、Liberty 2.0 の予兆が見えるのかどうか、それを確かめる時が来た。さて、何から書いたらよいのか、何を書けばいいのか。執筆陣各位には「トピックについて思っていることをお書きください。自由あるいは自由論への示唆はディスカッションならびに終章で検討しますから、あまり気にせずに」と申し上げてこの研究会をスタートさせてしまった。「やっぱり自由論にずばり踏み込んで書いてもらった方がよかったかな」と正直若干の後悔をしているところである（涙）。

しかし、そうも言っていられない。書き留めるべきことは実はたくさん渦巻いていて、整理がつかないだけのようにも思えてきた。なので、そう思えているうちに未整理でもいいから、一気に書き留めておきたい。各章の論稿とディスカッションから気になったことを随所に散りばめながら、とにかく記録しておく形で決着をつけよう。

可視化／不可視化

――可視化の魔術

現代は、かつては見えなかったものが見えるようになる時代である。

本音や内心あるいはプライバシーは、憲法一九条の思想良心の自由や個人情報保護法のような「法」が守ってくれている。しかし、実は、それらを外部の干渉から安全に防御するのに大きく貢献してきたのは「身体」と「言語」というアーキテクチャである。とにかく脳を頭蓋骨という本丸に格納し、身体という城壁で囲むことによって外部から攻め入るのを困難にしていた。言語（この場合自然言語）はある種の暗号化の役割を果たし、簡単な解読を許さなかった。

が、神経科学技術の発達（小久保論稿「ニューロサイエンス」参照）により、脳情報は脳波測定やｆＭＲＩなどによって撮像され、城壁も本丸も飛び越えて、その活動が可視化されるようになった。また、概念のエンコード／デコードの変換を司る機構（〝脳内言語〟とでもいうべきもの）は各人固有のものであるが、これを他者のそれとの間で〝翻訳可能〟なものにして、脳と脳を接続する研究も進んでいる。もう自然言語間の翻訳など不要となる水準での話である。

可視化の時代の問題点は、とりあえず二点ほど指摘できる。ひとつは、今まで謎だったことが明らかになり、したがって、謎なままで済ますことができなくなったことが挙げられる。たとえば、「他者理解が大事だ！」とリベラルの立場から公式的に強調したとしよう。「じゃあ、脳＝脳接続をして、無媒介に他者の思念をあなたの脳のなかに招き入れましょう」といわれたらどうするか？　無媒介な他者理解に私たちは耐えうるのか？　リベラルなスローガンはスローガンのままであった方がよかったのだろうか？　とはいってもこれはまだまだ先のことであろう。

二点目は、すでに現実化しているという意味ではより深刻な問題である。それは、可視化されたからといって必ずしも真実が明らかになるわけではないこと、そして、それにもかかわらず可視化されたものは真実とみなされることである[(1)]。どういうことか。脳波の検出や脳情報の機能イメージングは高度化が進んでいるが、それでも種々の限界がある。たとえば、脳波であるが、正確な脳情報を採取するには脳深部に電極を挿入する必要がある。侵襲性が高いという困難性があるうえ、そこまでがんばっても正確な脳情報が採れるとは限らない。なので、侵襲性や深度性や個別ターゲット性をそこそこにして、粒度の低い脳波情報をＡＩを使って補正することが考えられる。この場合、①脳波は微妙な影響を受けやすいのでノイズを除去して「本人の脳波」のみを切り出そうとするためのＡＩ支援と、②不十分な脳波情報を深層学習を通じて補正し、「本人の脳波」を

(1)　もちろん、水谷論稿「ポスト・トゥルース」でのディープ・フェイクもここの論点である。

推定するためのＡＩ支援、とがありうる。いずれにも「本人の脳波」をでっちあげるというような意味での歪みはもたらさないとされているが、可視化された脳情報がＡＩ支援を受けているにもかかわらず（ＡＩ支援を受けてるがゆえに？）本人のものとみなされて、ことが進んでいく可能性がある(2)。が、可視化は可視化にすぎない。

――不可視化の魔術　情報技術は不可視化も可能にする。

不可視化とは見えなくすることであり、隠蔽であり、気が付かないようにすることでもある。ＡＩの発達は、顔も仕事ぶりも目に見えていた人海戦術の作業をアルゴリズムというブラックボックスに封じ込めて、不可視化する。不可視化するというのが言いすぎであれば、ＡＩ設計者にだけ可視化するということになるか。神経科学は脳の構造と機能を可視化したが、他方で侵襲性を伴わない電磁誘導等によって脳内部を直接制御する技術が開発されており、脳介入を不可視化させている。ナッジも人間には不可視の認知バイアスや心理を利用して選択を誘導している。

私たちにとって不可視の領域で何が起きているかに気が付かないまま、選択し行動していることは自由といえるのか？　見えないところで行われる監視やプロファイリングは自由に対する危機なのか？　このような≪不自由の不可視化≫にいかに対処すべきだろうか？

瑞慶山論稿「ナッジ」において、ナッジによる自覚の剝奪が論じられたが、主唱者であるサンスティンもさすがに認知過程への過剰介入は「操作」とみて、ナッジとは区別

(2) このような問題は、いわゆるevidence-basedな思考にもみられる。閲覧履歴や購買履歴、様々な生体情報からなるデータベースを用いて数値に変換されて可視化された人間行動が有無をいわさぬ説得力をもち、「動かぬ証拠」とみなされるような時代が来ている。証拠があるわけではなく、「あるように見える」だけであるかもしれないにもかかわらず、「あるように見える」ことが「あるとみなされる」傾向が進んでいる。相関関係と因果関係の意識的混同が可視化によって促進される可能性がある。

して対応しようとしていることが示された[3]。また、不可視の領域で行われる自己情報の窃取や行動制約に個人が気づかない以上、かかる自由や権利利益の保護を個人の主観的権利だけに委ねていては意味をなさないので、客観法に基づく制度整備によってこれを支援することが、成原論稿「プライバシー」で示唆されている[4]。

しかし、他方で、気づかないことが最後まで保証されている場合はどうか？ たとえば、自由意思を否定する類の決定論が真であるとしても、人のとる次の一手を確実に予測できるわけではないし、予想を裏切る選択をすることはできる。これに対して「それでも原理的にはすべて決定されているのだ！」といっても、そしてそうだとしても、私たちは自由を絶対的に喪失しているとは思わないだろう。こういう考え方は開き直りだろうか？

❦情報と身体
——計算論的人間観

可視化／不可視化の問題を際立たせているのは、情報技術である。

本書の小久保論稿「ニューロサイエンス」が依拠する神経科学は、この研究領域のなかでも計算論的神経科学と呼ばれる分野である。計算論的とは荒っぽくいえば、「情報論的」ということであり、もっと荒っぽくいうと、脳とコンピュータを類似したモノと

(3) 認知過程への干渉が神経科学技術によって高度化されている現状に注視すべきだろう。小久保論稿「ニューロサイエンス」が「認知過程の自由」に注目するのもこの点にかかわる。

(4) 成原論稿「プライバシー」およびディスカッションが、個人情報保護法の通知・公表の仕組は個人に権利侵害を「気づかせる」ものであると評価し、≪告知・聴聞の保障（デュープロセス）としての個人情報保護法≫という視点を提示しているのが興味深い。告知・聴聞という手続は、個人の認知限界と情報環境を取り結ぶ可能性がある。

みる立場である（かなり言い過ぎかもしれない）。計算論的神経科学の思考方法をやや戯画的に誇張すれば、≪人間というものを情報に分解し、それを別の時空間に再現できる≫というものである。小久保論稿が神経科学技術による身体拡張の果てに、情報のやり取りを身体というインターフェースを介さずに可能とし、身体というくびきから私たちを解放することをにおわせているように、計算論的人間観は≪人間を情報に還元し尽くせる≫と考える傾向にある(5)。

しかし、脳情報は身体から独立して生み出されているわけではない。神経細胞をはじめとする神経基盤、運動を可能にし感覚器官としても働く身体があってはじめて、感覚⇓指令⇓運動の循環が成立する。やはり身体が必要なのだ。ところがそういって安心できない。小久保論稿が紹介する「神経可塑性」が物語っているのは、≪脳はだまされやすい≫ということである（これも言い過ぎか？）。だとすれば、感覚器官をすべて精巧なハプティクスを用いて感覚機械化し、脳に機械的に感覚刺激をフィードバックさせて身体を完全に抹消することも可能かもしれない（と小久保論稿は預言している？）(6)。

――オートポイエーシス　人間をやれ脳波だ生体情報だ、身体だ精神だ、神経基盤だ感覚器官だ運動だのと分解するのではなく、ひとつの生命体としてシステム的に扱う視点がある。

河島論稿「オートノミー」は、オートポイエティクな（自己制作的な）生命システムに着目していた。河島は、細胞の境界や免疫系の情報選別システムから始まって、生命の

(5) ついでにいえば、情報論的思考は、人間だけでなく、世界も情報に還元し尽くせるとも考えているフシがある。

(6) この点、脳という臓器の特異性が問題になろう。「心身二元論」において脳は臓器としては身体に属するが、その機能や作用においては心に属するように思える。あるいはその両方にわたるものかもしれない。また、「心脳問題」においては、脳を個々の情報に細分化し、情報に還元し尽くしたとしても、いわゆる「心」はそれとともに情報に還元されるのか、はたまたどこか別のところに宿ったままであるのか。

もつ重層的でかつ強力な自他の境界に〝自律〟ということの基礎をみる。序章でも述べたように、〝自律〟は自由の統合的理念である。このような自他を区別する境界画定システムは――つまり〝自律〟は――、いうまでもなくヒトに限られない。そして、人間を情報に分解する計算論も同じくヒトを超えて通用する。オートポイエーシスと計算論的生物観の相克はどのような結論を導くのか。内的視点に立つと、自律した生命システムとして強く他と自己を峻別しつつも交流をしている生物が、外的視点からみると情報的に分解・加工が可能な対象とみられる、そのような相互の視点往還のなかで両者がどのような関係を取り結ぶのだろうか。

――リアリティを求めて　計算論的人間観は、個人だけでなく世界をも仮想化させる可能性がある。この点、リアリティを回復させる可能性を身体に期待する立場もある。

水谷論稿「ポスト・トゥルース」では、フェイクが堂々とまかり通るポスト・トゥルース時代の政治において、リアルであることを再自覚させるのは、「身体」を差し出す政治運動であるというところに行きついている。なぜ「身体」か。水谷論稿によれば、身体が不可避的に有する「可傷性（vulnerability）」こそが党派性を超えて共有しうる、そしてまた共感しうる、属性であるからだ。個人を超えた市民的連帯を立ち上げるには、身体を差し出し、「可傷性」を共有して協働する経験が必要だということであろう。もっとも、近時、アメリカやブラジルでみられた、選挙結果をでっちあげだと否定して、議事堂を襲撃する市民たちは、警備員と対峙することによって――お互いが身体を差し出して——可傷性を相互に承認し、共感をそこに見出したかというと、まったくそうではない。自分たちの挫折だけを極大化し、相手の身体を傷つけることに何も感じないという《可傷性の党派化》がみられる[7]。果たして、身体が「フェイクからの自由」を可能にしてくれるのだろうか。リアルな現場における身体の軋み合いは、ある種の賭けになる。

個人、関係、環境

——個人の雲散霧消化：アバターの逆説　近代思想の約束事は、大要、主体、意思、理性、合理性、目的手段連関による思考といったキーワードを駆使して、「自由」を手にした「個人」を起点に社会秩序を構想するというものであった[8]。

すでにみたように、計算論的人間観の過剰な高度化を前提とすると、「個人」という近代の基本概念が動揺・変質し、場合によっては雲散霧消化するかもしれない[9]。合理性とは計算論的合理性であるから、人が情報に分解し尽くせるという発想は、ある意味でまっとうな近代的処理なのである。情報のやり取りにとって身体というインターフェースが不要になるという予測はとてもグロテスクのように思うが、情報社会はとっくにその方向に進み切っている。そもそも、私たちの肉体自体が脳にとってアバターであるといえるかもしれない。私たち自身は脳＝機械に支配されるアバターにすぎないのであれば、メタバース上のアバターと私たち個人は同列であるだけでなく、やがては仮想アバター

(7) したがって、世界を仮想化しようとするのは計算論的人間観に限られない。フェイクを垂れ流す連中も同じである。フェイクを発信する人々は、自分たちをフェイクだと非難する人々の言説こそ、そして自分たちを取り囲む社会こそフェイクだとみている。

(8) こういう整理も少し一方的な気もするが。

(9) とはいえ、概念などそれがないと思えば明日からでも消えてなくなるものではある。つまり、情報技術の進展が消失をもたらすということよりも、情報技術の進展によって私たちが消失を求めるようになることの方がリアルな懸念であり、それは技術による個人消去が実際になされる前に、あるいは実際になされなくても、起こりそうな事態である。

にとって現実世界のアバターである私たち個人は従たる位置に立たされることもありうる。アバターの主客転倒が起きる可能性があるのだ（《アバターの逆説》）。

こういうグロテスクな未来予測はディストピアとして忌避されるかと思いきや、人間はへそまがりな生き物だからむしろ魅力的に映るかもしれない。とはいえ、大方の良識ある通常人（？）は、こういった個人の雲散霧消化に対してNOを突き付け、敢然と峻拒するだろう。しかし、技術の浸潤が進み、それがデフォルト化していけば、かかる環境の変質のなかで一個人がいつまでも拒否をし続けることができるだろうか。こういった事情から、環境が個人を追い込むことに対抗するため、環境や構造の形成・設定に対してアクセスする自由が、後述のように、各種提案されることになる。

――関係論的転回と関係論的不安　成原論稿「プライバシー」によれば、プライバシー2・0をもたらしたのは「情報論的転回」であり、これを3・0にバージョンアップさせたのは「関係論的転回」であった。さらに、3・0においては〝構造〟への着目も影響している。成原論稿は、これらを時系列的な更新の歴史として描いているが、関係論的思考はバージョン1・0のころからすでに胚胎していたという。こうしたプライバシーの変遷（あるは複数バージョンの併存）は自由論のあり方と同型のものである。

関係論的転回は、再帰的近代化の波に乗って、いったんは確立したと思われた個人それ自体に改めて近代化を求め、それを再構成する契機を与える。他者や環境との関係性において、自分自身がそれらに働きかけつつも、それらから働きかけられてもいるという相互作用の地平を開く。「作り、作られる」あるいは「構成し、構成される」主体として自己のあり方が再編される。人々は自己をポジティブに開放することが求められるが、同時に、それは関係論的不安定性あるいは再帰的不安定性のもとに投げ出されることを意味する。

これら関係論的不安定性や再帰的不安定性は自由にとっても挑戦的な意味をもつだろう。バーリンのいった消極的自由の観点からすれば、他者と自己の相互構成的交流は〝他者による干渉〟として排撃されるかもしれない（反転させれば、〝他者への干渉〟を伴うかもしれない）。これはバーリンのいう消極的自由にとってリスクである。また、環境や他者との相互作用によって関係性が常に再構成を求められるようになれば、他者の干渉を排除すべき領域が変動を来すだけでなく、その領域決定を行う際の主体性や主導権も不安定化する。これは積極的自由における自己支配にとってのリスクである。このような不安定性やリスクを挑戦と前向きに受け止めるか、それとも不安にかられ、疲弊し、意味喪失し、厚生主義的計算がもたらす幸福に呑み込まれるか、権威的価値に同一化する誘惑に乗るのか。自由は何らの立脚点ももたない場合、それは単なる不安や意味喪失をもたらすのかもしれない。

――環境を設計する自由　個人が自分の自由を守るためにプレイし続けるのはけっこうしんどい時代になった。そうなるとプレイそのものを放棄して、凄そうな人の指示に従って一挙手一投足を他律的に動かすだけにするか、観客席に戻り、そこでゲームをただただ傍観するか。が、そうなる前に、ゲームのルール設定自体に関与する自由あるいはゲームそのものをカスタマイズする自由を考えてみる余地がある。

本書においてもそのような方向が示されていた。成原論稿「プライバシー」では、プライバシー３・０を超えるための展望として、情報環境の形成に参加する自由、既存の情報環境に挑戦する自由などが提示されていた。情報化社会では個人情報を本人が完璧に管理することは不可能に近い。プライバシーの権利も自己情報の自主管理権ではなく、情報環境の形成に適正に関与できる自由として再構成されるべきだというのだ。

また、井上論稿「ゲーミフィケーション」（とそのディスカッションパート）もゲーム環境の設定に参画する自由が（井上自身というよりもその討議者から）あるべき方向性として提示されていた[10]。ゲームの環境とはゲームのルールをはじめとするその基本設定である。ゲーム内部での自由は定められたルールに従う限り、おそらくＡＩが必ず勝つ。人間にとってむしろ勝てる局面はゲームのルール設定においてである。ゲームを設計する自由といっても勝手にカスタマイズできるわけではない。ゲームには対戦相手がいて、競争が公正な条件で行われねばならず、さらに報償や遊戯性も必要だろう。また、ゲームを設計する自由のもうひとつの重要な含意は、井上も紹介している「バグ技」の許容であろう。それ自体はルールを潜脱する掟破りではあるが、一定の尊敬も集めているのが「バグ技」である。これをルール違反として排除するのではなく、既存のゲーム環境への挑戦とみて受容する余地を認めるのが、ゲームを設計する自由の重要な意義としてカウン

(10) 井上自身は、ゲームが現実と交じり合ってなされるタイプである場合は、ゲーム設計の自由についてより詳細な議論が必要だと述べて、一定の留保をつけている点が見逃せない。井上論稿で言及されているQアノン的ゲームが念頭にあるのだろう。

トされるべきであろう。

以上の提案や示唆を、「環境を設計する自由」ととりあえず総称しておきたい。自然環境や社会環境の設計・再設計は対象が壮大でそう簡単に自由にできるわけではないが、情報環境やゲーム環境ではそのような自由を構想できるだろう。

なお、設計（design）は建築で用いられる言葉である。なので、設計はアーキテクチャ（建築物）との対抗で用いることが可能な比喩である。主意主義的な利用が想定されている自由という抽象概念を、個々の自由の実践とは別に、環境や制度のなかにバイ・デザインであらかじめ組み込んでいく思考方法が、近時、有力になってきている。環境を設計する自由はアーキテクチャ一般に向けられることになるだろう[11]。

幸福な明るい未来

序章でも触れたように、自由と幸福は不即不離の概念である。そして、これも序章で触れたように、福澤諭吉やパトリック・ヘンリーが想定していた「自由であれば幸福になれる」という関係から、「自由であるからといって幸福であるわけではない」を経て、昨今は、「自由だと不幸になる！」という境涯に至っている。

自由な選択と行動による試行錯誤の果てに幸福をつかむか不幸に終わるのかという博打みたいな人生よりも、帰結主義的に割り切って「幸福」があらかじめ約束されるので

(11) 選択的アーキテクチャに対する「環境を設計する自由」の現れのひとつが、瑞慶山論稿「ナッジ」も序章も紹介する「個別化されたデフォルト・ルール」であろう。既存のデフォルト・ルールに一定のカスタマイズによる自由の余地を認める手法である。

あれば、自由を手放しても構わないという時代が来るかもしれない。個人は効用の器であり、その器から効用だけを取り出して、厚生主義的に最大化できる地平で幸福のパッケージが公平に分配される。個人は器でしかないので、幸福をありがたく受け容れるしかない。こういう近未来の前に、もう少し幸福で明るい未来はないのか？

宇佐美論稿「ベーシック・インカム」で分析されたベーシック・インカムの導入は幸福と自由をほどよくブレンドした社会構想として位置づけられるかもしれない。生きるためのミニマムな所得水準を普遍化して政府が提供し、生命的必要から個人を解放し、自由のために費やせる機会を増大させ、ミニマムな幸福に自分なりの幸福を加算できる社会が出現するかもしれない。幸福のミニマムを所与として与えつつ、そのカスタマイズの余地を自由を拡大することで達成するというわけである。宇佐美論稿は、ベーシック・インカムをバーリンのいう消極的自由と積極的自由の双方を促進するものと位置づけている。

井上論稿「ゲーミフィケーション」も示唆にあふれている。井上によれば、ゲームは「遊び」という性質とコントロールという性質の両方を兼ね備えている（というか兼ね備えていなければゲームではない）。厳格なルールを強いられるというのはある意味でとてもストレスフルなものである。そのような状況設定のもとでサッカー選手たちは体力の限界までピッチを走り回る。なぜか？ ゲームにはネガティブなストレスをポジティブなパワーに変える力があるからである。さらに、井上は、ゲームは「特定条件下において成立する自由や公正さの多様性を理解させ、我々のリアリティを多元化させてくれる可能性がある」と述べている。自由であることの楽しさ、ルールに従うことによる公正感覚、これらをゲームは啓蒙するというのである。しかもそれが多元的な社会を再構成するためのきっかけになるというのである。これをもって井上は、ゲームは、「ポジティブな未来の社会モデルのひとつだ」と喝破する。ゲーミフィケーションを社会そのものに多彩に実装してみる意義は大きいのではないか。なんとなく希望がみえてきた（ような気がする）(12)。

バーリンの自由論に戻って

——バーリンからサンスティンへ　序章でバーリンの二つの自由概念をみたが、そこでも触れたように、消極的自由と積極的自由の緊張を統合的に調停する地平として、バーリン自身は「選択の自由」を主題化した。

この「選択の自由」について現在最も精力的に分析しているのは、これも序章ならびに瑞慶山論稿「ナッジ」で紹介したサンスティンである。彼は近著のなかで、バーリンの二つの自由概念は扱わないと明言したうえで、選択の自由にシフトしている(13)。その流れからすれば、バーリンの後継者ということになるだろう。そうなると、消極的自由と積極的自由の調停は、リバタリアン・パターナリズムに落ち着くということになるのだ

(12) 井上論稿ならびにディスカッションをながめてみると楽観できない要素も散見できる。ストレスをパワーに変えることもできるということはネガティブなストレスをだけを負荷させることもできる。また、政治的・宗教的イデオロギーを国民に媒介するものは従来はメディアやSNSであったが、今後はゲーミフィケーションが活用されるようになるかもしれない。陰謀論的なサイトはある種のゲーミフィケーションに長けている。ルールの明示されないゲームは解釈によって遂行される。ルールの解釈が一定のコミュニティのなかで閉じた形で極相化した場合、そしてそれがリアルな世界と結びついて展開された場合、ゲーム的な動員効果を生み、巨大な暴徒と化す可能性もある。

(13) Cass R. Sunstein, On Freedom 9-10 (2019).

ろうか？

――自律、再び

本書のなかで二つの自由概念の統合的理念として選び出されていると思われるのは「自律」である。

いずれの自由概念に立つにせよ、そこで選択された決定が価値あるものであると捕捉するための理念が必要になると宇佐美論稿「ベーシック・インカム」はいう。そのような理念として宇佐美が依拠したのは「自律」であった。「自律とは、自らの規則や原則を決めてこれらに従うことである」と宇佐美がいうとき、古くから観念されてきた自律という理念がやはり再召還されることになる。また、成原論稿「プライバシー」も、プライバシーにつき種々のバージョンの転回を提示するが、そうだとしてもなぜプライバシーは保護するに値するのかを説明する一貫した「実体論」が必要になると指摘し、かかる実体論として問題にすべき主題として「自律へのリスク」を挙げている。政治学・法学・哲学で繰り返し議論されてきた自律という理念に再び回帰しつつある傾向が見て取れる。

他方で、こういった方向とは異なる自律の概念も本書では提示されていた。河島論稿「オートノミー」が示した自律概念がそれである。河島は、オートポイエティクなシステムである生物がもつ自他の境界画定現象に「自律」をみる。そして、かかる生物学的自律を社会秩序を構成する原理である「自由」の基底に据えるべきことを主張している。現代の科学技術は、人間を含む生き物すべてを操作可能な対象とみている。これを筆者なりに言い換えれば、生き物を操作可能な生物つまり品種改良可能なものとみる思考と技術の浸潤である。古代の自由が〝奴隷からの自由〟であったのに対して、現代では〝家畜からの自由〟ということであろうか。こういった状況を見据えて、河島は生物学的自律を対置し、自由の基礎に据えるわけであるが、それは自由の基礎を再確立するだけでなく、自然環境の保全や他の生物たちとの共存などを考えていく契機にもなると彼は示唆している。

――生き物と機械　河島の生物学的自律性は、他方で、AIや機械に「自由」を与えようとする傾向に対する違和感の表明でもあるだろう。その意味では小久保論稿「ニューロサイエンス」が暗示する二つの拡張によって描き出される近未来にも河島は違和を感じていると思われる。神経科学のごく一部のなかに垣間見られる思想傾向を揶揄的に筆者が表現したところの計算論的人間観に立てば、人間も生き物も機械もすべて「情報」という透明な概念で共約化・平準化してしまえるからである。

AIなどの機械知性に対して「自由」を与えるとはどういうことか。西村論稿「AI」が示唆するのは、人間がAIにどんどん決定を委ね、新たなタスクを与え続けていること、それ自体がAIへ「自由」を与えていることになる、という事態である。自由は「責任」と表裏であるから、自由を与える以上、AIに対して一定の帰責をしなければならない。自動運転をはじめとしてAIの責任論が盛り上がっているのは、このような連鎖を背景としているのである。

しかし、ＡＩはその駆動原理や部品を含めて自分で自分をつくり出せない。オートポイエティクなシステムではない。生物学的自律を基底的に考える河島からみれば、それを土台にしないＡＩに自律性を、自由を、認めることなど倒錯でしかないだろう。「この機械と人間との違いをきちんと捉えない限り、コンピュータ技術の高度化のなかで人は自分や他者に内在している価値を見失ってしまうだろう」と河島はいうのである。

とはいえ、ＡＩを作って、せっせとＡＩに次から次へタスクを課し、「自由」を与え続けているのは生物学的自律の主体である人間それ自体なのである。ＡＩをつくり出した人間、あるいはそれを利用している人間に責任をとらせればいいじゃないか、ＡＩは手段・道具なんだから、という筆者の質問に対して、西村はそれでは問題は解決しないとみており、あくまでＡＩ自身に帰責することにこだわる(14)。はてさて、筆者の方向で丸く収まるのか、西村の方向に進むのか？

――そして、政治へ　話をバーリンの自由論に戻そう。

かつて自由と民主主義は幸福な結婚生活を享受していた。独裁制への転落可能性を民主主義はその本質として内在させ、資本主義は共産主義への止揚を胚胎させていたにもかかわらず、リベラル・デモクラシーは、分厚い中間層の存在によって様々な断裂線が包み隠されたうえで、展開してきたからである。

中間層は失われた。そうなると、リベラル・デモクラシーは、「自由」と「民主主義」の連結を果たしていた接着剤を失うことになる。しかし、中間層を取り戻し、幸せなこ

(14) ＡＩが誤り害悪を発生させた場合、通常はプログラミングのやり直しとか機械の修理が行われるが、それは帰責ではない。西村はＡＩに対して故障修理以上の帰責をしようとしている。帰責というと刑罰をイメージさせるが、西村の場合はＡＩとの対話可能性に責任遂行のヒントをみていると思われる。

ろに回帰することは困難である。吉田論稿「デモクラシー」ならびにそのディスカッションは、そのような時代に、自由と民主主義の均衡を取り戻すものとして、政治的行為における自由（「政治的自由」）の再評価を打ち出す。興味深いのは、吉田が、政治的自由においてはバーリンの二分法は成立しないと指摘している点である。政治的行為の次元では、消極的自由を実現するためには積極的自由を行使する必要があるという。つまり、両者の行使は同一の行為となるのが政治の次元であるということなのではないか。

自己支配が陥りやすい権威主義的転落のリスクをむしろ正面から引き受けて、自由のために自由を行使する。そういう営みこそが「政治」なのかもしれない。そうだとすれば、バーリンの消極的自由と積極的自由の緊張を調停するのは、ほかでもない、「政治」そのものであるということになる。

＊　＊　＊

以上、本書で展開された議論から受けた示唆をちりばめながら、筆者なりに自由論のゆくえを占ってみた。右の各所で各論稿に言及しているがそれは各論稿の要約でも結論でもない。筆者が関心をもった箇所の筆者なりの解釈と若干の敷衍であるにすぎない。なので誤解や曲解も含まれている可能性がある。各論稿の再読を読者にはお願いする次第である。

また、自由論を語るなどという大それた企画を立ててはみたが、扱えるトピックにも限界があり、扱い損なったトピックも多々ある。たとえば、「個人」が生き残るとしても、そのなかに宿る〝自己〟や〝自我〟の葛藤を、自由論の観点からどのように受け止めるべきか。この論題はすっぽり抜け落ちている。井上達夫の「他者への自由」[15]、齋藤純一の「自己への自由」[16]、大澤真幸の「偶有性」[17]等々、自由についてのこれらの重要な問題提起が扱えないまま、本書が終わることに心から安堵して……否、大いなる慚愧の念を抱かざるをえない。

さて、Liberty 2.0というバージョン・アップが果たして起こりうるのか、その予兆は垣間見えたのか？

複数のバージョンの並列とそれが織りなす緊張を駆動力として展開・転回し、いくつかの理念によって部分的統合と分裂を繰り返し、それでも幸福を希求しつつ、運動を続ける系としてLiberty 1.0はあった。新しい挑戦を受けてアップデートを繰り返してきはしたが、プログラムの根本的な書き直しという事態は来ないような気がする。

おそらく2・0は来ないだろう。来るとすればLiberty 1.0というオートポイエティクな系が運動をやめてしまうときではないか。本章で触れた高リスクの冒険がすべてウラメに出て、デフォルトに慣れ切った人々にとり「選択する自由」が「選択しない自由」と同義になり、誰もプライバシーをまったく気にしなくなって、みんなが絶対幸福という絶対不自由に耽溺する。そうなればLiberty 1.0もLiberty 2.0もない。自由論はただ消えていくのである。

(15) 井上達夫『他者への自由』(創文社、一九九九年)。
(16) 齋藤純一『自由』(岩波書店、二〇〇五年)五七〜七一頁。
(17) 大澤真幸『〈自由〉の条件』(講談社、二〇一九年)五二九頁以下。

【編者・執筆者紹介】

◎**駒村圭吾**（こまむら・けいご）＊編者
慶應義塾大学大学院法学研究科博士課程単位取得退学、博士（法学）。現在、慶應義塾大学法学部教授。主著として、『憲法訴訟の現代的転回―憲法的論証を求めて』（日本評論社、二〇一三年）、『統治のデザイン―日本の「憲法改正」を考えるために』（弘文堂、二〇二〇年）など。

◎**井上明人**（いのうえ・あきと）
慶應義塾大学政策・メディア研究科修士課程修了。現在、立命館大学映像学部講師。主著として、『ゲーミフィケーション』（NHK出版、二〇一二年）、「『ゲーム／遊びとは何か』とは何か―ゲームのメタ定義論をめぐって」松井広志ほか編『多元化するゲーム文化と社会』（ニューゲームズオーダー、二〇一九年）所収など。

◎**宇佐美誠**（うさみ・まこと）
名古屋大学大学院法学研究科博士課程（前期）修了、博士（法学）（名古屋大学）。現在、京都大学大学院地球環境学堂教授。主著として、『気候正義―地球温暖化に立ち向かう規範理論』（編著、勁草書房、二〇一九年）、『AIで変わる法と社会―近未来を深く考えるために』（編著、岩波書店、二〇二〇年）など。

◎**河島茂生**（かわしま・しげお）
東京大学大学院学際情報学府博士後期課程修了、博士（学際情報学）。現在、青山学院大学コミュニティ人間科学部准教授。主著として、『未来技術の倫理』（勁草書房、二〇二〇年）、『AI時代の「自律性」』（編著、勁草書房、二〇一九年）など。

◎**小久保智淳**（こくぼ・まさとし）
慶應義塾大学大学院理工学研究科前期博士課程総合デザイン工学専攻修了、修士（理学）（慶應義塾大学大学院理工学研究科総合デザイン工学専攻）、修士（法学）（慶應義塾大学大学院法学研究科公法学専攻）。現在、慶應義塾大学大学院法学研究科研究員／後期博士課程。主著として、「『認知過程の自由』研究序説―神経科学と憲法学」法学政治学論究一二六号（二〇二〇年）、「Washington v. Harper 事件判決再訪―抗精神病薬の強制投与の合憲性」法学政治学論究一三一号（二〇二一年）など。

◎**瑞慶山広大**（ずけやま・こうだい）
慶應義塾大学大学院法学研究科博士後期課程単位取得退学、修士（法学）。現在、九州産業大学地域共創学部講師。主著として、「法の表示理論はいかにして憲法理論でありうるか？」憲法理論研究会編『憲法理論叢書28 憲法学のさらなる開拓』（敬文堂、二〇二〇年）所収、「憲法論における『法の表示』の意義と課題」比較憲法学研究三二号（二〇二〇年）など。

◎**成原　慧**（なりはら・さとし）
東京大学大学院学際情報学府博士課程単位修得退学。現在、九州大学大学院法学研究院・法学部准教授。主著として、『表現の自由とアーキテクチャ―情報社会における自由と規制の再構成』（勁草書房、二〇一六年）、「それでもアーキテクチャは自由への脅威なのか？」松尾陽編『アーキテクチャと法―法学のアーキテクチュアルな転回？』（弘文堂、二〇一七年）所収など。

◎**西村友海**（にしむら・ともみ）
慶應義塾大学大学院法学研究科後期博士課程単位取得退学、修士（法学）。現在、九州大学大学院法学研究院准教授。主著として、「判決自動販売機の可能性」宇佐美誠編『AIで変わる法と社会―近未来を深く考えるために』（岩波書店、二〇二〇年）所収、『法学概説』（分担執筆、弘文堂、二〇二一年）など。

◎**水谷瑛嗣郎**（みずたに・えいじろう）
慶應義塾大学大学院法学研究科後期博士課程単位取得退学、博士（法学）。現在、関西大学社会学部メディア専攻准教授。主著として、『憲法学の現在地』（分担執筆、日本評論社、二〇二〇年）、『法学概説』（分担執筆、弘文堂、二〇二一年）など。

◎**吉田　徹**（よしだ・とおる）
東京大学大学院総合文化研究科国際社会科学博士課程修了、博士（学術）。現在、同志社大学政策学部教授。主著として、『アフター・リベラル―怒りと憎悪の政治』（講談社現代新書、二〇二〇年）、『くじ引き民主主義―政治にイノヴェーションを起こす』（光文社新書、二〇二一年）など。

【編　者】
駒村　圭吾　　慶應義塾大学法学部教授

【執筆者】
井上　明人　　立命館大学映像学部講師
宇佐美　誠　　京都大学大学院地球環境学堂教授
河島　茂生　　青山学院大学コミュニティ人間科学部准教授
小久保智淳　　慶應義塾大学大学院法学研究科研究員／後期博士課程
瑞慶山広大　　九州産業大学地域共創学部講師
成原　　慧　　九州大学大学院法学研究院准教授
西村　友海　　九州大学大学院法学研究院准教授
水谷瑛嗣郎　　関西大学社会学部准教授
吉田　　徹　　同志社大学政策学部教授

Liberty 2.0――自由論のバージョン・アップはありうるのか？

2023（令和5）年2月28日　初版1刷発行

編　者　駒村圭吾
発行者　鯉渕友南
発行所　株式会社　弘文堂　101-0062　東京都千代田区神田駿河台1の7
TEL 03(3294)4801　振替 00120-6-53909
https://www.koubundou.co.jp

装　丁　宇佐美純子
印　刷　三報社印刷
製　本　井上製本所

ISBN978-4-335-35934-7